D1694720

Deborah L. Brecher · GO STOP RUN

Of

Deborah L. Brecher

GO STOP RUN

Das Frauen Computer Lehrbuch

Aus dem amerikanischen Englisch
von Christina Callori-Gehlsen und
Andreas Schulz

Mit einem Nachwort
von Renate Wielpütz

Orlanda Frauenverlag

CIP-Titelaufnahme der Deutschen Bibliothek
Brecher, Deborah L.:
Go – Stop – Run : d. Frauen-Computer-Lehrbuch / Deborah L.
Brecher. Aus d. Engl. von Christina Callori u. Andreas Schulz.
– Berlin : Orlanda-Frauenverl., 1988
  Einheitssacht.: The women's computer literacy handbook <dt.>
  ISBN 3-922166-39-3

Originaltitel: »The Women's Computer Literacy Handbook«
© by Deborah L. Brecher, 1985
  Illustrations by Billie Miracle

1. Auflage 1988
© der deutschen Ausgabe
  Orlanda Frauenverlag
  Pohlstraße 64
  D 1000 Berlin 30

Alle Rechte vorbehalten

ISBN 3-922166-39-3

Lektorat: Bettina Schäfer
Satz: Limone, Berlin
Druck: Fuldaer VA, Fulda

Wir danken Herrn Andreas Schulz für die fachliche Unterstützung
bei der deutschen Bearbeitung.

Für Ada Lovelace,

die erste Programmiererin der Welt. Ada Lovelace ist eine der vielen Frauen, deren Errungenschaften einfach »untergehen«. Ada Augusta (1815-1852) war die Tochter von Lord Byron und wurde später Gräfin Lovelace. Nach ihrer Begegnung mit Charles Babbage, dem Erfinder des ersten Computers, begann sie sich mit der Frage der praktischen Anwendbarkeit dieses Gerätes zu beschäftigen. Sie erkannte als erste, daß für Computer statt des von Babbage verwendeten Dezimalsystems das Binärsystem besser geeignet ist. Die Erfolge von Charles Babbage sind allgemein anerkannt und werden in den meisten Informatik-Lehrbüchern angeführt. Ada Lovelaces bahnbrechende Arbeiten werden hingegen so gut wie nie erwähnt.

Danksagung

Dieses Handbuch verdankt seine Existenz vielen Personen. An erster Stelle möchte ich meine Partnerin Jill Lippitt nennen. Sie hat immer von neuem das Manuskript gelesen, jede Version überarbeitet und darauf geachtet, daß ich nicht in die Fachsprache verfiel, die ich unbedingt vermeiden wollte. Billie Miracle zeichnete die Illustrationen. Die Zusammenarbeit mit ihr war sehr angenehm. Scheinbar mühelos übersetzte sie meine Vorstellungen in konkrete Bilder. Und natürlich würde es das Buch nie ohne unsere Schule gegeben haben, das *Women's Computer Literacy Project*. Unverzichtbar war auch das Organisationstalent von Marcia Freedmann, eine der Mitgründerinnen des Projekts.

Obwohl diese Schule einem offenkundigen Bedarf entgegenkam, wäre vermutlich weder sie noch das Buch ohne die Ermutigung und Unterstützung der *American Association of University Women (AAUW)* und ihrer Landesvorsitzenden für Technologie, Corky Busch, zustande gekommen. Die AAUW erkannte als erste Frauenorganisation, wie stark die Computer-Technologie die Stellung der Frau beeinflussen kann. Die Vereinigung begann sich bereits mit dieser Frage zu beschäftigen, als andere progressive Gruppen noch immer hofften, Computer würden eines Tages wieder verschwinden.

Una Glass und die Angestellten in ihrem Geschäft Matrix Computers waren stets entgegenkommend, wenn ich dringend Hilfe benötigte. Die Begegnung und Zusammenarbeit mit der Technikerin Lucinda Dekker half mir meine Abneigung überwinden, mich mit dem Innenleben eines Computers zu beschäftigen.

Heidi Key sparte nicht mit ihrer Zeit. Sie leistete mit dem Konfigurieren der Software für unsere Unterrichts-Computer eine äußerst wertvolle Arbeit. Mir selbst diente sie als Vorbild. Sie blieb stets gelassen, wenn die Computer uns daran erinnerten, daß sie nur Maschinen und wir selbst Menschen mit all unseren Schwächen sind.

Frieda Feen nahm mir einen Großteil der Arbeit an dem Projekt der *National Women's Mailing List* ab. Damit schenkte sie mir die Zeit, die ich für dieses Buch benötigte.

Wenn erst einmal die Angst vor Computern überwunden ist, wird sie oft von einem Gefühl der Übertragung abgelöst, das in der Regel für Therapeuten reserviert ist. Natürlich habe ich mich in meinen KayPro-Computer und in das WordStar-Programm verliebt, mit denen ich dieses Buch verfaßt habe. Ich danke KayPro und MicroPro für die Entwicklung dieser Produkte.

Und schließlich möchte ich noch CompuPro dafür danken, daß sie uns mit modernen Computern für den Unterricht ausgestattet haben. CompuPro hat die Notwendigkeit spezieller Kurse für Frauen schon zu einem Zeitpunkt erkannt, als die bekannteren Computer-Hersteller uns noch die kalte Schulter zeigten.

Inhalt

Vorwort 11

Einleitung 15

1 Computer von Grund auf verstehen 29

    Grundlegende Begriffe 29
    Was ist ein Computer? 32
    Mit dem Computer kommunizieren 36
    Was soll ein Gehirn ohne Gedächtnis? 42
    Die Zentraleinheit und die Peripheriegeräte 74
    Heimcomputer und Personal Computer 81
    Im Innern des Gehäuses 83
    Kauf eines Computers 84

2 Wie funktioniert Software? 87

    Sie brauchen Ihre Programme nicht selbst zu schreiben 87
    Probleme mit dem Programmieren 89
    Die früheren Programme 91
    Verschiedene Anwendungssoftware 92
    Jedes Programm hat seine Stärken und Schwächen 93

3 Software-Anwendungen: Textverarbeitung 95

    Was ist Textverarbeitung? 95
    Kleine Unterschiede machen viel aus 104
    Textverarbeitung selbst erlernen 104
    Optionale Textverarbeitungsfunktionen 105
    Zeigt der Bildschirm das Druckbild? 110
    Textsysteme 111
    Das Ausdrucken des Textes 112
    Neue Entwicklungen in der Textverarbeitung 122
    Büroautomation – eine neue Form der Fließbandarbeit 126

4 Software-Anwendungen: Datenbankverwaltung 129

Was ist ein Datenbankverwaltungssystem? 129
Was ist eine Datenbank? 130
Sie müssen das System über Ihre Daten informieren 134
Ihr Computer wird zu einem Büroroboter 135
Den Aufbau der Datei festlegen 136
Die Arbeit mit Ihrer Datenbank 139
Achten sie beim Kauf des Datenbankprogramms auf dessen Grenzen 142
Anwendungen für Datenbanken 145
Die Schattenseite der Datenbanksysteme 146
Ein bescheidener Vorschlag 149
Eine Datenbank-Ethik – ein (feministisches) Modell 149

5 Software-Anwendungen: Tabellenkalkulation 155

Warum werden Tabellenkalkulationsprogramme benutzt? 157
Tabellenkalkulation ist äußerst vielseitig 158
Unterschiede der Tabellenkalkulationsprogramme 159
Ein Programm für alle Zwecke 163

6 Ein Gesamtbild 167

Noch eine Lektion über die Zentraleinheit 167
Der Maschinenkode 169
Im Computer eingebaute Programme 176
Software-Kompatibilität hängt vom Mikroprozessor ab 180
Kompatibilität hängt auch vom Betriebssystem ab 181
Das Betriebssystem ist das Nervensystem des Computers 183
Zuerst die Software kaufen 185
Ein Computer ist mehr als die Summe seiner Teile 186
Typenspezifische Betriebssysteme 187
Was macht einen Computer schnell/schneller/am schnellsten? 190
Neuere Betriebssysteme 197
Entscheidungen über Entscheidungen 202

7 Computer-Praxis 209

Dienstprogramme 209
Sie suchen eine Datei 210
Dateien benennen 213
Aktualisierung des Inhaltsverzeichnisses 215
Sicherheit durch Sicherungskopien 220

8 Neue Berufschancen 231

Autorin technischer Bücher 232
Der Bereich der Ausbildung 233
Spezialistin für die Benutzerschnittstelle 235
Qualitätskontrolle 235
Sich selbständig machen 236

Technische Anmerkungen 241

Nachwort 247

*Index 255

Alle mit einem * versehenen Begriffe sind im Index aufgeführt.

Vorwort zur deutschen Ausgabe

Hiermit liegt nun die deutsche Ausgabe dieses Lehrbuchs vor. 1986 wurde die erste Auflage in den USA veröffentlicht. Seither hat sich vieles getan. Tausende von Leserinnen haben das Buch gelesen und es gut aufgenommen. Hunderte von ihnen haben mir in Briefen dafür gedankt, daß ich mir die Mühe gemacht habe, ein oftmals schwieriges Sachgebiet deutlich und verständlich darzustellen.

Das Angebot an Computern hat sich in den vergangenen Jahren stark gewandelt. Doch ihr Grundkonzept ist geblieben. Ein Großteil der Informationen konnte daher unverändert aus der ersten Auflage übernommen werden, an einigen Stellen wurden Informationen ergänzt und aktualisiert.

Was sich nicht verändert hat, ist die Reaktion auf ein Computerbuch für Frauen. Die meisten Leute stehen ihm etwas hilflos gegenüber. Oft fallen Bemerkungen wie »Ein Computer ist doch der gleiche — ob ihn nun eine Frau benutzt oder ein Mann.« Auf solche Fragen bin ich immer gern eingegangen. Ich hatte dabei Gelegenheit, meine Auffassung von Bildung und Lernverfahren darzulegen.

In den Buchhandlungen war man sich nicht sicher, ob es sich um ein »Frauenbuch« oder ein Computerbuch handelt. Ich stellte zudem fest, daß viele Männer Hemmungen hatten, ein »Frauenbuch« zu kaufen oder zu lesen. Ich hatte jedoch nicht beabsichtigt, andere in eine Verlegenheit zu bringen, die ich umgekehrt nur zu gut kenne. Deshalb möchte ich betonen: Dieses Buch ist für alle, die einen weiblichen Lernstil bevorzugen. Was heißt das?

Unterschiedliche Lernverfahren

Es gibt zwei gänzlich unterschiedliche Lernverfahren. Das eine Verfahren ist regelorientiert. Das heißt, das Lernmaterial wird linear dargeboten. Die Schülerin folgt den Regeln, ohne deren Herkunft zu verstehen. Das Verständnis stellt sich erst durch Erfahrung ein. Die Schülerin lernt also meist durch zufälliges Verletzen der Regeln und die Erkenntnis der sich daraus ergebenden Folgen. Lernen geschieht in diesem Fall durch Versuch und Irrtum.

Der andere Lernstil ist ganzheitlich geprägt. Die Lernende verschafft sich in diesem Fall zuerst ein allgemeines Verständnis der Sache, bevor sie sich einzelnen Regeln zuwendet. Holistisch orientierte Schülerinnen benutzen ihre allgemeinen Kenntnisse als Bezugsrahmen, in den sie die

Regeln einordnen. Diese Methode verlangt die Relation zu kennen, in der die verschiedenen Komponenten zueinander stehen. Erst in einem zweiten Schritt wird die Funktion der einzelnen Tasten erlernt.

Geschlechtsspezifische Lernunterschiede

In Computerkursen werden diese verschiedenen Lernstile besonders deutlich. Ein Geschlechtsbezug ist dabei unübersehbar. Besonders augenfällig werden die Lernunterschiede bei Computer-Neulingen. Ein Mann, der noch nie mit einem Computer zu tun hatte, drückt auf einige Tasten und wartet, was dann passiert. Eine Frau hingegen schreckt vor dem Gerät zurück. Sie hat Angst, etwas falsch zu machen.

Die meisten Männer sind relativ leicht in der Lage, ein bestimmtes Verfahren zu befolgen, selbst wenn sie es nicht verstehen. Sie sind bereit, nach dem Prinzip Versuch und Irrtum zu lernen und sind überzeugt, durch Ausprobieren herauszufinden, wie und warum ein Computer funktioniert.

Frauen dagegen wollen meist zuerst verstehen, was sie am Gerät machen — und warum sie es machen —, bevor sie mit dem Computer »herumspielen« können. Erst wenn sie ein holistisches Verständnis für die Hintergründe der Regeln erlangt haben, macht ihnen das Ausprobieren des Computers ebenfalls Spaß. Es geht nicht darum, ob Frauen oder Männer besser lernen, sondern einfach um die Feststellung, daß sie beim Lernen andere Wege einschlagen.

Biologie oder Umwelt

Wenn ich über meine Theorie von geschlechtsspezifischen Differenzen im Lernstil spreche, werde ich häufig gefragt, ob ich diese Unterschiede auf genetische oder auf kulturelle Einflüsse zurückführe. Ich bin dieser Frage zwar nicht wissenschaftlich nachgegegangen, doch ein Blick auf unsere Umwelt genügt, um den gewaltigen Einfluß der Kultur festzustellen.

Einige Forscherinnen haben anhand von Untersuchungen des Spielverhaltens festgestellt, daß die Spiele der Jungen regelorientiert (Handball, Fußball usw.), während die Spiele der Mädchen prozessorientiert sind (Puppen, Hausfrau spielen). Vielleicht konnten deshalb so viele meiner Schülerinnen nichts mit den Erklärungen ihrer männlichen Mitarbeiter oder Ehemänner anfangen. Sie waren nicht in der Lage, einen Computer zu bedienen, selbst nachdem diese ihnen »gezeigt hatten, was

Vorwort zur deutschen Ausgabe

sie tun mußten«. Diesen Lehrern war nicht bewußt, daß ein Unterschied darin besteht, ob ich eine Regel vorführe, oder ob ich sie so erkläre, daß man ihren Sinn einsieht.

Geschlechtsspezifische, die Lernstile beeinflussende Unterschiede, treten nicht nur beim Spielen, sondern auch beim Modellbau auf. Früher haben Jungen Flugzeuge oder Autos gebaut. Heute bauen sie hochkomplizierte Plastikroboter. Hierbei handelt es sich eindeutig um Spielzeug für Jungen — Mädchen können nichts damit anfangen.

Was hat das alles mit dem weiblichen Lernstil und mit Technik zu tun? Ein Beispiel: Viele meiner Freundinnen hatten Probleme mit dem Aufstellen ihrer neuen Videoanlage. Sie beklagten sich über die unverständliche Anleitung. Doch die schriftliche Anleitung war auch nicht zum Lesen bestimmt. Die eigentliche Anleitung zur Installation der Anlage war stattdessen der Schemazeichnung zu entnehmen, auf der die erforderlichen Anschlüsse eingezeichnet waren.

Frauen fehlt die Erfahrung im Umgang mit Schemazeichnungen. Männer dagegen haben bereits als Kinder Plastikmodelle gebaut. Die Anweisungen zum Zusammensetzen dieser Modelle ähneln durchaus den Schemazeichnungen der Videorecorder — hier wie da wird auf Worte verzichtet. Im Modellplan werden die verschiedenen Bauteile mit Nummern bezeichnet. Jeder Schritt im Modellbau baut auf dem vorhergehenden Schritt auf. Jungen werden durch den Modellbau entscheidend geprägt — sie erlernen Verfahren der linearen Verarbeitung und der schematischen Repräsentation.

Auch die Rollenverteilung im Haushalt ist offensichtlich kulturell bedingt. Die Position der Frau im Beruf hat sich zwar dramatisch gewandelt, doch unsere Rolle zu Hause ist unverändert geblieben. Noch immer sind wir fürs Aufräumen und Saubermachen verantwortlich, sei es im Haushalt oder im emotionalen Bereich. Was hat dies mit Lernverfahren zu tun? Als Verantwortliche für den häuslichen Bereich sind sich Frauen weit mehr der Folgen eines »Chaos« bewußt, und sie wissen, welche Mühe es kostet, wieder Ordnung zu schaffen.

Frauen sind viel eher bereit, sich über die Konsequenzen ihrer Handlungen Gedanken zu machen. Es widerstrebt ihnen, leichtfertig Probleme zu schaffen, mit denen andere fertig werden müssen. Aus dieser Haltung heraus verbietet sich ein experimenteller Lernstil. Wenn man die Konsequenzen fürchtet, geht man nur ungern ein Risiko ein (das heißt, einige Tasten zu drücken, um zu sehen, was passiert).

Diesen geschlechtsspezifischen Unterschieden im Lernverhalten trägt *Go Stop Run* Rechnung. Der Lernstoff wird in diesem Buch ganzheitlich dargeboten. Zum Beispiel lernt die Leserin nicht mechanisch, wie ein Computer bedient wird, sondern sie lernt, wie er funktioniert. Sie muß keine Regeln auswendig lernen, denn die Regeln haben einen Sinn und ergeben sich folgerichtig. Wenn die Leserin vor der Benutzung eines Computers weiß, wie er funktioniert, scheut sie nicht mehr vor dem Ausprobieren des Geräts zurück. Es gibt keine unkalkulierbaren Risiken mehr für sie. Die Computer-Anwenderin ist sich sicher, daß sie nichts beschädigen wird. Sie kennt die Folgen einer Fehlbedienung und weiß, daß sie sich in Grenzen halten.

Männer mit weiblichem Lernstil

Ich führe diese Unterschiede zwar als geschlechtsspezifisch an, doch lernen nicht nur Frauen nach dem ganzheitlichen Verfahren. Auch vielen Männern ist dieser »weibliche« Lernstil eigen. Im allgemeinen sind es Menschen, die nur schwer ein Verfahren erlernen, ohne dessen Hintergründe zu verstehen. Häufig hatten diese Menschen in der Schule in Mathematik und in den Naturwissenschaften Schwierigkeiten. Diese Fächer werden meist anhand von Regeln gelehrt. Daher gelten diejenigen, die sich mit diesem Lernstil schwer tun, oft als dumm oder werden als »schlecht in Mathe« abqualifiziert.

In den höheren Klassen fallen immer mehr Mädchen in diesen regelorientierten Fächern ab. Das ist nicht zu übersehen. Nicht so offensichtlich ist auch der Leistungsabfall vieler Jungen in diesem Bereich. Mathematik und Naturwissenschaften gelten als besonders »schwere« Fächer. Doch möglicherweise liegt das Problem nicht in den Fächern begründet, sondern in der Lehrmethode.

Aus dieser Überzeugung heraus möchte ich zeigen, daß sich auch vermeintlich schwierige Themen leicht vermitteln lassen. In *Go Stop Run* liefere ich ein Beispiel für einen ganzheitlichen Lernstil.

Einleitung

Wie es anfing ...

Als dieses Buch in Druck ging, war ich bereits seit 20 Jahren in allen möglichen Bereichen der Computer-Branche tätig — zuerst als Operatorin, dann als Vorgesetzte von 1.000 Angestellten in der Datenverarbeitung einer staatlichen Behörde und schließlich als Chefin meiner eigenen Computer-Consulting-Firma. Damals, vor zwanzig Jahren, waren die Geräte für Einzelpersonen unerschwinglich und füllten ganze Räume aus. Heute passen Geräte mit der gleichen Kapazität auf den Schreibtisch. Sie sind so groß wie elektrische Schreibmaschinen und bewegen sich preislich im Bereich von Video- und Stereoanlagen.

Ich habe die unglaublichsten Veränderungen in der Computer-Branche erlebt. Geblieben sind nur die Frustration und der Ärger beim Umgang mit diesen Geräten. Seit 20 Jahren versprechen die Hersteller, benutzerfreundlichere Computer zu bauen, doch ein wirklich leicht zu bedienendes Gerät muß noch erfunden werden.

Die meisten Unannehmlichkeiten, denen wir beim ersten Umgang mit Computern begegnen, sind jedoch vermeidbar. Sehr oft sind die Art der Ausbildung und die Hand- und Anleitungsbücher das größte Problem, weniger der Computer selbst. Ich habe die Erfahrung gemacht, daß es leicht ist (und Spaß macht), mit Computern umzugehen, wenn sie weniger geheimnisvoll wirken. Das soll nicht heißen, daß nicht auch mir anfänglich vor Wut die Tränen kamen. Je mehr Einblick ich allerdings gewann, umso leichter fiel mir der Fortschritt — und ich stellte fest, daß mir vieles schon in ähnlicher Form bekannt war. Doch im Computer-Unterricht ist nie eine Parallele zu mir bekannten Dingen gezogen worden.

Im Laufe meines beruflichen Werdegangs wurde mir klar, daß den Cognoscendi — den Wissenden — die geheimnisvolle Aura der Computer-Branche sehr zugute kommt. Die in diesem Bereich Beschäftigten haben ein persönliches Interesse an der Unverständlichkeit und schweren Bedienbarkeit der Computer. Man nennt das Arbeitsplatzsicherung — und nicht nur der Arbeitsplatz wird auf diese Weise gesichert, sondern auch ein hohes Einkommen.

Auch ich gelangte aufgrund meiner Fachkenntnisse im Computer-Bereich in den Genuß von Vorteilen. Meine Mutter bewunderte mich, und meine Vorgesetzten ließen mich in Ruhe, solange ich ihre Computersysteme am Laufen hielt. Doch ab einem gewissen Punkt genügte mir das Erreichte nicht mehr. Ich wollte meine Kenntnisse gesellschaftlich sinnvoller einsetzen und gründete daher die *National Women's Mailing List*, ein Datenkommunikationsprojekt auf Computer-Basis. Bei diesem Projekt wird ein Personal-Computer und eines der gängigen Programme eingesetzt. Über 60.000 Frauen können Informationen über alle sie interessierenden Frauen-Themen zugestellt werden. Meine Partnerin, die vorher noch nie mit Computern gearbeitet hatte, kam schnell mit dem System zurecht. Sie mußte dabei nicht mehr über Computer wissen, als in diesem Handbuch steht. Sie war die erste meiner vielen erfolgreichen Schülerinnen.

Im Sommer 1982 machte ich eine Reise quer durch die USA. Im Kofferraum meines Autos lag ein sorgfältig verpackter Computer. Auf der Reise habe ich Vertreterinnen sehr vieler Frauenorganisationen gezeigt, wie sie Computer bei ihrer Arbeit nutzbringend einsetzen können. In den 13 Städten, die ich besuchte, war die Reaktion der Frauen überall die gleiche: »Großartig! Aber leider verstehe ich nichts von Computern. Wie kann ich das ändern?«

Ich ging dieser Frage nach und nahm die angebotenen Kurse und Bücher unter die Lupe. Bald stellte ich fest, daß es wirklich keine brauchbare Möglichkeit gab, allgemein etwas über Computer zu lernen. Frauen hatten es in dieser Hinsicht besonders schwer. Immer wurden sie herablassend behandelt, lächerlich gemacht oder es wurde ihnen abgeraten. Nachdem ich mehrfach gebeten worden war, Computer-Einführungskurse für Frauen zu halten, stellte ich einen klaren, durchstrukturierten Lehrplan für einen zweitägigen Kurs auf und gründete in San Francisco eine Computer-Schule für Frauen. Das vorliegende Buch baut auf dem Lehrplan dieser Schule, dem *Women's Computer Literacy Project* (Computerbildungsprojekt für Frauen) auf.

Das Bildungsprojekt hatte einen überwältigenden Erfolg. Neben regelmäßigen Kursen in New York, San Francisco und Anchorage werden heute überall in den USA Kurse abgehalten. Die Reaktion unserer Schülerinnen war überall verblüffend einheitlich. Gleich ob sie viel oder wenig Vorwissen über Computer mitbrachten, der Kurs entsprach voll und ganz ihren Bedürfnissen.

Einleitung

Wer dieses Buch lesen sollte

*Frauen, die nichts von Computern verstehen
(und das ändern möchten)*

Die Reaktion meiner Schülerinnen ist deshalb besonders erfreulich, weil die Frauen in den Kursen über ganz unterschiedliche Vorkenntnisse verfügen; einige wissen gar nichts über Computer. Für sie ist mein Lehrplan besonders geeignet, denn ich verwende nie »Computer-Chinesisch«, ohne den betreffenden Ausdruck vorher zu erklären. Erstaunlicherweise trifft dies für die Mehrzahl der Fachliteratur und der Kurse nicht zu.

Eine meiner Schülerinnen war Grundschullehrerin. Sie hatte erfahren, daß sich viele ihrer Drittklässler zu Hause mit Computern beschäftigen und wollte nun deren Wissensvorsprung einholen. Ihr war bekannt, daß die Schule in Kürze mit Computern ausgestattet werden sollte. Daher interessierte sie sich besonders für die Einsatzmöglichkeiten dieser Geräte in ihrem Unterricht. Sie belegte also einen Anfängerkurs am örtlichen Gemeinde-College, der laut Ankündigung extra für Lehrer gedacht war. Nach kurzer Zeit gab sie den Kurs völlig frustriert auf, denn der Kursleiter verwendete so viele Computer-Fachausdrücke, daß sie ihm nicht mehr folgen konnte. Da die meisten anderen Kursteilnehmer die Fachbegriffe bereits kannten (oder zumindest so taten), hatte sie das Gefühl, den Kurs durch ihre Fragen nur aufzuhalten. Überhaupt hatte der Leiter Schwierigkeiten, die Fachwörter in Begriffe zu übersetzen, die ihr vertraut waren. Meistens verwendete er bei seinen Erklärungen neue technische Ausdrücke, die er ebenfalls nicht näher erläuterte. In meinem Kurs dagegen kam sie gut voran. Er machte ihr Spaß, und sie hatte bald gelernt, was sie wissen wollte.

Sowohl in den Kursen des Bildungsprojekts als auch in diesem *Frauen-Computer-Lehrbuch* gilt grundsätzlich die Regel, daß kein technischer Begriff verwendet wird, ohne vorher erklärt zu werden. Die zweite Regel verlangt, daß alle Erklärungen auf Begriffen aufbauen müssen, die Ihnen vertraut sind.

Diese Regeln sind jeder guten Lehrerin bekannt, denn der beste Lernerfolg wird erzielt, wenn das Gelernte auf eigenen Erfahrungen aufbaut. Die Schülerin soll nicht Definitionen blind auswendig lernen. Weit sinnvoller ist es, beim Einführen neuer Begriffe auf bereits vertraute Bereiche Bezug zu nehmen. Daher werden in dem vorliegenden Buch alle Computer-Fachbegriffe anhand von Analogien zu Dingen eingeführt, die Sie schon kennen. Dadurch wird Ihnen das Lernen erleichtert. Meine

Schülerinnen stellen zu ihrer großen Überraschung fest, daß Computer nicht schwer zu verstehen sind! Doch eigentlich dürfte Sie das nicht überraschen, denn bereits 12jährige Kinder kommen gut mit Computern zurecht, und das, was ein durchschnittlich begabtes 12jähriges Kind beherrscht, dürfte nicht allzu schwierig sein.

Frauen, die sich schon etwas in der Terminologie auskennen (aber noch keinen Überblick haben)

Andere typische Kursteilnehmerinnen sind Frauen, die schon seit längerem mit Computern zu tun haben. Vielleicht ist diese Schülerin Unternehmensberaterin oder Werbetexterin einer Werbeagentur, die für eine Computerfirma arbeitet, oder leitende Angestellte eines Unternehmens, das gerade auf Computer umstellt. Vielleicht ist sie mit einem Programmierer verheiratet und muß sich endlose Gespräche über Software anhören. Oder sie hat eine 12jährige Tochter, die von ihrem Atari begeistert ist. Möglicherweise ist sie sogar Vorgesetzte von Angestellten, die an Computern arbeiten, ohne jedoch selbst einen zu verwenden. Nun möchte sie sich nicht länger durchmogeln und ihr im Laufe der Zeit zusammengetragenes, bruchstückhaftes Wissen zu einem Ganzen zusammenfügen.

Das Ausmaß dieses Problems wird durch eine meiner Schülerinnen veranschaulicht, die stellvertretende Leiterin einer mittelgroßen Computer-Firma ist. Sie nahm am Unterricht teil, ohne sich zu erkennen zu geben, gestand mir jedoch hinterher, welche Erleichterung ihr das Verständnis der vielen Begriffe bringen wird. Obwohl sie in der Industrie eine Führungsposition erreicht hatte, war es ihr nicht ohne Hilfe gelungen, ihre Kenntnisse zu einem Gesamtbild zu vereinen.

Das vorliegende Buch verschafft ein Gesamtbild. Fachterminologie und Funktionsweise eines Computers werden in einem überschaubaren Handbuch erklärt. Es ist für Sie von großem Vorteil, wenn Sie sich mit Computern auskennen. Sie sind in der Lage, das für Ihre Ansprüche geeignete Gerät auszuwählen. Sollten Sie zu Hause oder am Arbeitsplatz bereits einen Computer haben, können Sie ihn mit Ihren erweiterten Kenntnissen besser nutzen. Sie können die Computeranzeigen lesen und wissen etwas mit den Angeboten anzufangen. Und wenn über neue Entwicklungen in der Computertechnik berichtet wird oder neue Produkte wie zum Beispiel AT&T Personal-Computer eingeführt werden, sagt Ihnen das etwas. Kurz, Sie sind ein vollwertiges Mitglied der Gesellschaft des 20. Jahrhunderts und können mit der Welt, in der Sie leben, etwas anfangen.

Einleitung

Kenntnisse über Computer sind mittlerweile fast unverzichtbar. Eine meiner Schülerinnen berichtete ganz glücklich, die Cocktail-Parties seien plötzlich viel unterhaltsamer, weil sie jetzt mit all den »Bits« und »Bytes«, von denen ständig die Rede war, etwas anfangen konnte. Vielleicht ist das für Sie kein entscheidender Gesichtspunkt. Aber sicher fühlen Sie sich auch nicht sehr wohl, wenn Sie für Ihre Mitarbeiterin eine telefonische Nachricht entgegennehmen möchten und haben den Eindruck, am anderen Ende der Leitung werde Chinesisch gesprochen. Meine Sekretärin teilte mir eines schönen Tages mit, jemand habe angerufen und wolle mein »300 Bog Odem« ausleihen. Erst nach einem Rückruf erfuhr ich, daß mein 300 Baud Modem gemeint war (Nach der Lektüre dieses Buches werden Sie wissen, was gemeint ist; meine Sekretärin weiß es inzwischen auch, sie hat meinen Kurs besucht).

Frauen, die schon Computer verwenden
(aber noch mehr wissen wollen)

dem unserer Kurse befinden sich einige Teilnehmerinnen, die schon mit Computern arbeiten. Für sie ist der Computer weder angsteinflößend noch abstoßend. Diese Frauen wissen, wie hilfreich und angenehm ein Computer sein kann. Doch sie möchten noch mehr erfahren. Meistens haben diese Schülerinnen bereits entdeckt, daß die mit dem Computer gelieferten Handbücher selten Hilfe bieten, sondern eher ein Hindernis darstellen.
 dem Computer-Lehrgang sind die Schülerinnen fähig, diese einst so geheimnisvollen Handbücher zu verstehen. Diese Frauen müssen sich nicht mehr die Programme erklären lassen, die mit ihrem Computer geliefert wurden. Sie können sie selbständig verstehen, denn Computer sind jetzt kein Geheimnis mehr für sie.
 Sekretärinnen wissen meist mehr über Computer, als sie ahnen. Leider werden in der von ihnen erlernten Textverarbeitung andere Begriffe verwendet, als sie in der restlichen Computer-Branche für die gleichen Sachverhalte und Vorgänge üblich sind. Da es sich bei einem Textsystem ebenfalls um einen Computer handelt, ist die Sekretärin häufig eine erfahrene Computer-Anwenderin, ohne es zu ahnen. Sie weiß nicht, aß die so unverständlich anmutenden Computer-Ausdrücke eigentlich nichts anderes bezeichnen als die ihr schon von ihrem Textsystem her vertrauten Begriffe. Die meisten Sekretärinnen wissen gar nicht, wie wertvoll ihre Kenntnisse sind. Doch wenn sie die Parallelen zwischen Textsystemen und Computern kennen, können sie ihre Fertigkeiten erfolgreich auf andere Bereiche dieser Branche übertragen.

Go Stop Run

Am meisten freue ich mich über Telefonanrufe von ehemaligen Schülerinnen, die mir erzählen, was sie sich alles bei der Arbeit selbst beigebracht haben. Häufig beherrschen sie Systeme, die ich noch nie benutzt habe. Genau hier liegt eigentlich der Zweck einer Ausbildung. Wenn Sie einmal so weit sind, daß Sie Computerbücher lesen und verstehen können, ist es auch kein Problem mehr, selbständig Dinge zu erlernen, von denen auch Ihre Lehrerin keine Ahnung hat.

Häufige Fragen

In Interviews im Radio, Fernsehen sowie in Zeitungen und Zeitschriften wurden mir immer wieder die gleichen Fragen gestellt. »Was ist Computer-Bildung?« »Warum gibt es spezielle Kurse oder ein spezielles Buch für *Frauen*?« »Ist der Computer nicht der gleiche, ob ihn nun eine Frau oder ein Mann benutzt?« »Warum gibt es kein *Männer*buch für Computer-Bildung?« Wenn Sie sich überlegen, ob dies das richtige Buch für Sie ist, werden Sie sich diese Fragen vermutlich auch stellen. Daher möchte ich sie hier beantworten.

Was ist Computer-Bildung?

Lassen Sie mich zunächst auf den Begriff Bildung im allgemeinen eingehen. Bildung heißt, daß Sie das, was Sie lesen, auch verstehen. Entsprechend heißt Computer-Bildung, daß Sie Bücher über Computer lesen und verstehen können. Dieses Buch beabsichtigt unter anderem, Ihnen die Fähigkeit zu vermitteln, Computerbücher und Handbücher lesen zu können. Es mag merkwürdig klingen, daß sie mit Hilfe eines Buches lernen sollen, andere Bücher zu verstehen. Aber haben Sie in letzter Zeit einmal einen Blick in ein Computerhandbuch geworfen? Ich verfüge über eine 20jährige Erfahrung mit Computern, und bei den meisten sogenannten Einführungsbüchern bekomme ich entweder Kopfschmerzen, oder ich möchte weinen. Wir müssen uns erst daran gewöhnen, daß es in der Computer-Welt für alles einen Fachausdruck gibt. Diese Computer-Sprache stellt ein großes Hindernis für das Verständnis der Computer dar. Solange wir die Begriffe nicht kennen, können wir keine Veröffentlichungen über Computer lesen. Diese verwirrende Terminologie ist allerdings kein Zufallsprodukt. Da normal gebildete Menschen die Anleitungsbücher nicht lesen können, muß eine Eliteschicht diesen Unglücklichen zu Hilfe kommen. Auf diese Weise wird ein neuer Berufszweig geschaffen — hochbezahlte Computerfachleute.

Einleitung

Jeder Berufszweig hat seine Fachsprache. Doch die Computer-Branche hat alle anderen übertroffen. Zum Beispiel heißen Bedienungshandbücher für Computer häufig nicht Bedienungshandbücher sondern ***Dokumentationen**. Warum gibt es für ein Bedienungshandbuch ein besonderes Wort? Versteht man etwa besser, was gemeint ist? Der einzige Unterschied besteht darin, daß ein technischer Autor, der eine Dokumentation für Computer schreibt, besser bezahlt wird, als ein technischer Autor, der Bedienungshandbücher für andere Geräte verfaßt. Und wenn neue Berufszweige geschaffen werden, wird hauptsächlich mehr Verdienst angestrebt.

Fairerweise müssen wir zugeben, daß eine Fachsprache in vielen Fällen Zeit und Platz sparen hilft. Ein Fachwort dient der Benennung eines besonderen Vorgangs oder als Kurzbezeichnung für einen häufig wiederkehrenden Sachverhalt. Beim Lesen eines Kochbuches stoßen Sie auf Fachwörter aus dem Küchenbereich. Wörter wie »Rösti«, »frittieren« und »parboil« sparen Zeit und Platz. Doch im Computer-Bereich gibt es »normale« Wörter, die ohne Probleme verwendet werden könnten. Ein Beispiel: Wahrscheinlich haben Sie schon einmal das Wort ***Byte** gehört. Es bedeutet nichts anderes als »Zeichen«, also ein Buchstabe, eine Zahl oder ein Sonderzeichen (Beispiele für Zeichen sind die Buchstaben »a« und »b«, die Zahlen »1« und »2« und die Sonderzeichen »$« und »%«). Das Wort »Byte« hat eigentlich keine andere Bedeutung als das Wort »Zeichen« — es klingt nur geheimnisvoller[1].

Die Computer der verschiedenen Hersteller arbeiten alle unterschiedlich. Niemand, auch keine ausgebildete Informatikerin, kann ohne Bedienungshandbuch ein ihr unbekanntes Computersystem bedienen. Leider sind diese Handbücher in Computer-Chinesisch geschrieben. Sie setzen voraus, daß die Leserin schon mit der Computer-Terminologie vertraut ist. Doch im Gegensatz zu anderen technischen Handbüchern — etwa Bedienungsanleitungen für Autos —, die kaum ein Benutzer liest, muß jeder Anwender eines Computers regelmäßig das Handbuch zu Rate ziehen. Wenn das Gerät nicht auf Anhieb funktioniert, wird Ihnen der Verkäufer im Computer-Geschäft als erstes raten, das mitgelieferte Bedienungshandbuch zu lesen. Einige Hersteller bieten einen Hilfeservice an. Sie können dort anrufen, wenn Sie Fragen haben. Doch wenn Sie die Fachsprache des Technikers am anderen Ende der Leitung nicht beherrschen, dürfen Sie nicht allzuviel Hilfe erwarten.

Wenn Sie so weit sind, daß Sie Computer-Bedienungsanleitungen verstehen, steht Ihnen die Welt der Informationsverarbeitung offen. Sie können sich selbst mit Ihrem Computer am Arbeitsplatz oder dem

Home-Computer Ihrer Kinder oder Ihres Mannes vertraut machen. Sie können sich für Ihre speziellen Bedürfnisse einen Computer zulegen, und Sie können die Unterschiede zwischen den verschiedenen Modellen beurteilen. Sie können das für Ihre Zwecke erforderliche Computerprogramm ausfindig machen und beurteilen, ob es Ihren Wünschen gerecht wird. Sie können sich auf Ihr eigenes Urteil verlassen und müssen nicht den (Fehl-) Informationen der Computerverkäufer vertrauen. Und wenn Sie ein Gerät erworben haben, sind Sie in der Lage, anhand der Bedienungsanleitung damit zu arbeiten.

Warum sollen sich Frauen mit der neuen Technologie beschäftigen?

Die Arbeitsmarktentwicklung ist das wohl nächstliegende Motiv, den Umgang mit der neuen Technologie zu erlernen. Es wird nicht mehr lange dauern, bis alle Arbeitsplätze mit Computern ausgestattet sind. Beschäftigungsexperten sehen schwerwiegende Verschiebungen auf dem Arbeitsmarkt infolge mangelnder beruflicher Qualifikation auf uns zukommen. Die Angestellten müssen plötzlich feststellen, daß ihre Ausbildung völlig unzureichend ist.

Diese Möglichkeit scheint Ihnen als Büroangestellte vielleicht in weiter Ferne zu liegen. Doch betrachten Sie zum Beispiel den Banksektor. Mit zunehmender Verbreitung von Kassenautomaten nimmt der Bedarf an Kassierern ab. Es ist nur eine Frage der Zeit, bis es keine Kassierer mehr gibt. Wie die Hufschmiede und Hersteller von Pferdepeitschen vor ihnen, werden sie allmählich überflüssig. Haben Sie in letzter Zeit den Telefon-Weckdienst in Anspruch genommen? Auch hier ertönt eine computer-generierte Stimme. Es wird nicht mehr lange dauern, und die Angestellten in der Telefonauskunft werden durch Spracherkennungsgeräte ersetzt. Expertenschätzungen besagen, daß innerhalb der nächsten fünf Jahre jeder Büroangestellte einen Computer verwenden wird. Ob Sie es nun wahrhaben wollen oder nicht, auch Ihr Arbeitsplatz wird davon betroffen sein.

Ich kann mir gut vorstellen, daß in Zukunft nur Menschen mit Computer-Kenntnissen Chancen auf einen Arbeitsplatz haben, außer in den untersten Bereichen der Lohnskala. Menschen, die mit Maschinen und Technik nicht zurechtkommen, werden als erste die Auswirkungen der neuen Technologien zu spüren bekommen — nämlich Arbeitslosigkeit. Insbesondere Frauen schrecken häufig vor der Technik und vor elektronischen Geräten zurück. Sie werden daher die härtesten wirt-

Einleitung

schaftlichen Konsequenzen zu tragen haben, es sei denn, sie überwinden ihre »Technophobie«.

Doch nicht nur der Wunsch nach marktgerechten Kenntnissen ist ein wichtiges Motiv. Ebenso wichtig ist, daß das neue elektronische Zeitalter auch die weibliche Sensibilität reflektieren muß. Daher sollten sehr viele Frauen in technologische Berufe gehen und dort aufsteigen. Stattdessen ist der prozentuale Anteil der Frauen unter den Ingenieuren zurückgegangen! Dieser Rückzug der Frauen hat zur Folge, daß unsere zunehmend technische Welt nahezu ausschließlich von Männern geprägt und gelenkt wird. Den meisten Frauen ist dieses Problem zumindest unterschwellig bewußt. Wir wissen, daß die Welt, in der wir leben, meist nicht die Interessen der Frauen unterstützt oder reflektiert. Jede berufstätige Mutter, die mit dem Mangel an Tageseinrichtungen für Kinder zu kämpfen hat, weiß aus eigener Erfahrung, daß die Gesellschaft ihr bei der Doppelbelastung durch Arbeit und Familie kaum Hilfe bietet. Ich bin sicher, daß Tageseinrichtungen für Kinder eine Selbstverständlichkeit wären, wenn die Führungspositionen in Regierung, Wirtschaft und Gewerkschaften je zur Hälfte von Frauen und Männern besetzt wären.

Würden sich Frauen in Führungspositionen anders verhalten? Ich meine, ja. Frauen haben meines Erachtens einige sehr wichtige Interessen und Anliegen, die aus der weiblichen Erfahrung erwachsen sind. Wenn es ebensoviele Frauen wie Männer in Führungspositionen gäbe, würde deren besondere Sichtweise zum Tragen kommen und in den getroffenen Entscheidungen spürbar werden. Wenn man bedenkt, welchen wichtigen Beitrag Frauen zu der veränderten Einstellung gegenüber gewissen gesellschaftspolitischen Fragen geleistet haben, bestätigt sich meine Überzeugung. Zum Beispiel hat Rachel Carson durch ihr Engagement für die Ökologie der Erde mit dem Buch *Silent Spring* die Umweltbewegung ins Leben gerufen. Und Helen Caldicott war eine der ersten Ärztinnen, die mit der unsinnigen Vorstellung aufgeräumt hat, man könne einen Atomkrieg überleben. Oder man denke an das prämenstruelle Syndrom (PMS). Die Beschwerden zahlloser Frauen wurden von ihren männlichen Ärzten ignoriert, bis eine Medizinerin die physiologischen Ursachen für das PMS aufdeckte.

Unterscheiden sich weibliche Computerfachleute von ihren männlichen Kollegen? Können sie auf die Entwicklung des technologischen Zeitalters einen heilsamen Einfluß ausüben? Vielleicht wird diese Frage ohne Antwort bleiben. Wenn jetzt, während die neue Zeit gerade anbricht und die Türen noch offen stehen, die Frauen nicht in den Bereich der neuen Technologien vordringen, wird das elektronische Zeitalter ebensowenig die weibliche Sensibilität reflektieren wie das zurückliegende industrielle Zeitalter. Wenn Frauen nicht schon bald grundlegende technische Kenntnisse erwerben, verlieren wir möglicherweise all die Vorteile innerhalb der Gesellschaft, für die wir in der Vergangenheit so hart gearbeitet haben.

Wenn ich auf den geschlechtsspezifischen Bruch im technologischen Bereich zu sprechen komme, wird mir häufig entgegengehalten, die Situation habe sich schon geändert. Ich wünschte, ich könnte mich dieser optimistischen Haltung anschließen. Von Lehrerinnen erfahre ich, daß ihrer Beobachtung nach alles beim alten geblieben ist. In der Grundschule eingesetzte Computer werden von den Jungen vollkommen in Beschlag genommen. Um Mädchen überhaupt den Gebrauch von Computern nahezubringen, haben einige Grundschulen getrennten Unterricht für Jungen und Mädchen eingeführt. Dadurch war für die Mädchen die Konkurrenz der Jungen ausgeschaltet, die an den Geräten in der Regel aggressiver auftreten.

Lehrerinnen an Oberschulen berichten, daß Mädchen, die gut mit Computern zurechtkommen, weniger beliebt sind. Das Interesse der Mädchen an der Computer-Technologie läßt während der Pubertät deutlich nach, wenn sie ihre romantischen Neigungen zu Jungen entwickeln. Natürlich ist den Mädchen an Oberschulen ihre Beliebtheit bei den Jungen wichtiger als die Erweiterung ihres Computer-Wissens. Sie wollen durch ihre technologischen Interessen nicht ihr Ansehen verderben. Auch wenn Computer-Wissen nicht als ausschließlich männliche Domäne betrachtet wird, so gilt es dennoch nicht als besonders weiblich.

Wie lernen Frauen den Umgang mit dem Computer?

Für mich war der erste Umgang mit Computern sehr frustrierend. Während meiner Ausbildung zeigten mir meine männlichen Kollegen eigentlich nur, was ich zu tun hatte und erwarteten, daß ich ihre unklaren Anweisungen im Kopf behielt. Ich kam zu der Überzeugung, daß ich eine umfassende Vorstellung von der Arbeitsweise und dem Aufbau eines Computers benötigte, um seine Funktionen verstehen zu können. Erst als ich herausgefunden hatte, worauf die mir unverständlichen Regeln basieren, verstand ich den Computer und konnte mit ihm umgehen.

Im Laufe meiner Arbeit am *Women's Computer Literacy Project* hatte ich Hunderte von Frauen als Schülerinnen, die, wie ich selbst, nicht blindlings den Anweisungen folgen wollten, sondern sich im Umgang mit dem Computer erst dann sicher fühlten, als sie wußten, was sie tun

Einleitung

und, noch wichtiger, *warum* sie es tun. Selbst nach einer entsprechenden Anleitung haben die meisten Frauen ohne dieses Verständnis Hemmungen bei der Benutzung des Computers. Sie haben Angst, ihn zu beschädigen. Männer sind anscheinend mutiger beim Ausprobieren der Geräte und eher bereit, durch Versuch und Irrtum zu lernen.

Es ist ein weit verbreitetes Märchen, daß nur eine Mathematikerin oder Wissenschaftlerin in der Lage ist, die Funktionsweise eines Computers zu verstehen. Diese Behauptung ist nicht nur falsch, sondern auch gefährlich, da sie die traditionelle Phobie der Frauen vor Mathematik und den Naturwissenschaften unterstützt. Sie hat zur Folge, daß Frauen sich von diesem Bereich fernhalten. In Wirklichkeit lassen sich die grundlegenden Kenntnisse, die zum Verstehen der Funktionsweise eines Computers benötigt werden, relativ leicht erwerben. Ich werde diese Informationen anhand einer Reihe von Analogien aus dem Frauen-Alltag darstellen, die ich ursprünglich für mich selbst entwickelt und dann an meine Schülerinnen weitergegeben habe. Der Erfolg ist garantiert.

Wenn Sie den Computer von Grund auf verstanden haben, wissen Sie unter Umständen besser über Computer Bescheid als der Verkäufer, bei dem Sie das Gerät erwerben. Damit sind Sie in einer vorteilhaften Position, denn der Kauf eines Computers ist mit dem eines Gebrauchtwagens vergleichbar — je mehr Sie wissen, um so eher machen Sie ein gutes Geschäft. Und wie beim Kauf eines Gebrauchtwagens ist es riskant, Ihre Entscheidung aufgrund der Angaben des Verkäufers zu treffen. Leider sind die Computer-Verkäufer häufig besser in Verkaufstechniken als im Umgang mit Computern geübt.

Warum ein Frauenbuch?

Ich habe dieses Buch das *Frauen-Computer-Lehrbuch* genannt. Damit möchte ich betonen, daß die Erläuterungen zur Computer-Technologie meinen eigenen, sehr persönlichen Bezugsrahmen widerspiegeln. Da ich eine Frau bin, verwende ich Analogien und Beispiele aus dem Umkreis der weiblichen Erfahrungen. Das möchte ich bereits im Titel hervorheben, denn fast alle Veröffentlichungen über technische Themen gehen in umgekehrter Weise von einer männlich geprägten Umgebung aus. Auf Männer ausgerichtete Bücher über Technik sind die Norm. Es werden männliche Pronomen verwendet, und die Beispiele stammen hauptsächlich aus dem Erfahrungsbereich der Männer. Die Autoren verwenden nie einen Titel wie zum Beispiel *Handbuch des Maschinenbaus für Männer*. Das ist nicht nötig, denn männliche Erfahrung wird stillschweigend vorausgesetzt.

Meiner Meinung nach erschweren Beispiele aus der Männer-Welt Frauen den Zugang zu Bereichen, die ohnehin schon als Domäne der Männer gelten. Wenn Frauen nicht resignieren und sich trotzdem Kenntnisse aus diesen Bereichen aneignen, werden ihre Fertigkeiten als »nicht herkömmlich« bezeichnet. Doch was sagt dies über unsere Gesellschaft aus? Auch hier wird deutlich, daß unsere technologische Welt nicht auf einer Partnerschaft von Mann und Frau beruht. Der Frauenanteil unter den Diplomingenieuren beträgt zwei Prozent. Warum ist der Beruf der Ingenieurin (wie auch der der Mathematikerin, Physikerin, Chemikerin, Automechanikerin und Klempnerin) für Frauen nicht attraktiv? Ich vermute, es liegt an der Lehrmethode. Warum gilt ein bestimmtes Fachgebiet als besonders schwer? Jedes Fachgebiet ist einfach, wenn wir es wirklich verstanden haben. Doch um Zugang zu einem neuen Stoff zu finden, muß er innerhalb eines schon vertrauten Rahmens vermittelt werden. Dieses Buch trägt der Tatsache Rechnung, daß die meisten als besonders schwierig oder komplex geltenden Funktionen eines Computers in Wirklichkeit Dingen ähnlich sind, die Frauen schon aus ihrem Alltag vertraut sind. Tatsächlich können wir technologische Sachverhalte sehr leicht anhand einer Analogie zu einem bereits bekannten Vorgang verstehen. In diesem Buch beziehen sich alle Beispiele auf Erfahrungen und Dinge, die den meisten Frauen (und Männern) bekannt sind. Dadurch fällt das Erlernen des Umgangs mit Computern sehr viel leichter.

In diesem Buch wird meist die weibliche Form für Bezeichnungen von technischen Berufen verwendet. Dies geschieht nicht aus weiblichem Chauvinismus oder um die Männer »auszuschalten«. Im Gegenteil, auch Männer, die Zugang zur Computer-Technologie suchen, sollten dieses Buch lesen. Ich habe weibliche Bezeichnungen gewählt, um klarzustellen, daß Frauen im technischen Bereich sehr wohl arbeiten können und dies auch bereits tun, und daß es auch hier weibliche Rollenmuster gibt, die als Vorbild dienen können. Dies mag als ein unwichtiges Detail erscheinen, doch nachdem ich mich jahrelang auf Anzeigen in der Sparte »Männliche Arbeitskraft gesucht« beworben habe, war ich erleichtert, als derartige Einschränkungen verboten wurden. Selbst kleine Details beeinflussen uns, wenn auch unbewußt.

Das vorliegende Buch soll Frauen Mut machen. Die Wahl von Frauen geläufigen Analogien hat nichts mit einer herablassenden Haltung zu tun. Viele meiner Beispiele beziehen sich aufs Kochen und Backen. Ich habe sie gewählt, weil dieser Bereich eine verblüffende Ähnlichkeit zu den Funktionen eines Computers aufweist. Das ist etwas ganz anderes,

Einleitung

als Ihnen zu raten, einen Computer zum Speichern Ihrer Rezepte zu verwenden — ein Vorschlag, der zweifellos herablassend wirkt.

Hinter der Frage, »Soll ich wirklich ein Frauen-Buch lesen?«, steckt häufig die Befürchtung, das Thema könne zu stark vereinfacht oder zu oberflächlich behandelt sein. In diesem Buch werden jedoch viele Begriffe aus der Computertechnik erläutert, die nur selten in Büchern für Anfänger angesprochen werden, da sie als zu schwierig gelten. Wie ich schon sagte, nichts ist zu schwer, wenn ein geeignetes Beispiel zu Hilfe genommen wird.

Es gibt einen weiteren Grund, das Buch als *Das Frauen-Computer-Lehrbuch* zu bezeichnen. Ich möchte nämlich schon im Titel darauf hinweisen, daß in dem Buch eine feministische Auffassung der Technik vertreten wird. Der Kernpunkt dieser Auffassung besteht in einem holistischen Verständnis des gesamten Systems, das das Gerät und den es bedienenden Menschen umfaßt. Diese Einstellung ist bei der Beschäftigung mit Computern besonders angebracht, denn Computer verändern unsere Arbeit und unser Leben. Da Computer spezialisierte Geräte zur Verarbeitung von Informationen sind, ist zu erwarten, daß sie insbesondere den Bereich der traditionellen »Frauenarbeit« verändern werden. Die Sekretärinnen und Angestellten werden die Auswirkungen des neuen automatisierten Büros am meisten zu spüren bekommen. Frauen sitzen den ganzen Tag vor dem Bildschirm, sei es in der Telefonvermittlung oder in der Auftragsannahme in einer Ladenkette. Diese Frauen werden als erste eine mögliche gesundheitliche Beeinträchtigung durch *niederfrequente Strahlung erleiden — nicht das mittlere Management, das die Entscheidung für die Automatisierung der Büroarbeit getroffen hat. Auch wenn die Gesundheitsrisiken durch Strahlung noch nicht ermittelt wurden, so hat es doch schon einige alarmierende Meldungen über Mißbildungen bei Kindern von Frauen gegeben, die während der *Schwangerschaft an Computerarbeitsplätzen beschäftigt waren. Es bedarf noch intensiver Forschungen auf diesem Gebiet. Als informierte und ausgebildete »Computer-Kennerinnen« können wir am besten der Forderung nach derartigen, dringend notwendigen Forschungen Nachdruck verleihen.

Tag für Tag lesen wir in den Zeitungen von den großartigen Vorteilen unseres neuen Computerzeitalters. Doch über den Arbeitskampf der Angestellten von Blue Shield zum Beispiel wird nur wenig oder gar nichts berichtet. Wer hat schon vom Streik der Schadensfallbearbeiterinnen in San Francisco gehört? Diese Frauen (und es waren alles Frauen) streikten für das Recht, während der Arbeitszeit aufstehen, sich bewegen und ihre Augen von der Belastung der Bildschirmarbeit erholen zu dürfen. Sie mußten den ganzen Tag in den Computer tippen und wollten die Möglichkeit haben, ihre Augen jede Stunde 10 Minuten zu entspannen. Der Streik blieb erfolglos, weil Blue Shield die Schadensabteilung in eine Gegend verlegte, in der es keine Gewerkschaften gab. Die Frauen hatten das Recht auf eine Pause offiziell beantragen müssen, weil der Computer die *Anschläge überwachte, d.h. er zählte jede Taste, die die Angestellte anschlug. Das Pensum der stündlich geforderten Anschläge war festgelegt. Ohne Genehmigung für eine Pause konnte die Angestellte also das Pensum nicht erfüllen.

Dieses Bild des Computers, der unsere Arbeit überwacht, hat alle Züge einer Welt, wie sie in Orwells Buch *1984* dargestellt wird. Ob diese Vision einer autoritären Welt Wirklichkeit wird, hängt zum großen Teil davon ab, wie Computer eingesetzt werden und wer die Beschäftigungspolitik im technischen Bereich maßgeblich bestimmt. Es sollte daher jede von uns über diese mächtigen Geräte genau Bescheid wissen. Nur durch solche Kenntnisse werden wir zu informierten Benutzerinnen und Arbeitnehmerinnen und können auf die politischen Entscheidungen Einfluß nehmen, die über den Einsatz dieser unglaublich mächtigen Arbeitsmittel bestimmen. Ob wir diese Geräte nun verstehen wollen oder nicht, es gibt sie und es wird sie weiterhin geben, und sie verändern unser Leben.

1
Computer von Grund auf verstehen

In diesem Kapitel erfahren Sie die Bedeutung zahlreicher Fachausdrücke aus der Welt der Computer. Es werden die einzelnen Teile eines Computersystems vorgestellt und ihr Zusammenhang erklärt. Sie werden erstaunt sein, wie einfach alles ist, wenn diese technische Sprache ihren geheimnisvollen Anstrich verliert.

Grundlegende Begriffe

Wir wollen mit *Hardware beginnen. Mit diesem Begriff wird alles bezeichnet, was man anfassen kann. Hardware ist nur ein anderes Wort für »Geräte«. Das Wort Hardware wurde als Gegensatz zu *Software gebildet. Software ist ein anderer Ausdruck für Computerprogramme. Von Software wird später noch die Rede sein. Vermutlich werden Sie sich nichts unter dem Wort **Programm** vorstellen können. Ich habe lange gerätselt, was ein Computerprogramm ist. Schließlich kam ich darauf, daß es eigentlich nichts anderes als ein Rezept ist, nach dem der Computer arbeitet. Beim Kochen sind *Sie* der Computer und das Rezept ist das Programm. Sie lesen eine Anweisung und handeln danach. Dann lesen Sie die nächste Anweisung und befolgen sie ebenfalls. Nachdem Sie alle Anweisungen befolgt haben, steht das gewünschte Resultat vor Ihnen, zum Beispiel ein Schokoladenkuchen. In ganz ähnlicher Weise befolgt der Computer die Anweisungen — eine nach der anderen.

Wir wollen einen Augenblick bei Rezepten verweilen. Alle haben einen schematisierten Aufbau. Sie bestehen aus zwei Teilen: Der erste Teil ist eine Aufzählung der Zutaten, zum Beispiel Eier, Milch, Zucker, Mehl und Obst. Der zweite Teil besteht aus Anweisungen für die Herstellung des Gerichts. Diese Anweisungen besagen zum Beispiel, daß die Milch mit dem Mehl vermengt oder die Eier zu Schaum geschlagen werden sollen.

Wie Abbildung 1.1 zeigt, ist ein Computerprogramm der Teil des Rezepts, in dem die Handgriffe beschrieben werden, die die Köchin zu verrichten hat. Die Zutaten sind die *Daten. Bei Computerprogrammen handelt es sich um Grundrezepte, das heißt um Anweisungen ohne die Zutaten (Daten). Sie können zum Beispiel ein Grundrezept für einen

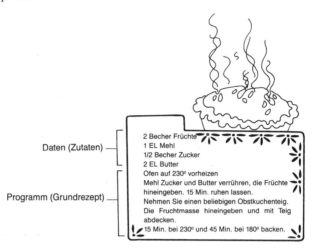

Abbildung 1.1. Ein Programm ähnelt einem Grundrezept. Der Abschnitt mit den Backanweisungen ist das Programm, und die Zutaten sind die Daten.

Obstkuchen haben. Je nachdem, welche Früchte Sie verwenden, erhalten sie einen Kirschkuchen, einen Apfelkuchen usw.

Beim Kauf eines *Programms (Rezept), erhalten Sie einen Satz von Anweisungen, die Ihr Computer befolgen kann. Zum Beispiel können Sie ein Programm erwerben, das für Ihren Computer die Anweisungen zur Durchführung der Lohn- und Gehaltsabrechnung enthält. Sie müssen dann dem Programm die Daten (Zutaten) angeben, mit denen es arbeiten kann. Daten sind zum Beispiel die Namen Ihrer Angestellten, deren Gehälter, Arbeitszeit usw. Mit Hilfe dieser Daten ist das Programm in der Lage, Ihre Gehaltsabrechnung durchzuführen. Das vom Programm gelieferte Ergebnis hängt von den Daten ab, die Sie als ***Anwenderin** eingeben.

Ein weiteres Beispiel: Wenn Sie ein *Adressenverwaltungsprogramm (als Grundrezept) verwenden, können Sie zum Beispiel Namen und Adressen von Personen aus Kalifornien als Daten eingeben. In diesem Fall erhalten Sie eine Anschriftenliste von Personen aus Kalifornien. Sie können aber auch New Yorker Namen und Adressen eingeben und erhalten dann eine New Yorker Anschriftenliste. Ebenso, wie eine Köchin nach einem Grundrezept kocht, befolgt der Computer eine Liste von Anweisungen. In beiden Fällen hängt das Resultat von der Art der jeweils von der Köchin oder der Computer-Anwenderin verwendeten Zutaten oder Daten ab. Die Vorstellung von Grundrezepten ist vielleicht etwas ungewohnt, weil wir meistens Rezepte für bestimmte Gerichte kennen. Bei diesen Grundrezepten handelt es sich um Rezepte ohne Angaben über die besonderen Zutaten.

Eine *Programmiererin, die ein Computerprogramm schreibt, ist mit einer Köchin vergleichbar, die ein neues Rezept erfindet. Beide machen sich über die erforderlichen Schritte Gedanken, die zu dem gewünschten Resultat führen sollen, und beide müssen die einzelnen Schritte in geordnete und klare Anweisungen fassen. Wenn eine Programmiererin zum Beispiel ein *Adressenverwaltungsprogramm (Rezept) entwerfen möchte, muß sie sich genau überlegen, mit Hilfe welcher Befehle der Computer in der Lage ist, die Namen und Adressen (die *Daten) entgegenzunehmen, sie nach der Postleitzahl zu sortieren und dann in richtiger Form auf Adressenaufkleber auszudrucken.

Die meisten Köchinnen entwerfen allerdings keine neuen Rezepte, sondern verwenden Rezepte aus dem Kochbuch. Ebenso schreiben die wenigsten Computer-Anwenderinnen ihre Programme selbst. Sie kaufen Programme, die von Spezialistinnen (Programmiererinnen) geschrieben und getestet wurden.

Ich möchte jetzt auf den Begriff »*Software« zurückkommen. Warum werden *Programme als Software bezeichnet? Denken Sie an Ihren Kassettenrecorder und die im Handel befindlichen bespielten Kassetten. Sie können die Kassette ablaufen lassen und die Musik hören, aber berühren können Sie die Musik nicht. Sie können das Band und den Recorder anfassen, doch die Musik selbst ist nicht greifbar. Sie können Sie kaufen und hören, jedoch nicht berühren. Daher könnte man die Musik als »soft« bezeichnen.

In ähnlicher Weise können Sie ein Computerprogramm auf Kassette kaufen. Auf dem Band befindet sich zum Beispiel das *Programm (die Anweisungen) für das Spiel Pac-Man. Wenn Sie den Kassettenrecorder an den Computer anschließen, die Pac-Man-Kassette einlegen und die Play-Taste drücken, werden dem Computer die entsprechenden Anweisungen erteilt, und Sie können mit dem Spiel beginnen. Hier gilt das gleiche wie bei dem Beispiel mit der Musik. Sie können den Kassettenrecorder, nicht aber die Anweisungen anfassen. Kassettenrecorder und Computer sind materiell, also *Hardware. Das Programm ist zwar wirklich, jedoch ebenso wie Musik nicht stofflich. Daher werden Computerprogramme *Software genannt.

Go Stop Run

Was ist ein Computer?

Damit steht also fest: Hardware ist das Gerät, ein Programm ist ein Rezept und einige Leute nennen diese Rezepte Software. Aber was sind *Computer? Und warum werden sie von so vielen Leuten gekauft?

Früher, als es noch keine Computer gab, konnten die meisten Maschinen nur eine Arbeit verrichten. Ich erinnere mich noch, wie ich eines Tages meine Mutter in ihrem Büro besuchte. Sie arbeitete bei einer Versicherungsgesellschaft. Dort stand eine Buchungsmaschine, die nur dazu bestimmt war, Zahlungen zu verbuchen. Es wurden spezielle Hauptbuchkarten eingeschoben und Zahlungen mechanisch auf dem Konto des jeweiligen Klienten verbucht. Diese Maschine ersparte der Buchhalterin eine Menge Arbeit, hatte jedoch den großen Nachteil, daß sie nichts anderes konnte, als Zahlungen verbuchen. Mit ihr ließ sich weder die Ertragsplanung analysieren noch der Etat für das nächste Jahr anlegen.

*Computer hingegen sind Mehrzweckmaschinen. Denken Sie wieder ans Kochen. Eine Köchin kann nach ihren Rezepten die verschiedensten Gerichte zubereiten: Suppen, Fleischgerichte oder Nachspeisen. In gleicher Weise können auf einem Computer die verschiedensten *Programme laufen, zum Beispiel Textverarbeitung, Grafikprogramme, Tabellenkalkulation oder Buchführung (um nur einige zu nennen). Wenn ein Computer ein spezielles Programm lädt, »wird« er zu einer entsprechenden Maschine. Ein Computer kann rechnen, Buchungen vornehmen, die Etatplanungen machen, die Lohnabrechnung regeln, als Schreibgerät dienen (darüber später mehr), Grafiken erstellen, das Inventar kontrollieren und viele weitere Funktionen ausüben. Zu was er dient, hängt ausschließlich von der jeweiligen *Software ab.

Was ist also ein *Computer? In Science-fiction-Romanen wird er als ein unglaublich mächtiges Gerät geschildert. Ich finde es ziemlich beruhigend, daß er eigentlich nur zwei Dinge kann: Addieren und vergleichen[2].

Vergleichen heißt, daß der Computer zwei Werte daraufhin prüft, ob der eine größer als der andere ist oder ob sie gleich sind, und daß er dann je nach Ergebnis entsprechend handelt. Das klingt ziemlich kompliziert, kommt aber in der Praxis einem Heizungsthermostat gleich.

Wenn Sie den Thermostat auf 22 einstellen, vergleicht das Gerät die Zimmertemperatur mit der Einstellung. Wenn die Zimmertemperatur 19 beträgt, lautet das Ergebnis des Vergleichs, daß die Zimmertemperatur niedriger ist als die Einstellung. Die Heizung schaltet sich ein. Wenn die

Computer von Grund auf verstehen

Zimmertemperatur auf 25 steigt, ergibt der Vergleich, daß die Temperatur höher als die Thermostateinstellung ist, und die Heizung schaltet ab.

Die Fähigkeit des Computers zu addieren ist uns vom Taschenrechner her vertraut. Der Computer vereint diese beiden elementaren Funktionen des Vergleichens und des Addierens. Daher gewinnt man den Eindruck, er könne noch sehr viel mehr. Aus diesem Grund ist häufig von der »Intelligenz« von Computern die Rede.

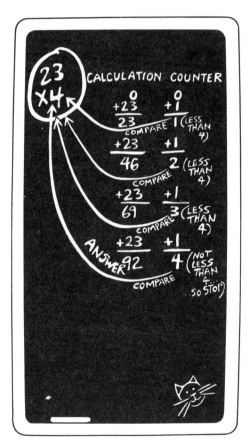

ZÄHLER

vergleichen
(weniger als 4)

vergleichen
(weniger als 4)

vergleichen
(weniger als 4)

vergleichen
(nicht weniger als 4. . .
also stop)

Abbildung 1.2. Ein Computer kann nur addieren oder vergleichen. Man meint, er könne viel mehr, zum Beispiel multiplizieren. Doch alle seine Fähigkeiten sind das Ergebnis von wiederholtem Addieren und Vergleichen.

Zurück zu dem Taschenrechner, der schließlich auch ein kleiner Computer ist. Angenommen, Sie möchten die Zahlen 23 und 4 multiplizieren. Da der Taschenrechner nicht multiplizieren kann, addiert er die 23 viermal. Dies macht er so schnell, daß es wie eine Multiplikation wirkt. Mit dem Druck auf die Multiplikationstaste führt der Rechner eine Reihe programmierter Befehle aus. Sehen Sie sich dazu bitte Abbildung 1.2 an.

Der Rechner beginnt mit 0 und addiert die erste Zahl, die Sie eingeben, die 23. Dann addiert er 1 in einen *Zähler (Dieser Zähler arbeitet wie ein Kartenentwertungsgerät im Bus, das die Anzahl der Fahrgäste zählt. Jedesmal, wenn eine Fahrkarte eingeschoben wird, wird 1 addiert). Dann vergleicht der Rechner die Zahl im Zähler mit der zweiten, eingegebenen Zahl — der 4. Sind die Zahlen nicht gleich, wird erneut 23 zu der Summe addiert; der Zähler zeigt jetzt eine 2 an. Noch immer ist die Zahl im Zähler nicht 4 und der ganze Vorgang wiederholt sich. Schließlich ist der Wert im Zähler gleich der Zahl, mit der Sie multiplizieren wollen. An diesem Punkt wird die Addition abgebrochen und das Ergebnis (92) in die Anzeige eingeblendet.

Die Multiplikationsbefehle können folgendermaßen zusammengefaßt werden:

*Multiplikationsprogramm

Zeile 1 Setze Zähler und Ergebnisspalte auf 0.
Zeile 2 Addiere die erste Zahl in die Ergebnisspalte.
Zeile 3 Addiere 1 zu dem Zähler.
Zeile 4 Wenn der Zähler den gleichen Wert hat wie die zweite eingegebene Zahl, zeige das Ergebnis in der Anzeige und stoppe. Wenn nicht, gehe zu Zeile 2 und fahre fort.

In unserem Beispiel war die erste Zahl 23 und die zweite Zahl 4. Doch in einem Computer funktioniert dieses *Programm mit allen beliebigen Zahlen.

Alle anderen Rechenfunktionen, zum Beispiel die Division oder die Quadratwurzelberechnung, beruhen auf derartigen Additions- und Vergleichsprogrammen, was für uns kaum vorstellbar ist. Diese Fähigkeit, Addition und Vergleich als beliebig einsetzbare Bausteine zu verwenden, macht den Computer so vielseitig. Durch die Kombination dieser beiden Prozesse kann der Computer nahezu jede andere Maschine imitieren (der Fachausdruck hierfür lautet emulieren) und wird dadurch zu einem äußerst wertvollen Hilfsmittel.

Der Computer hat ein Gehirn

Die Vergleichs- und Additionsprozesse laufen im Computer in der ***Zentraleinheit** oder ***CPU** ab. Sie ist das »Gehirn« des Computers. Alle Computer, selbst die kleinsten, verfügen über eine CPU. Die Abkürzung steht für *Central Processing Unit und bedeutet »Zentralrecheneinheit«, oder kurz »***Zentraleinheit**«. Weil es so winzig ist, wird dieses Teil auch manchmal ***Mikroprozessor** genannt, oder einfach ***Prozessor**. Der Ausdruck »Zentralrecheneinheit« beschreibt die Aufgabe des »Gehirns«. Es verarbeitet Informationen, wie andere Maschinen zum Beispiel Nahrungsmittel verarbeiten. Hier werden die Additionen und Vergleiche vorgenommen. Selbst in Ihrem Taschenrechner befindet sich eine CPU.

Die *Zentraleinheit kann jedoch nie zwei Arbeitsschritte zugleich abwickeln. Entweder sie addiert oder sie vergleicht. Erst aufgrund der ungeheuren Geschwindigkeit, mit der diese Vorgänge ablaufen, wird der Computer zu einem brauchbaren Werkzeug. Wenn Sie mit einem Taschenrechner zwei Zahlen multiplizieren, merken Sie gar nicht, wie viele Zwischenschritte dazu notwendig sind. Jede einzelne Operation geschieht mit ungeheuerlicher Schnelligkeit, und Sie erhalten in kürzester Zeit das Ergebnis. Der Computer benötigt für die Addition zweier Zahlen nur den winzigsten Bruchteil einer Sekunde. Die Zeit, die der Computer für einen Arbeitsvorgang (zum Beispiel eine Addition) braucht, richtet sich nach der ***Taktfrequenz** des Gerätes, seiner »inneren Uhr«.

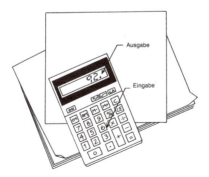

Abbildung 1.3. Über das Eingabemedium gelangen Informationen in die Zentraleinheit. Über das Ausgabemedium erhalten Sie die Informationen. Bei einem Taschenrechner geschieht die Eingabe über die Tasten, während die Ausgabe über das Anzeigefeld erfolgt.

Go Stop Run

Da ein Computer mit einer höheren *Taktfrequenz die ihm gestellten Aufgaben schneller erledigt, spielt dieser Faktor bei der Beurteilung der Leistungsfähigkeit eines Computers eine große Rolle. Lassen Sie sich beim Kauf eines Computers immer die technische Beschreibung des Gerätes zeigen. Die *Taktfrequenz wird in Megahertz, abgekürzt MHz, gemessen. Da dieser Wert jedoch keine direkte Aussage über die Schnelligkeit des Computers bei der Lösung bestimmter Aufgaben macht, kann die Taktfrequenz nur als Vergleichswert benutzt werden. Ähnlich ist die Angabe des Benzinverbrauchs auf 100 Kilometer bei Neuwagen. Dieser Wert sagt auch nichts über den tatsächlichen Verbrauch eines bestimmten Autos. Ein Vergleich der Schätzwerte bei verschiedenen Modellen zeigt jedoch deren Unterschiede auf. Ein Computer mit einer Taktfrequenz von 8 MHz verrichtet seine Arbeit schneller als einer mit 4 MHz Taktfrequenz, wenn auch wahrscheinlich nicht mit doppelter Geschwindigkeit[3].

Alle Computer besitzen eine *Zentraleinheit. Sie ist sozusagen der eigentliche Computer. Diese Zentraleinheit ist winzig klein, ungefähr so groß wie ein Fingernagel. Worum handelt es sich bei dem Rest des Gerätes?

Mit dem Computer kommunizieren

Denken Sie wieder an den Taschenrechner. Was würde Ihnen ein Taschenrechner ohne eine Anzeige nützen? Er könnte zwar die ihm gestellte Aufgabe lösen, Sie würden jedoch das Ergebnis nie erfahren, denn die Zentraleinheit hätte keine Möglichkeit, die Lösung *auszugeben*. Und welchen Sinn hätte andererseits ein Rechner mit Anzeige, aber ohne Tasten? In diesem Fall könnten Sie keine Informationen *eingeben* und der Zentraleinheit mitteilen, was sie zu tun hat.

Alle Computer verfügen über ein ***Eingabemedium** (siehe Abb. 1.3), über das Informationen von der Außenwelt in die Zentraleinheit gelangen. Auf Ihrem Taschenrechner dienen die Zahlen- und Funktionstasten als Eingabemedium. Über diese Tasten teilen Sie der Zentraleinheit mit, welche Berechnungen sie vornehmen soll.

Die *Tastatur eines Computers ähnelt sehr stark der einer Schreibmaschine. Sie ist das ***Eingabe**- oder ***Input**medium, über das Informationen in den Computer eingegeben werden. Wie Abb. 1.4 zeigt, versehen die Computerhersteller die Tastatur mit einem gesonderten Tastenfeld, in dem sich nur Zahlentasten befinden, ähnlich wie auf der Rechenmaschine. Dieser Teil der *Tastatur heißt ***Zehnerblock**.

Computer von Grund auf verstehen

Abbildung 1.4. Die Computer-Tastatur besteht aus einer Schreibmaschinentastatur, einem numerischen Tastenfeld mit 10 Tasten und einigen Spezialtasten. Die Spezialtasten sind hier grau dargestellt. Sie werden in Kapitel 2 besprochen.

Die Tastatur vereinigt beide Tastenfelder, damit Sie die Ihnen vertrauten Tasten verwenden können. Eine Schreibkraft sucht die Zahlentasten in der obersten Reihe der Tastatur. Eine Buchhalterin hingegen ist an die Zehnertastatur einer Rechenmaschine gewöhnt.

Neben der Schreibmaschinentastatur und dem Zehnerblock befinden sich noch einige Sonderfunktionstasten auf der *Tastatur, auf die ich später eingehen werde.

Es gibt noch viele weitere *Eingabemedien. Vielleicht erinnern Sie sich noch an die Lochkarten (nicht knicken, verdrehen oder beschädigen!) aus den Anfangszeiten der Computer. Kartenleser waren früher ein sehr verbreitetes Eingabemedium. Ein moderneres *Eingabemedium ist der Stift, mit dem in Kaufhäusern die Informationen von den Preisschildern in Computer eingelesen werden. All diese Geräte haben die gleiche Funktion wie die Tastatur — sie schicken Informationen zur Zentraleinheit.

Ähnlich wie der Taschenrechner mit seiner Anzeige, können auch Computer Informationen von der Zentraleinheit an die Außenwelt, also an Sie, übermitteln. Dies geschieht über das sogenannte **Ausgabe**- oder **Output**medium. Ein Beispiel für ein Ausgabegerät ist der **Drucker**. Er ähnelt einem Mittelding zwischen automatischem Klavier und Schreibmaschine. Die Zentraleinheit sendet Informationen an den Drucker, und der Drucker druckt die Informationen automatisch aus. Auf diese Weise entstehen die meisten Rechnungen, die Sie erhalten.

37

Ein anderes *Ausgabemedium ist der *Bildschirm. Hier wandert die Information von der Zentraleinheit nicht auf einen Bogen Papier, sondern wird auf dem Bildschirm der Außenwelt sichtbar gemacht.
Computer-Fachleute bezeichnen dieses Ausgabemedium nicht als Bildschirm. Das wäre viel zu einfach. Stattdessen sprechen sie von einem *CRT oder *VDT. CRT steht für *Kathodenstrahlröhre (Cathode Ray Tube), was nichts anderes als eine Bildröhre ist. Wenn Sie fernsehen, schauen Sie auf eine Kathodenstrahlröhre. VDT steht für *Video Display Terminal und ist das gleiche wie ein CRT.
Im CRT befindet sich eine »Kanone«, die Elektronen auf einen Schirm »schießt«. Die Elektronen treffen auf eine phosphoreszierende Schicht im Innern der Bildröhre. Dort, wo der Phosphor getroffen wird, leuchtet er. Dadurch entsteht das Bild, das Sie auf dem *Bildschirm sehen.
Es wird nur selten gesagt, daß einige Elektronen nicht am *Bildschirm haltmachen. Wie Abb. 1.5 zeigt, wandern sie bis zu Ihnen weiter. Dadurch sind Sie einer *niederfrequenten Strahlung ausgesetzt. Die langfristigen Folgen dieser Strahlenbelastung sind noch unbekannt.
Unseren Kindern sagen wir immer wieder, »Setzt euch nicht so nahe an den Fernseher.« Doch als Berufstätige sind wir gezwungen, aus nur 50 cm Entfernung auf eine ähnliche Bildröhre zu starren. Daher müssen die langfristigen Folgen dieser *niederfrequenten Strahlung unbedingt weiter erforscht werden.
Zur Zeit unterstützt die kanadische Regierung diesen Forschungsbereich am meisten. Sie reagiert damit auf Meldungen, daß *schwangere Frauen, die in einem kanadischen Krankenhaus an Bildschirmen arbeiteten, eine extrem hohe Quote an Fehlgeburten hatten oder behinderte Kinder zur Welt brachten. Leider erstrecken sich die erforderlichen Langzeitstudien über viele Jahre. Doch sollten sich *schwangere Frauen des Problems bewußt sein und möglichst nicht längere Zeit an Bildschirmen arbeiten.
Viele Heimcomputer wie der Commodore und der Atari verwenden Fernsehschirme als Ausgabemedium. Die meisten professionellen Geräte hingegen arbeiten mit besseren *Bildschirmen, die ein schärferes Bild liefern. Bei genauer Betrachtung erkennen Sie, daß das Bild aus Punkten zusammengesetzt ist, ebenso wie das Foto in einer Zeitung. Je mehr Punkte (Computer-Fachleute sprechen von *Pixel) sich auf einem Quadratzentimeter befinden, um so schärfer ist die Wiedergabe von Text und Zahlen, und um so besser ist die *Auflösung des Bildschirms.
Der auf einem einfachen Fernsehschirm wiedergegebene Text ist verschwommen und leicht verzerrt. Die tägliche Arbeit an derartigen

Computer von Grund auf verstehen

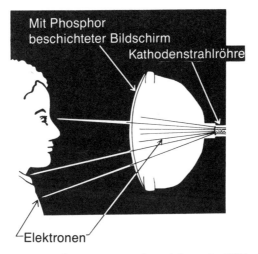

Abbildung 1.5. Einige Elektronen machen nicht an der Bildschirmscheibe halt, sondern dringen bis zu Ihnen vor. So entsteht die niederfrequente Strahlung.

*Bildschirmen führt unweigerlich zu Augenbeschwerden. Bildschirme, die für die Wiedergabe von Grafiken verwendet werden, haben das beste Bild und heißen ****hochauflösende** Bildschirme.

Viele Bildschirme sind einfarbig. Sie werden jedoch nicht Schwarz-Weißbildschirme, sondern **monochrome** Bildschirme genannt. Es gibt monochrome Bildschirme mit weißem, grünen oder bernsteinfarbenem Bild auf schwarzem Hintergrund, oder auch mit schwarzer Schrift auf hellem Hintergrund.

Andere Bildschirme sind farbig. Manchmal werden sie als **RGB**-Monitoren bezeichnet, da sie drei Elektronenkanonen enthalten: Eine für Rot, eine für Grün und eine dritte für Blau. Es gibt die verschiedensten Kombinationen von Auflösung und Farbeigenschaften: Monochrombildschirme, Farbbildschirme, hochauflösende Monochrombildschirme, hochauflösende Farbbildschirme usw.

Mit dem Macintosh von Apple wurde ein neuer Standard für preiswerte hochauflösende Bildschirme geschaffen. Sie hatten eine sehr viel höhere Auflösung als IBM-Monitoren, so daß Schrift und Grafik viel schärfer waren. Inzwischen werden auch für IBM-Computer solche hochauflösenden Bildschirme hergestellt. Leider gibt es für IBM-Bildschirme keinen Standard. Die Anwenderin sieht sich einem Wirrwarr

Go Stop Run

an Abkürzungen der verschiedenen Bildschirmkarten und -typen gegenüber. Die CGA-Karte (Colour Graphics Adapter) zum Beispiel verwendet 320 x 200 Punkte. Es handelt sich um eine Farbgrafikkarte mit Darstellungsmöglichkeiten für 16 Farben. Neuere Bildschirme verwenden die EGA-Karte (Enhanced Graphics Adapter), die 640 x 350 Punkte darstellt. Auf Monochrom-Bildschirmen wird durch die Hercules-Karte eine hohe Auflösung erzielt, nämlich 720 x 348 Punkte. Die neuesten Bildschirmadapter sind die PGA-Karte (Professional Graphics Adapter) und die VGA-Karte (Video Graphics Adapter). Spezialbildschirme haben eine Auflösung bis zu 1024 x 768 Punkte und eine Farbpalette von 256 Farben.

Was bedeutet das für Sie? Viele Programme benötigen einen speziellen Bildschirmtyp. Bei Programmen für den Macintosh braucht man sich um

Abbildung 1.6. Sind dies Computer oder Terminals? Äußerlich läßt sich oft nicht erkennen, ob das Gerät mit einer Zentraleinheit ausgestattet ist oder nicht. Ist keine Zentraleinheit vorhanden, so handelt es sich um ein Terminal.

Computer von Grund auf verstehen

diesen Punkt nicht zu kümmern — wenn das Programm auf dem Macintosh läuft, so läuft es auch auf dem Bildschirm des Macintosh. Die Programme für IBM-Computer laufen fast alle auf einem Monochromgrafik-Bildschirm (mit Hercules-Karte). Wenn Sie mit Ihrem Computer komplexe Grafiken erstellen möchten, müssen Sie vor dem Kauf überlegen, welchen Bildschirm Sie an Ihren Computer anschließen möchten. Daher werden die meisten Computer heute ohne Bildschirm verkauft. Dieser muß als Option extra bezahlt werden. Damit haben Sie die Möglichkeit, den für Ihre Bedürfnisse angemessenen Bildschirm zu wählen.

Obwohl Eingabe- und Ausgabegerät separate Teile eines Computers sind, werden sie manchmal in einem einzigen Gerät vereint, das als *Terminal bezeichnet wird. Ein Terminal umfaßt in der Regel eine *Tastatur (als *Eingabegerät) und einen *Bildschirm (als *Ausgabegerät). Der Vorteil eines *Terminals besteht darin, daß es an eine separate Zentraleinheit angeschlossen werden kann. Auf diese Weise können die Flugreservierungen einer Fluggesellschaft zum Beispiel über Terminals an vielen verschiedenen Standorten vorgenommen werden. Alle Terminals sind an dieselbe Zentraleinheit angeschlossen: Über sie wird der eigentliche Verkauf der Tickets abgewickelt.

Bei einigen *Terminals sind Tastatur und Bildschirm in einem Gehäuse vereint, andere wiederum bestehen aus mehreren Teilen. Das hängt vom jeweiligen Computer-Hersteller ab. Wie Abb. 1.6 zeigt, läßt sich am äußeren Erscheinungsbild eines Gerätes nicht feststellen, ob es sich um ein Terminal oder einen Computer handelt. Nur wenn sich in dem Gerät eine Zentraleinheit befindet, ist es ein Computer, andernfalls handelt es sich um ein Terminal.

Manchmal wird ein *Terminal irrtümlich als *CRT bezeichnet. Zu einem CRT gehört jedoch keine Tastatur. Der CRT ist nur der Bildschirm. Für sich allein wird er **Monitor** genannt. Auf Flughäfen sieht man häufig Monitore, die die Ankunfts- und Abflugszeiten der Flugzeuge anzeigen.

Einige Teile des Computers dienen sowohl der Eingabe als auch der Ausgabe. Das läßt sich leicht am Kassettenrecorder verdeutlichen.

Ein Kassettenrecorder, der an einen Computer angeschlossen ist, kann Informationen abspielen und aufzeichnen. Angenommen, Sie geben über die Tastatur eine Adressenliste in Ihren Computer ein. Die Zentraleinheit leitet alle Daten an den Recorder weiter, wo sie gespeichert werden. In diesem Fall dient der Kassettenrecorder, der Ihre Daten auf Band aufzeichnet, als *Ausgabegerät. Hinterher schicken Sie die Bandaufnahme mit der Adressenliste an Ihre Zweigstelle. Dort wird die Kassette

41

in einen Recorder gelegt und die Informationen in den Computer der Zweigstelle eingelesen. Dann wird die Liste ausgedruckt. In der Zweigstelle arbeitet der Kassettenrecorder als *Eingabegerät, denn die Zentraleinheit liest von dort die Daten ein.

Weil ein Kassettenrecorder elektronische Informationen sowohl aufzeichnen als auch abspielen kann, wird er als *Eingabe/Ausgabe-Gerät (oder auch *Input/Output-Gerät) bezeichnet. In der Fachsprache heißt es nicht mehr Eingabe/Ausgabe-Gerät, sondern einfach *E/A-Gerät oder *I/0-Gerät.

Beim Kauf eines Computers müssen Sie sich neben der Zentraleinheit (dem Gehirn des Computers) für ein E/A-Medium entscheiden. Abb. 1.7 zeigt einige der bestehenden Möglichkeiten. Als Leiterin eines Supermarktes fällt Ihre Wahl wahrscheinlich auf einen Lichtgriffel als Eingabemedium, mit dem die Strichkodierungen (Bar-Code) von den verpackten Nahrungsmitteln eingelesen werden können. Der Supermarkt-Computer ist nicht nur mit einem Eingabemedium ausgerüstet, über das Preis und Art der verkauften Ware eingelesen werden, sondern auch mit einem Ausgabemedium, nämlich dem Beeper. Der Ton nach Ablesen des Bar-Codes ist nichts anderes als ein kurzes Signal der Zentraleinheit. Damit teilt sie mit, daß der Bar-Code korrekt eingelesen wurde, bzw. nicht identifiziert werden konnte und noch einmal eingegeben werden muß. Von außen betrachtet wirken das Computersystem eines Supermarktes und ein Bürocomputer sehr verschieden, doch eigentlich unterscheiden sie sich nur in den Ausgabe- und Eingabegeräten.

Was soll ein Gehirn ohne Gedächtnis?

Erinnern Sie sich noch an unsere Adressenliste? Sie wurde auf Band aufgenommen wie ein Konzert. Sowohl bei der Adressenliste als auch bei der Konzertaufnahme dient das Band als Speichermedium. Das bedeutet, Sie haben die Musik und das Adressenmaterial so gespeichert, daß Sie später beides wieder abspielen können.

Der Kassettenrecorder ist als Langzeitgedächtnis für den Computer von besonderer Bedeutung. Er konserviert die Informationen, die Sie in den Computer eingeben. Das muß unbedingt geschehen, weil sonst der Computer beim Ausschalten alles vergißt, was er an Informationen erhalten hat. Ohne die Möglichkeit, die Informationen zu *speichern, wären die Einsatzmöglichkeiten Ihres Computers äußerst begrenzt.

Computer von Grund auf verstehen

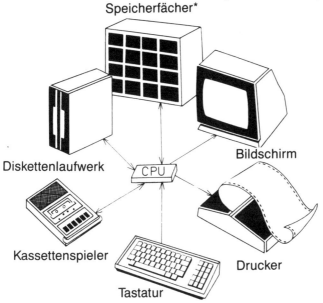

Abbildung 1.7. Jeder Computer besitzt eine Zentraleinheit (das Gehirn). Es gibt viele optionale Geräte, die an einen Computer angeschlossen werden können. Entweder handelt es sich um Eingabegeräte, die Informationen an die Zentraleinheit weiterleiten, oder um Ausgabegeräte, die die Informationen an Sie weitergeben, oder um kombinierte Eingabe/Ausgabegeräte.

Der Computer, wie ich ihn bis hierher beschrieben habe, weist ein weiteres Problem auf. Stellen Sie sich vor, Sie haben ein Programm auf Kassette gespeichert (Langzeitgedächtnis). Sie wollen das Programm benutzen und drücken die Play-Taste auf dem Recorder. Jetzt werden die im Programm enthaltenen Befehle zur Zentraleinheit geschickt und dort ausgeführt. Der Kassettenrecorder ist jedoch so langsam, daß man sogar zusehen kann, wie sich die kleinen Rädchen in der Kassette drehen. Die sehr schnell arbeitende *Zentraleinheit muß also viel zu lange warten, bis sie den nächsten Befehl erhält und der ganze Computer wäre bei dieser geringen Geschwindigkeit sinnlos.

Das Kurzzeitgedächtnis

Es muß also eine Möglichkeit geben, die Befehle der Zentraleinheit so schnell zu übermitteln, wie diese sie verarbeiten kann. Diese Aufgabe wird vom *Hauptspeicher oder *Arbeitsspeicher geleistet. Er hat ebenso wie die Zentraleinheit keine beweglichen Teile, die seine Arbeitsgeschwindigkeit verlangsamen. Der Hauptspeicher könnte auch das *Kurzzeitgedächtnis des Computers genannt werden, denn hier befindet sich nur das Programm, das gerade in Gebrauch ist, bis ein anderes Programm abgerufen oder der Computer ausgeschaltet wird.

Der Hauptspeicher des Computers arbeitet bei der Informationsverarbeitung ähnlich wie wir. Denken Sie ans Kochen. Wenn wir nach einem neuen Rezept arbeiten, schlagen wir das Kochbuch auf und legen es auf den Tisch. Dann lesen wir eine Anweisung (zum Beispiel »Rühren Sie den Zucker ein«) und befolgen sie. Danach sehen wir wieder ins Kochbuch und lesen die nächste Anweisung. Das ist ein recht langsames Arbeitsverfahren. Wenn wir ein Rezept allerdings auswendig kennen, (das heißt, wir haben es im Gedächtnis gespeichert), müssen wir nicht mehr jeden Handgriff oder die Menge der Zutaten im Kochbuch nachlesen, und die Arbeit geht problemlos und zügig voran. Das gleiche geschieht im Computer. Wenn sich ein Programm im *Hauptspeicher befindet, kann die Zentraleinheit die Befehle sehr schnell ausführen.

Sie werden dem Begriff des *Hauptspeichers oder *Arbeitsspeichers immer wieder begegnen, wenn von Computern die Rede ist. Es hängt von der Größe des Hauptspeichers ab, wie groß das *Programm sein darf, mit dem der Computer arbeiten kann, denn das ganze Programm muß in den Hauptspeicher passen. Sie können sich den *Hauptspeicher als mehrere Reihen fachartiger Briefkästen vorstellen, wie sie oft in Hotelrezeptionen anzutreffen sind. Jedes Fach kann ein Informations-Zeichen (ein *Byte) aufnehmen. Wenn Sie wissen, über wieviel »Fächer« Ihr Computer verfügt, wissen Sie auch, wie groß ein Programm (Rezept) für Ihren Computer sein darf. Abb. 1.8 zum Beispiel zeigt den Speicherplatz, den unser Multiplikationsprogramm benötigt.

Man kann sich das Problem auch folgendermaßen verdeutlichen. Angenommen, Sie schreiben Ihre Rezepte auf Karteikarten, und Ihr Schokoladenkuchen-Rezept beansprucht vier Karten. Ein Freund, den Sie zum Essen eingeladen haben, ist begeistert von dem Dessert und möchte eine Kopie Ihres Rezepts. Wenn Sie jedoch nur eine leere Karte zur Verfügung haben, können Sie ihm keine Kopie geben (Auf einer Karte haben nicht alle Anweisungen Platz). Ebenso benötigt der Computer genügend

Fächer, um alle Programmbefehle intern zu speichern. Aus diesem Grund enthalten alle Software-Pakete eine Programmbeschreibung mit der Angabe des *Speicherbedarfs des *Programms.

Jeder Computer ist beim Kauf mit einem *Standardhauptspeicher ausgestattet. Zusätzlicher Speicherplatz wird auf Wunsch eingebaut, doch müssen Sie dafür extra bezahlen. Wenn Ihr Computer zum Beispiel in der Standardausführung 256.000 Speicherstellen (Fächer) besitzt, können Sie weitere 256.000 Fächer kaufen und so den Computer mit insgesamt 512.000 Fächern ausstatten. Wenn Sie 384.000 Fächern erwerben, hat Ihr Computer insgesamt 640.000 Fächer.

Die Computer-Fachsprache hat ihre eigene Terminologie für die Beschreibung der *Speichergröße entwickelt. Tausend Watt sind ein Kilowatt und tausend Gramm sind ein Kilogramm. Auch die Speichergröße wird pro 1.000 Speicherstellen in Kilo oder *K gemessen. 256.000 Speicherstellen sind also 256K[4]. Da jede Speicherstelle ein Zeichen speichern kann und da statt Zeichen der Begriff *Byte verwendet wird, kann

A	D	D		F	I	R	S	T		ADDIERE ERSTE
N	U	M	B	E	R		T	O		ZAHL ZUM
R	E	S	U	L	T		A	D	D	ERGEBNIS
	1		T	O		C	O	U	N	ADDIERE 1 ZUM
T		I	F		C	O	U	N	T	ZÄHLER
	=		T	H	E		S	E	C	WENN ZÄHLER
O	N	D		N	U	M	B	E	R	= ZWEITE ZAHL
	T	H	E	N		S	T	O	P	DANN STOP
	A	N	D		D	I	S	P	L	UND ZEIGE
A	Y		R	E	S	U	L	T		ERGEBNIS
O	T	H	E	R	W	I	S	E		WENN NICHT
G	O		B	A	C	K		T	O	GEHE
	1									ZURÜCK ZU 1

Abbildung 1.8. Der Hauptspeicher eines Computers funktioniert wie die Brieffächer in der Hotelrezeption. Jedes Speicherfach enthält einen Buchstaben. Zur Aufnahme des gesamten Programms müssen genügend Speicherfächer vorhanden sein. In diesem Beispiel befindet sich unser Multiplikationsprogramm im Speicher.

also ein Speicher von 256K 256 *Kilobyte speichern. Die Angabe der Speicherkapazität mit 256*KB bedeutet also weiter nichts, als daß ein Hauptspeicher dieser Größe 64.000 Bytes aufnehmen kann.

Wenn Ihr Computer nicht mit seinem maximalen Hauptspeicher ausgestattet ist, so müssen Sie ihn eventuell später *erweitern. Angenommen Sie haben einem Computer mit 256K RAM gekauft und möchten auf dem Gerät mit dem Programm Symphony arbeiten. Dieses Programm benötigt jedoch 512K Hauptspeicher. Sie müssen also zusätzlich 256K RAM erwerben, damit der Hauptspeicher groß genug ist. Auch wenn der Einbau einer Speichererweiterung möglich ist, haben Sie dennoch schlecht geplant. Sie müssen den Computer ins Fachgeschäft bringen und dort die Speichererweiterung installieren lassen. Da Sie nicht nur das Bauteil, sondern auch die Arbeitszeit bezahlen müssen, wäre es billiger gewesen, gleich ein angemessen konfiguriertes Gerät zu kaufen (in diesem Fall mit 512K RAM). Daher ist es wichtig, daß Sie *sich zuerst für die Software entscheiden und erst dann die Hardware kaufen.* Auf diesen Punkt werde ich immer wieder zurückkommen.

*Speicherstellen sind wie Brieffächer im Hotel aufgebaut. Jedes Fach hat eine Adresse. Das Programm kann sich an eine bestimmte Adresse wenden, etwa mit dem Befehl »Gehe zu Fach 835«. Wird ein bestimmtes Fach angesprochen, schaut die Zentraleinheit nicht erst der Reihe nach in jedes Fach: Sie überspringt Fach 1, Fach 2, Fach 3 usw. und geht direkt zu dem angegebenen Fach (in diesem Fall Fach 835). Die Hotelsekretärin macht es ebenso. Wenn Sie fragen, ob Post für Zimmer 835 da ist, schaut sie nicht erst in jedem Fach nach. Vermutlich wird sie zuerst zur achten Reihe gehen, wo die 800er Nummern sind, und dann in der Mitte der Reihe suchen, wo sich die 30er Zimmernummern befinden.

Dieser *direkte Zugriff auf Informationen wird entweder als ***Random Access** oder ***Direct Access** bezeichnet. Die Speicherstellen des Computers heißen auch nicht Fächer, sondern ***Direktzugriffsspeicher** oder ***RAM**, die Kurzform für ***Random Access Memory** (Eigentlich wäre **Direct Access Memory** passender gewesen, doch die Kurzform DAM klingt im Englischen leicht vulgär).

Diese Fähigkeit, *direkt* zu einer bestimmten *Speicherstelle zu gehen, erhöht die Arbeitsgeschwindigkeit eines Programms ganz erheblich. Das läßt sich sehr gut anhand des Schlagwortregisters eines Buches erklären. Nehmen wir an, Sie wollen einen Obstkuchen backen. Zuerst bereiten Sie nach den Anweisungen die Füllung zu. Dann steht im Rezept, »Für den Boden nehmen Sie ein beliebiges Teigrezept.« Folglich sehen Sie unter »Obstkuchenteig« im Register nach. Dort werden Sie auf Seite 835 verwiesen. Sie schlagen diese Seite auf und finden dort ein Obstkuchenteigrezept. Der Umgang mit einem Kochbuch ohne Register und Seitennumerierung wäre sehr mühselig und zeitaufwendig. Bei fehlendem Register müssen Sie das Buch von Anfang an durchblättern, bis Sie schließlich nach 835 Seiten das gesuchte Teigrezept finden.

Wenn kein Register und keine Seitenzählung vorliegen, müssen Sie die Methode des **sequentiellen Zugriffs** wählen. Das Tonbandgerät bedient sich zum Beispiel des *sequentiellen Zugriffs, denn hier gibt es keine Möglichkeit, an eine Stelle mitten im Band zu »springen«. Das Tonbandgerät ist daher ein sequentiell arbeitendes Gerät, denn um ein bestimmtes Lied hören zu können, müssen wir mit schnellem Vorlauf *der Reihe nach* bis zu der gewünschten Stelle alle anderen Aufnahmen auf dem Band durchgehen. *Sequentieller Zugriff ist eindeutig langsamer, und deshalb werden Bänder auch nie als interne Speicher verwendet.

Ein *Direktzugriffsspeicher hat den Vorteil, daß die Zentraleinheit direkt an eine bestimmte *Speicherstelle gehen kann. Die einzelnen Programmsegmente befinden sich an verschiedenen Speicherstellen. An Kassenautomaten zum Beispiel können Sie Geld einzahlen oder abheben. Die Befehle zur Bearbeitung einer Einzahlung beginnen an einer bestimmten Speicherstelle, während die Befehle zur Bearbeitung einer Abhebung an einer anderen Speicherstelle beginnen. Der Kassenautomat stellt als erstes fest, welche Transaktion Sie gewählt haben. Dies geschieht über eine Anweisung wie die folgende: Ist der Kode der gewählten Transaktion = 1, dann gehe zu *Speicherstelle 10234 (hier beginnt das Einzahlungsprogramm); ist der Kode = 2, dann gehe zu Speicherstelle 18412 (wo die Anweisungen für Auszahlungen beginnen).

Die Fähigkeit der Zentraleinheit, mit Hilfe einer Adresse zu einem bestimmten Fach zu springen, beschleunigt alle Arbeitsvorgänge im Computer ganz erheblich, ebenso wie wir mit Hilfe eines Registers eine bestimmte Stelle in einem Buch sehr viel schneller finden.

Disketten dienen als Langzeitgedächtnis

Der *Hauptspeicher versetzt den Computer in die Lage, das Programm so zu speichern, daß die Zentraleinheit während der Arbeit mit dem Programm dessen Anweisungen sehr schnell abrufen kann. Doch bevor der Computer das Programm benutzen kann, muß es von Band oder Diskette (darüber gleich mehr) in den Speicher geholt werden. Diesen Vorgang nennt man, ein Programm in den Hauptspeicher ***laden**.

Massenspeicher

Band oder Diskette sind *Speichermedien des Computers (sie werden auch als *Massenspeicher bezeichnet). Auch ein Kochbuch ist ein Speicher. Hier werden Rezepte gespeichert, bis Sie das Buch aufschlagen und sie benutzen. In den Massenspeichern eines Computers werden nicht nur die Anwendungsprogramme, sondern auch Daten gespeichert, zum Beispiel die Namen und Adressen Ihrer Anschriftenliste. Bevor diese Informationen benutzt werden können, müssen sie von Band oder Diskette in den *Hauptspeicher (*RAM) eingelesen werden, ebenso wie die Programme auch.

Bandkassetten lassen sich schlecht zum Speichern verwenden, da sie sehr langsam sind. Es kann 20 bis 30 Minuten dauern, bis ein Programm vom Band in den Hauptspeicher geladen ist. Das Speichern von Programmen auf *Magnetplatte ist wesentlich schneller. Eine Magnetplatte sieht wie eine Schallplatte in einem rechteckigen Umschlag aus. Geräte, die Magnetplatten abspielen, könnten folglich auch als »Magnetplattenspieler« bezeichnet werden. Aber in der Computerspache heißen sie *Plattenlaufwerke oder einfach *Laufwerke. Abb. 1.9 zeigt, wie eine derartige Platte in ein Laufwerk geschoben wird.

Platten haben dieselbe Funktion wie Bänder, sind aber viel schneller. Im Gegensatz zu Kassettenrecordern werden Laufwerke ausschließlich für Computer verwendet und dienen der schnellen Übertragunng von Informationen. Anders als die Kassetten im Kassettenrecorder drehen sich die Platten im Laufwerk mit hoher Geschwindigkeit — ungefähr mit 6 Umdrehungen in der Sekunde. Wenn ein Programm keinen allzu

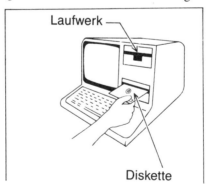

Abbildung 1.9. Das Gerät, das die Disketten liest und beschreibt, heißt Laufwerk.

großen Speicherraum benötigt, ist es daher in wenigen Sekunden von der Platte in den Hauptspeicher geladen. Diese Art der Speicherung ist zwar sehr schnell, jedoch teurer als über Bandgeräte.

Ein *Laufwerk ist eine Mischung zwischen Plattenspieler und Kassettenrecorder. Wenn Sie mit einem Plattenspieler das dritte Lied auf einer Platte hören möchten, brauchen Sie nur die Nadel am dritten Einschnitt abzusetzen. Beim Plattenspieler ist somit ein direkter Zugriff möglich, denn Sie können unmittelbar zur gewünschten Stelle gehen, ohne die Platte von Anfang an abspielen zu müssen.

Ebenso arbeitet das *Laufwerk. Statt der Schallplatten werden hier *Disketten in das Laufwerk geschoben. Daß die Diskette rund ist, läßt sich nicht unmittelbar erkennen, da sie in einer rechteckigen Schutzhülle aus Plastik steckt. Das Laufwerk ist ebenso wie der Plattenspieler mit einer Achse ausgestattet, die die Diskette zum Drehen bringt (nur dreht sich die Diskette im Innern ihrer Hülle).

Die Informationen werden auf der Diskette in **Spuren** aufgezeichnet. Auch das erinnert an Schallplatten, jedoch handelt es sich bei den Spuren auf der Diskette um konzentrische Ringe und nicht um eine lange, ununterbrochene Spirale wie auf der Schallplatte (Siehe Abb. 1.10). Wie bei dem Plattenspieler kann auch die »Nadel« eines Laufwerkes hochgenommen und in eine neue Spur gesetzt werden. In der Schutzhülle einer Diskette befindet sich ein länglicher Schlitz. Hier berührt die »Nadel« die sich drehende Diskettenoberfläche. Da die Informationen aus einer beliebigen Spur gelesen werden können, ohne alle zuvor gespeicherten Informationen durchgehen zu müssen, handelt es sich beim Laufwerk um einen *Direktzugriffsspeicher.

Ein *Laufwerk ähnelt jedoch auch einem Kassettenrecorder. *Disketten bestehen ebenso wie Tonbänder aus mit Eisenoxid beschichtetem Kunststoff. Bei der »Nadel« des Laufwerks, die sich zu den einzelnen Spuren der Diskette bewegt, handelt es sich um einen *Lesekopf, der dem der Bandgeräte ähnelt. Der einzige Unterschied besteht darin, daß der Kopf im Laufwerk beweglich ist und nicht starr. Wie der Tonkopf eines Tonbandgerätes kann er die magnetisch aufgezeichneten Informationen von der Diskette lesen (abspielen) oder auf die Diskette schreiben (aufnehmen).

Damit der **Lese/Schreibkopf** so schnell wie möglich an die gesuchten Informationen kommt, sind die konzentrischen Spuren auf der Diskette numeriert. Wenn Sie zum Beispiel auf einer Diskette die Flugpläne der Luftlinien aufgezeichnet haben und wissen möchten, wann die Maschine von New York nach Frankfurt startet, steuert das Programm

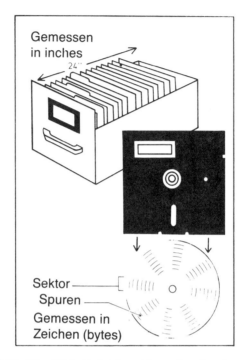

Abbildung 1.10. Eine Diskette ist der »Aktenschrank« eines Computers. Die Kapazität einer Diskette wird in der Anzahl an Zeichen gemessen, die auf ihr gespeichert werden kann. Die Speicherkapazität hängt von dem Verfahren ab, nach dem ein Laufwerk die Diskette beschreibt. Die Zeichen werden in konzentrischen Spuren geschrieben, die den Rillen einer Schallplatte ähneln.

den Kopf zu genau der Spur (z.B. Spur 30), auf der die entsprechende Information gespeichert ist. Dieser Vorgang wird außerdem durch die Unterteilung der Diskette in *Sektoren beschleunigt, so daß der *Lese/Schreibkopf nicht erst die ganze Spur lesen muß, um zu den gesuchten Daten zu gelangen. Da der Kopf genau den Teil der Spur (den Sektor) identifizieren kann, auf dem sich die Informationen befinden, ist er in der Lage, in Sekundenschnelle genau an diese Stelle zu springen.

Die Diskette steckt in einer Schutzhülle aus Plastik, damit Sie die empfindliche Aufzeichnungsfläche nicht berühren können. Die Hülle ist vergleichbar mit der Kassette, in der das Band steckt. Die Finger können nicht mit der Aufzeichnungsfläche in Berührung kommen und sie durch die Hautausscheidungen beschädigen. In der Plastikhülle befindet sich ein ovaler Schlitz, Hier kann der Schreibkopf mit der Diskette in Kontakt treten. Bei Disketten aus Hartplastik ist diese Öffnung durch eine Abdeckung verschlossen, die sich beim Einschieben der Diskette ins Laufwerk automatisch öffnet. Die älteren Disketten aus Weichplastik haben keinen derartigen Schutz. Daher werden sie in Papierhüllen aufbewahrt. Seien Sie beim Entnehmen der Disketten vorsichtig. Wenn Sie die Scheibe an der freien Fläche berühren, können Sie ihren Inhalt beschädigen und die aufgezeichneten Informationen unlesbar machen.

Da die hier beschriebenen Disketten biegsam sind, werden sie auch *Floppies genannt. Floppies sind kleiner als die früher verwendeten Magnetplatten. Außer diesen Disketten gibt es noch andere, größere Magnetplatten, die *Festplatten genannt werden. Festplatten bestehen aus einer starren Metallscheibe, die mit einer starken Plastikschicht überzogen ist. Sie können nicht, wie die Disketten, aus dem Gerät herausgenommen werden, sondern sind fest eingebaut.

Es gibt Disketten in verschiedenen Größen. Disketten mit einem Durchmesser von 5¼ Zoll und 3 Zoll sind am meisten verbreitet. Von außen läßt sich jedoch die Speicherkapazität einer Diskette nicht erkennen. Ihre Kapazität hängt nicht von ihrer Größe ab, sondern von der Art, wie die Informationen aufgezeichnet werden.

Das Diskettenformat

Die Entwicklung der Computer-Herstellung ist von hartem Wettbewerb geprägt. Das hat dazu geführt, daß es kaum Standards oder verbindliche Konventionen gibt. Das macht sich besonders bei der Konstruktion von *Diskettenlaufwerken bemerkbar. Jeder Laufwerkhersteller hat bei der Einteilung der *Disketten in Spuren und Sektoren sein eigenes Verfahren entwickelt. Ein gängiges Verfahren zur Adressierung von Positionen auf der Diskette geht von 40 Spuren aus, die in 8 Sektoren unterteilt werden. Es gibt aber noch zahlreiche andere Möglichkeiten der Einteilung. In der Fachsprache wird die Aufteilung der Diskette in Spuren und Sektoren als *Format bezeichnet.

Um den Formatiervorgang besser zu verstehen, stellen Sie sich die Diskette als einen Parkplatz für Zeichen vor. Die Spuren und Sektoren sind die weißen Linien, die die einzelnen Parkstellen abgrenzen. Angenommen, Sie besitzen einen Parkplatz für 80 Autos. Eines Tages schließen Sie den Platz und übermalen alle weißen Linien mit schwarzer Farbe. Dann ziehen Sie neue weiße Linien, aber jetzt enger. Sie öffnen den Parkplatz wieder, und jetzt können hier 100 Autos parken. Ähnlich ist es bei einer Diskette. Ihre Kapazität hängt von der Formatierung ab. Beim Formatieren werden die Sektoren auf der Diskette markiert. Wie auch beim Parkplatz-Beispiel, muß die Diskette leer sein, um formatiert werden zu können. Deshalb folgende *Warnung: Wenn Sie das Formatierprogramm aus Versehen auf einer beschriebenen Diskette laufen lassen, werden alle Daten auf der Diskette gelöscht.* Das ist einer der wenigen Bedienungsfehler, die zum Verlust wichtiger Daten führen können[5].

Es gibt Diskettenlaufwerke mit *einfacher und mit *doppelter Dichte. In älteren Computern (vor 1985) befinden sich häufig die billigeren Laufwerke für Disketten mit einfacher Dichte. Die meisten der heute hergestellten Computer haben Laufwerke für Disketten mit doppelter Dichte. Wie der Name schon sagt, kann eine Diskette mit doppelter Dichte ungefähr doppelt soviel speichern wie eine Diskette mit einfacher Dichte. Die älteren Laufwerke hatten auch nur einen *Lese/Schreibkopf. Das Laufwerk konnte also nur die eine Seite einer Diskette beschreiben bzw. ablesen. Nahezu alle heute produzierten Computer haben Laufwerke mit zwei Lese/Schreibköpfen. Beide Diskettenseiten können beschrieben werden. Die Laufwerke haben daher gegenüber den alten einseitigen Laufwerken die doppelte Kapazität.

Die im Fachhandel angebotenen Disketten sind nicht für den jeweiligen Computer-Typ formatiert. Sie werden ohne Sektoreneinteilung verkauft. Um die Disketten benutzen zu können, müssen sie daher zuerst formatiert werden. Alle Computerhersteller liefern ein Programm mit, das die Disketten in dem von den Laufwerken benötigten Format formatiert. Dieser Vorgang wird in Kapitel 7 näher beschrieben.

Beim Kauf von Disketten müssen Sie darauf achten, die richtigen zu nehmen. Es sind zwar noch immer einseitige Disketten (für die älteren Geräte) erhältlich, aber Sie werden vermutlich **doppelseitige Disketten mit doppelter Dichte** benötigen, oft abgekürzt als **2S/2D**. Diese Disketten sind teurer als die einseitigen, da sie bei der Herstellung einem speziellen Qualitätstest unterzogen werden. Bei doppelseitigen Disketten sind die Aufzeichnungsflächen beider Seiten auf Kratzer und andere Herstellungsfehler geprüft. Disketten mit Mängeln auf einer Seite werden als »einseitige Disketten« zu einem niedrigeren Preis verkauft.

Einige Computer mit High-Density 5¼-Zoll Laufwerken verwenden Spezialdisketten mit besonders hoher Aufzeichnungsdichte. Diese Disketten sehen äußerlich wie die anderen 5¼-Zoll Disketten aus, unterscheiden sich jedoch durch die höhere Aufnahmefähigkeit von Daten, nämlich 1,2 Millionen Zeichen (1,2M abgekürzt).

Welche Laufwerksgröße benötigen Sie?

Ist eine Systemeinheit mit zwei Diskettenlaufwerken ausgestattet, besagt das an sich noch nicht viel. Erst die Angabe der Kapazität, das heißt der Menge an Informationen, die auf Diskette gespeichert werden können, erlaubt eine Bewertung des Laufwerks. Das ist von großer Bedeutung, da Ihre Daten auf den Disketten gespeichert werden: Sie sind sozusagen Ihr Aktenschrank.

Doch es besteht ein entscheidender Untershied zwischen einer Diskette und einem Aktenschrank. Die meisten Programme verlangen, daß sich die *gesamte* Datei auf einer einzigen Diskette befindet. Wenn Sie einen Aktenschrank verwenden, haben Sie hingegen für die Ablage Ihrer Kundenakten zum Beispiel eine Schublade mit den Buchstaben A bis M und eine andere Schublade mit den Buchstaben N bis Z eingerichtet. Sie benötigen also zum Ablegen Ihrer Kundenakten zwei Schubladen. Wenn Sie aber mit einem elektronischen Ablagesystem arbeiten, müssen alle Kunden, von A bis Z, auf einer Diskette untergebracht werden. Bei sehr vielen Kunden müssen Sie eventuell eine *Festplatte verwenden.

Es gibt Festplatten in ganz verschiedenen Größen. Häufig in Gebrauch sind Festplatten mit 10M (10 Millionen Zeichen), 20M, 30M oder 40M. Man kann Festplatten mit einer Speicherkapazität bis zu 400 Millionen Zeichen kaufen. Diese werden allerdings nur selten gebraucht und sind entsprechend teuer.

Es läßt sich nicht pauschal sagen, welches Laufwerk Sie benötigen. Zur Beantwortung dieser Frage, müssen Sie die Größe Ihrer Dateien berechnen (für eine Beispielrechnung siehe Kapitel 4). Bei komplizierten Anwendungen, wie zum Beispiel Buchführung, bietet es sich wahrscheinlich an, eine Beraterin hinzuzuziehen. Diese informiert sich bei Ihnen über die Anzahl der monatlich ausgestellten Rechnungen, der monatlich ausgestellten Schecks, der Kundenzahl usw. Anhand Ihrer Angaben kann die Beraterin die Festplattengröße berechnen, die Sie zum Abspeichern der verschiedenen Buchführungsdateien benötigen.

Wie schon gesagt, können Sie die Festplatte nicht aus dem Gerät herausnehmen. Es läßt sich allerdings durch Löschen von Dateien Platz auf der Festplatte schaffen. aber eine ungenaue Vorausplanung kann zum Kauf einer zu kleinen Festplatte führen. Wenn eine 20M Festplatte zu klein wird, können Sie nicht einfach eine zweite 20M Platte einbauen lassen. Da sich die Dateien auf einer Platte befinden müssen, benötigen Sie eine 30M oder 40M Festplatte, wenn Ihre alte 20M Platte nicht mehr reicht. Nach dem Einbau der größeren Platte müssen Sie nicht alle Daten neu eingeben. Sie können von der alten auf die neue Festplatte »überspielt« werden.

Beim Kauf einer Festplatte ist die Größe nicht allein ausschlaggebend. Auch die ***durchschnittliche Zugriffszeit** des Laufwerks spielt eine wichtige Rolle. Dieser Wert gibt die Zeit an, die der Lese/Schreibkopf benötigt, um an einen speziellen Ort auf der Festplatte zu gehen und die gewünschte Information einzulesen. Billigere Laufwerke haben eine Zugriffszeit von 70 oder 80 ms (Millisekunden). Bei teureren Laufwerken beträgt dieser Wert 25 ms oder noch weniger.

Die meisten Festplatten sind ins Computergehäuse eingebaut und sind von außen nicht zu sehen. Es gibt allerdings auch Festplatten, die sich in einem gesonderten Gehäuse befinden und sich daher auch leicht nachträglich an den Computer anschließen lassen.

Neue Speichertechniken

In den letzten zehn Jahren haben die Speichertechniken einen gewaltigen Fortschritt gemacht. Vor sehr vielen Jahren gab es noch gar keine Laufwerke. Die 120K Diskettenlaufwerke im Apple II waren ein entscheidender Durchbruch. Dann wurden die ersten 5M Festplattenlaufwerke erhältlich. IBM brachte den IBM-XT auf den Markt, einen Personal Computer mit einer internen 10M Festplatte. Der IBM-AT hatte ursprünglich eine 20M Festplatte. Die folgenden Versionen wurden mit einer 30M Festplatte ausgeliefert.

Die Entwicklung von 120.000 Zeichen zu 30 Millionen Zeichen Speicherplatz innerhalb von 10 Jahren mutet sehr schnell an. Doch dies ist erst ein Anfang. Die neuesten Produkte messen ihre Kapazität nach Milliarden Zeichen oder ***Gigabyte**. Hierbei handelt es sich um sogenannte ***Bildplatten**. Sie verwenden dieselbe Technik wie die CD (Compact Disk), die zur Zeit die Schallplatte verdrängt. Leider haben sie noch einen schweren Nachteil — sie lassen sich nicht löschen. Sobald sie einmal beschrieben wurden, können sie zwar gelesen werden, aber nicht erneut beschrieben werden. Bildplatten werden für Enzyklopädien und andere Nachschlagewerke verwendet. Bald wird es zweifellos auch frei beschreibbare Bildplatten geben.

Es gibt noch einen weiteren Typ von Laufwerken, nämlich die sogenannte ***Bernoulli-Box**. Hierbei handelt es sich um ein Gehäuse, in das Kassetten mit einer Speicherkapazität von 10M oder 20M eingeschoben und wieder herausgenommen werden können. Die Kassetten sind spezielle Disketten, die in einem Plastikgehäuse eingeschlossen sind. Dieser

Typ von Speicher vereint die hohe Kapazität einer Festplatte mit der Sicherheit und bequemen Bedienbarkeit einer Diskette. Doch diese Techniken sind nicht billig — eine Bernoulli Box kostet so viel wie vier Festplatten.

Langzeitgedächtnis (Disketten) und Kurzzeitgedächtnis (RAM) arbeiten zusammen

Bei den meisten Computern ist die Laufwerkskapazität (der Massenspeicher) weit größer als die RAM-Kapazität (Hauptspeicher). Zum Beispiel hat ein IBM PS/2 Modell 30 insgesamt 640K RAM. Der Computer ist mit einer Festplatte von 20MBytes ausgestattet (M ist die Abkürzung für Mega oder 1 Million). Dieser gewaltige Unterschied in der Speichergröße ist erforderlich, weil der Hauptspeicher (RAM) nur das Programm und *einige* Daten einlesen muß. Auf einer Diskette müssen jedoch *alle* Ihre Daten Platz finden[6]. In der Regel sind Ihre Dateien viel umfangreicher als das Programm, mit dem Sie die Dateien bearbeiten.

Der Unterschied zwischen Hauptspeicherkapazität und Diskettenkapazität läßt sich verständlich machen, vergleicht man das Schreiben von Texten zum einen an der Schreibmaschine und zum anderen in den Computer (mit anderen Worten *Textverarbeitung*). Eine Schreibmaschinenseite umfaßt etwa 3K Zeichen (60 Anschläge pro Zeile und 50 Zeilen ergibt 3000 oder 3K Anschläge). Auch wenn Ihr Manuskript auf Diskette 750K (250 Seiten) umfaßt, reicht ein Computer mit einer Hauptspeichergröße von 640K vollständig aus, weil der Großteil Ihres Manuskripts auf der Diskette bleibt und nur der Teil, den Sie gerade schreiben oder bearbeiten, in den Hauptspeicher geholt wird. Der Hauptspeicher muß also nur groß genug sein, um das Textverarbeitungsprogramm und die eine Seite, an der Sie gerade arbeiten, aufnehmen zu können[7].

In der gleichen Weise arbeiten Sie an der Schreibmaschine. Während Sie schreiben, befindet sich jeweils nur eine Seite in der Schreibmaschine. Nachdem die Seite fertig ist, wird sie auf einem Stapel bereits getippter Seiten abgelegt und ein leeres Blatt eingespannt. Im Computer wird der Stapel geschriebener Seiten auf einer Diskette gespeichert (Abb. 1.11). Die in der Schreibmaschine eingespannte Seite entspricht der im Hauptspeicher des Computers (RAM) befindlichen Seite.

Damit Ihnen der Unterschied zwischen Diskettenkapazität und Hauptspeicherkapazität wirklich klar wird, hier ein weiteres Beispiel aus dem Ablagesystem mit Karteikarten. Nehmen wir an, Sie möchten allen

Go Stop Run

Abbildung 1.11. Der interne Speicher (RAM oder Hauptspeicher) muß nur groß genug sein, um den gerade in Arbeit befindlichen Teil der Datei aufnehmen zu können. Der Rest der Datei, wie auch der Rest des Manuskripts, ist auf Diskette gespeichert. Wie bei der Schreibmaschine, wird jeweils nur eine Seite geschrieben oder editiert. Wenn die nächste Seite an der Reihe ist, wird die alte Seite im Hauptspeicher automatisch durch eine neue ersetzt.

Kunden, deren Zeitschriftenabonnement im Januar ausläuft, Verlängerungsbescheide zukommen lassen. Sie gehen also alle Karten in Ihrem Karteikasten einzeln durch. Sie nehmen die erste Karte und sehen nach, ob das Abonnement im Januar ausläuft. Ist ein anderes Verlängerungsdatum angegeben, stecken Sie die Karte in den Kasten zurück. Wenn es im Januar ausläuft, tippen Sie einen Verlängerungsbescheid und stecken dann die Karte zurück. Sie fahren in dieser Weise fort, bis Sie alle Karten durchgegangen sind. Sie bearbeiten also jeweils nur eine Karte, während die anderen im Speicher bleiben.

Auch ein Ablagesystem auf Computer-Basis bearbeitet jeweils nur eine Abonnementkarte im Hauptspeicher. Alle anderen Karten befinden sich auf der Diskette. Das Programm geht zur Diskette und liest die Informationen von der ersten elektronischen Karteikarte in den Hauptspeicher. Dann prüft das Programm, ob Januar als Verlängerungsdatum angegeben ist. Dieser Vorgang wiederholt sich durch die ganze Datei. Jedesmal werden die gleichen Speicherstellen (Brieffächer) verwendet. Wenn das Programm auf eine elektronische Karteikarte mit einem Verlängerungsdatum im Januar trifft, schickt es Namen und Adresse der betreffenden Person an den Drucker. Dann greift es wieder auf die Diskette zu und liest die Daten des nächsten Kunden in den Hauptspeicher.

Die Speicherstellen des Hauptspeichers sind wie die Brieffächer im Hotel immer wieder verwendbar. Solange ich in Zimmer 521 wohne, gehört mir das entsprechende Brieffach. Wenn ich ausgezogen bin, erhält der nächste Gast Fach 521.

Sowohl bei dem Beispiel aus der Textverarbeitung, als auch bei dem letzteren sind nicht alle Daten auf einmal im Hauptspeicher verfügbar. Es befinden sich dort jeweils nur eine Textseite oder eine Karteikarte. auf der Diskette hingegen sind die vollständigen Dateien gespeichert — vielleicht 400 Textseiten oder 3000 Abonnementkarten.

Wieviel Laufwerkskapazität Sie benötigen, hängt von der Größe Ihrer Dateien ab. Haben Sie 50, 500 oder 5000 Kunden? Wie viele Informationen müssen Sie zu jedem Kunden aufzeichnen? Speichern Sie Name, Adresse, Telefonnummer und Zahlungsvermerke? Oder enthält Ihre Datei sehr umfangreiche Krankengeschichten? Arbeiten Sie an einem vierseitigen Rundschreiben oder an einem 250 Seiten starken Geschäftsbericht? Je nach Ihren Bedürfnissen benötigen Sie Laufwerke verschiedener Kapazität. In Kapitel 2 wird gezeigt, wie Sie die benötigte Laufwerkskapazität feststellen können.

Das Speichern von Zeichen im Hauptspeicher

Wie wird ein Zeichen in einem Fach gespeichert? Zunächst müssen wir uns die Funktionsweise der Fächer verdeutlichen. Danach wird Ihnen auch klar sein, warum die Fächer immer wieder benutzt werden können. Sie werden wissen, was ein Speicher ist und etwas über die außergewöhnlichen Eigenschaften der Silizium-Chips erfahren, von denen Sie schon so viel gehört haben. Wir werden auch näher darauf eingehen, wie Informationen von einer Stelle zur anderen geleitet werden, nämlich von der Tastatur zur Zentraleinheit, von der Zentraleinheit in den Hauptspeicher, vom Hauptspeicher in die Zentraleinheit, von der Zentraleinheit zum Bildschirm usw.

Die Funktionsweise der Computer beruht auf einer besonderen Eigenart des elektrischen Stroms: Wenn elektrischer Strom über eine Spule um einen Eisenkern fließt, entsteht ein Magnetfeld. Abb. 1.12 erinnert Sie sicher an ein Experiment aus Ihrem Physikunterricht. Der Lehrer umwickelt einen Nagel mit einem Kupferdraht. Sobald die Drahtenden an eine Batterie angeschlossen werden, verhält sich der Nagel wie ein

Go Stop Run

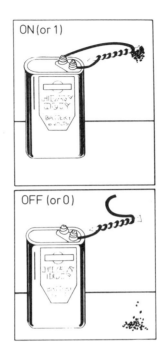

Abbildung 1.12. Der Computer funktioniert auf der Grundlage von Elektromagnetismus. Wenn Strom ein Eisenstück umfließt, wird das Eisen zu einem Magneten. Sind beide Kabel an die Batterie angeschlossen, fließt Strom durch das Kabel und der Eisennagel wird magnetisch geladen; die Metallspäne werden angezogen. Wird der Stromfluß durch das Lösen eines Kabelendes unterbrochen, so fallen die Metallspäne ab.

Magnet und zieht kleine Metallspäne an. Wird ein Ende des Drahts von der Batterie gelöst, kommt es zu einer Unterbrechung des Stromkreislaufes, und die Metallspäne fallen ab. Ohne Elektrizität verliert der Nagel plötzlich wieder seine magnetischen Eigenschaften. Mit Hilfe dieses Versuches wird das Phänomen des ***Elektromagnetismus** verdeutlicht. (Niemand weiß, warum elektrischer Strom, der einen Eisenstab umfließt, Magnetismus verursacht. Es ist vielleicht sogar tröstlich, daß ein Großteil der Naturwissenschaften nur darin besteht, sehr genau Sachverhalte zu beschreiben, für die keine Erklärung vorhanden ist. Zum Beispiel weiß niemand, warum es Gravitation gibt, obwohl sie gemessen und beobachtet werden kann.)

Computer von Grund auf verstehen

Elektromagnetismus kommt in vielen Geräten zur Anwendung. Die Elektromagneten, mit denen auf Schrottplätzen die Autos emporgehoben werden, sind nichts anderes als eine größere Version des magnetisierten Nagels. Wenn der elektrische Stromkreislauf unterbrochen wird, erlischt das magnetische Feld und das Auto fällt auf den Schrotthaufen. Auch bei elektrischen Türklingeln kommt Elektromagnetismus zum Einsatz. In der Klingel befindet sich ein Elektromagnet. Wenn Sie den Klingelknopf betätigen, wird der Stromkreislauf geschlossen. Daraufhin wird der Klöppel durch magnetische Kraft an die Glocke gezogen und bewirkt den Klingelton.

Auch ein frühes Kommunikationsmittel, der Telegraf, macht sich den Elektromagnetismus zunutze. Wahrscheinlich kennen Sie Telegrafen aus Western-Filmen im Fernsehen. Meist sitzt ein Mann mit grüner Augenblende in einem Telegrafenamt und bedient das Gerät. Durch Druck auf eine Taste sendet er mit Hilfe von Morsezeichen eine Botschaft an einen Empfänger. Bei jedem Tastenanschlag wird im Telegrafen des Senders ein Stromkreislauf geschlossen. Der Strom fließt, und ein Elektromagnet im Telegrafen des Empfängers verursacht das Klicken einer Taste.

Die Person, die die Nachricht entgegennimmt, hört genau auf das Klicken und entschlüsselt die Laute. Zum Beispiel bedeuten zwei Klicks kurz hintereinander (Punkte) und dann zwei Klicks mit langen Pausen dazwischen (Striche) den Buchstaben »T«. Damit das Telegrafensystem funktioniert, müssen sich Sender und Empfänger auf diese Kodierung des Buchstabens »T« geeinigt haben. (Samuel Morse hat für jeden Buchstaben des Alphabets einen Kode entworfen. Dieses System wurde nach ihm »Morse-Alphabet« genannt.)

Ein ähnliches System elektrischer Kodes wird verwendet, um der Zentraleinheit Informationen zu übermitteln und sie von dort weiterzuleiten. Jedes über die Tastatur eingegebene Zeichen wird durch einen Kode dargestellt, den ich der Einfachheit halber als Morse-Kode bezeichne (In Wirklichkeit sind beide Kodes zwar ähnlich, jedoch nicht identisch). Wenn Sie auf der Tastatur schreiben, senden Sie elektrische Impulse — einen »Morse-Kode« — an die Zentraleinheit. Jedem Buchstaben, jeder Zahl und jedem anderen Zeichen ist eine bestimmte Folge elektrischer Impulse zugeordnet, die weitergeleitet wird. Anstelle von Punkten und Strichen verwendet man bei Computern eine 0 (Null), wenn kein Strom fließt, und eine 1 (Eins), wenn Strom fließt (In vielen Büchern wird das Zeichen für 0 durchgestrichen dargestellt, um es von dem Buchstaben »O« zu unterscheiden). Eine interne Uhr, die wie ein Metronom arbeitet, zählt die Schläge, wenn kein Strom fließt.

Go Stop Run

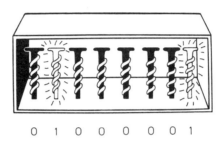

Abbildung 1.13. Ältere Computer waren mit teuren Kernspeichern versehen. Jedes Fach enthielt acht Metallkerne, von denen jeder separat magnetisiert werden konnte. Hier ist die Speicherung eines »A« in einem Speicherfach dargestellt.

Ein Beispiel: Wenn Sie den Buchstaben »A« tippen, wird eine bestimmte Kombination von elektrischen Impulsen der Zentraleinheit übermittelt. Von dort werden die Impulse in ein Fach des Hauptspeichers weitergeleitet. Angenommen, die Folge von elektrischen Impulsen für ein A ist kein Strom (0), Strom (1), fünf Schläge des Metronoms kein Strom (00000) und schließlich ein Impuls Strom (1). In dieser Notationsweise hat das A die Form 01000001[8].

Nun stellen Sie sich vor, jedes Speicherfach enthält eine Reihe von acht Nägeln, die mit Draht umwickelt sind. Die Kombination von elektrischen Impulsen wird exakt auf die acht Nägel übertragen. Abb. 1.13 zeigt ein Speicherfach mit einer Darstellung des Buchstabens »A«. Der erste Nagel erhält keinen Strom und wird daher nicht magnetisiert. Der zweite Nagel wird magnetisiert, der dritte bis siebte Nagel bleibt ohne Strom und der achte Nagel wird wiederum magnetisiert.

Um festzustellen, ob zwei Zeichen identisch sind, vergleicht die Zentraleinheit bei beiden Zeichen den Zustand aller acht Nägel. Wenn alle acht Nägel das gleiche Magnetisierungsmuster aufweisen, sind die beiden Zeichen identisch.

Natürlich befinden sich in Computern keine Nägel. In älteren Modellen wurden mit Draht umwickelte Metallstäbe verwendet; sie sehen aus wie kleine Nägel. Diese Art Speicher hieß ***Kernspeicher**. Bei der veralteten »Nageltechnik« ergaben sich schwerwiegende Probleme, so daß diese Computer nicht zu Hause oder in kleineren Betrieben verwendet werden konnten.

Bei den Computern der 60er und 70er Jahre trat das Problem der Hitzeentwicklung auf. Die Hitze entstand durch Reibung, eine Nebenwirkung von Elektrizität. Der gleiche Effekt liegt vor, wenn Sie zwei Gegenstände oder bei kaltem Wetter Ihre Hände aneinander reiben. Manchmal sind diese Reibungseffekte sehr ausgeprägt. Biegt man zum Beispiel einen Drahtkleiderbügel an der gleichen Stelle schnell hin und her, wird er dort sehr heiß und bricht schließlich. Die Hitze entsteht durch die Reibung der Elektronen im Bügel.

Elektronen (elektrischer Strom) haben das Bestreben, sich in gerader Richtung fortzubewegen. Wenn Strom durch eine Spule fließt, reiben die Elektronen in den Windungen an der Innenseite des Drahtes und es kommt dadurch zu starker Hitzeentwicklung. In Toastern wird durch Spulen absichtlich Hitze erzeugt, doch in Computern führt zu starke Erwärmung zum Durchbrennen und Schmelzen der einzelnen Bestandteile. Daher mußten die Computer mit *Kernspeichern in klimatisierten Spezialräumen untergebracht werden, deren Böden mit Kühlrohren ausgelegt waren.

Es konnte sich daher niemand leisten, zu Hause einen Computer aufzustellen. Nicht nur die Anschaffungskosten, sondern auch die monatlichen Stromrechnungen für die Klimaanlage und den Betrieb des Computers waren gewaltig (Ein Elektrogerät, das viel Hitze produziert, verbraucht viel Strom, wie auch der Toaster).

Ein weiteres Problem ergab sich daraus, daß Speicher, Klimaanlage und Kühlleitungen sehr viel Platz benötigten. Allein der Speicher füllte ganze Räume aus. Angenommen, Sie besaßen damals einen Computer mit 65.536 Speicherfächern und in jedem Fach befanden sich acht Kerne, so ergab das insgesamt 524.288 mit Draht umwickelte Stifte!

Neuere Computer — auch die Personal Computer und Mikrocomputer der 80er Jahre — verwenden ein ganz neues Verfahren zur Speicherung der Informationen. Man fand heraus, daß kristallines *Silizium ähnliche Eigenschaften aufweist wie mit Kabel umwickelte Metallstifte, denn Strom versetzt sie ebenfalls in einen anderen Zustand. Siliziumkristalle werden allerdings nicht magnetisiert, sondern speichern winzige elektrische Ladungen in Form von statischer Elektrizität.

Siliziumkristalle sind so winzig, daß sie nur durch ein extrem starkes Mikroskop erkennbar sind. Damit ist das Platzproblem gelöst. Ein 256 K-Speicher paßt auf einen Siliziumchip von der Größe eines Fingernagels.

Da Chips sehr klein sind, werden sie häufig auch als ***Mikrochips** bezeichnet. Mit ihrer Hilfe verfügen Personal Computer auf kleinstem Raum über eine große Kapazität. Entsprechend werden sie auch ***Mikrocomputer** genannt.

Silizium und Zeichen — Bits und Bytes

Silizium ist ein häufig vorkommendes Element. Gewöhnlicher Sand besteht zum größten Teil aus Silizium. Dieser Stoff ist also nicht teuer, denn an jedem Strand befinden sich gewaltige Mengen davon. Und weil Silizium billig ist, ist auch der Speicherplatz billig. Die Siliziumkristalle selbst sind jedoch so klein, daß sie sich sehr schwer verarbeiten lassen. Um die Verarbeitung zu erleichtern, werden sie in eine Art Plastikhülle gesteckt. Zunächst wird reines Silizium hergestellt. Dann wird es auf die Plastikscheibe aufgetragen, die für die Chip-Produktion verwendet wird. Das Silizium wird in Schichten so aufgetragen, daß dabei Verschaltungen entstehen, die winzigste elektrische Ladungen speichern können. Dies verursacht die Kosten bei der Produktion von Speicherchips.

Die Speicherstrukturen im Silizium sind so unglaublich klein, daß ich mir kaum etwas darunter vorstellen kann. Ich denke sie mir gern als kleine Roboter, die ich Anja nenne (Siehe Abb. 1.14). Wenn wir Anja einen Stromimpuls schicken, steht sie auf. Wenn sie keine Elektrizität erhält, bleibt sie sitzen. Nehmen wir einmal an, wir könnten durch ein Mikroskop in ein Speicherfach sehen. Darin befinden sich acht Anjas. Die erste sitzt, die nächste steht, die dritte bis siebte sitzt und die achte Anja steht. Der Inhalt des Speicherfachs stellt also genau den Buchstaben »A« dar, den wir zuvor über die Tastatur eingegeben haben.

Natürlich sprechen Computer-Fachleute nicht von kleinen Wesen mit Namen Anja. Sie nennen die Einheiten zur Darstellung von Zeichen *****Bits**. In den älteren Computern war jeder mit Draht umwickelte Metallstift gleichbedeutend mit 1 Bit. In den neueren Mikrocomputern entspricht eine bestimmte Verschaltung 1 Bit.

In Wirklichkeit enthält ein Bit keinerlei Information. Es ist lediglich elektrisch geladen oder nicht geladen, d.h. aktiviert oder nicht aktiviert. Das durch eine Folge von Bits entstehende Muster stellt ein Zeichen dar. Wie Abb. 1.14 zeigt, wird diese Darstellung eines Zeichens in der Computersprache *****Byte** genannt. 1 Byte ist also eine Folge von Bits. Jetzt können Sie auch mitreden, wenn es um Bits und Bytes geht.

In unseren Beispielen hatte 1 Byte stets 8 Bits. In jedem Speicherfach befanden sich 8 Kerne oder 8 Speicherschaltungen. Das ist ein wenig

Computer von Grund auf verstehen

Abbildung 1.14. In der Fachsprache heißt ein Zeichen, z.B. ein »A«, ein Byte. Einem Byte entsprechen acht Speicherschaltungen auf dem Chip. In Personal Computern wird ein Zeichen durch einen speziellen Kode dargestellt, der angibt, in welchem Zustand (»an« oder »aus«) sich die acht Bits befinden.

irreführend. Bei den meisten Computern wird tatsächlich durch eine Folge von 8 Bits ein Zeichen dargestellt. Doch einige Hersteller, unter anderen Control Data Corporation (CDC), verwenden 6 Bits für die Darstellung eines Zeichens. Das geht natürlich auch. Ein Computer-Kode für die englische Sprache muß nur eine Bedingung erfüllen: Er muß über 26 Kleinbuchstaben, 26 Großbuchstaben, 10 Kodes für die Zahlen 0 – 9 und ungefähr 30 weitere Kodes für Sonderzeichen wie % $ * / ? + = verfügen.

Verschiedene Computer verwenden verschiedene Kodierungen für ihre Zeichen. Ein beliebter Kode ist der *American Standard Code for Information Interchange*, abgekürzt ***ASCII**. In Abb. 1.15 werden die ASCII-Kodes für die Großbuchstaben (und einige Sonderzeichen) gezeigt.

Da jedes Bit in *zwei* Zuständen auftreten kann — an oder aus — werden derartige Kodes als ***binäre Kodes** bezeichnet (*bi* bedeutet zwei).

Go Stop Run

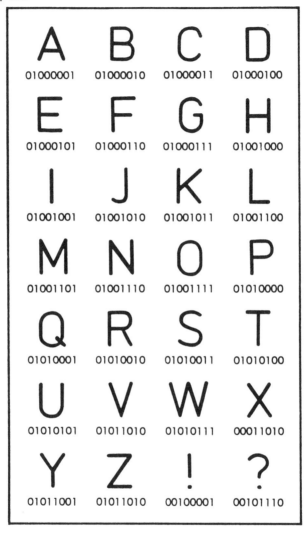

Abbildung 1.15. In dem von Computern verwendeten Kode hat jedes Zeichen seine eigene, eindeutige Repräsentation. Es müssen die 26 Großbuchstaben, die 26 Kleinbuchstaben, die 10 Ziffern von 0 bis 9 und ungefähr 30 Sonderzeichen darstellbar sein. Diese Tabelle zeigt einige der Kodierungen, wie sie im ASCII-System verwendet werden.

Computer von Grund auf verstehen

Kompatibilität

Warum ist es wichtig, welcher binäre Kode einen bestimmten Buchstaben darstellt? Wenn Sie ein Telegramm aufgeben, ist Ihnen völlig egal, welcher Kode verwendet wird. Wichtig ist nur, daß Sender und Empfänger sich über den verwendeten Kode einig sind und Ihre Nachricht unverfälscht ankommt. Wenn Sie auf der Tastatur den Buchstaben »A« drücken, interessiert Sie der an den Speicher weitergeleitete binäre Kode ebenfalls nur wenig. Wichtig ist nur, daß Tastatur, Speicher und Drucker denselben Kode verwenden. Das »A«, das Sie über die Tastatur eingeben, muß auch als »A« ausgedruckt werden. Wenn dies geschieht, sind Ihr Drucker und Ihr Computer *kompatibel.

Ich möchte den Begriff der *Kompatibilität am Beispiel der Kurzschrift erklären. Eine Stenographin schreibt in Kurzschrift. Auf dem Papier sieht man Schnörkel und Linien, die Wörter oder Satzteile darstellen. Eine Typistin soll nun die Kurzschrift lesen und auf der Schreibmaschine in normale Sätze übertragen. Es gibt zwei gängige Kurzschriftsysteme oder Kodes, nämlich Gregg und Pitman. Wenn die Stenographin die Gregg-Kurzschrift verwendet und die Typistin nur die Pitman-Kurzschrift kennt, sind die beiden nicht *kompatibel, und die Kurzschrift-Aufzeichnungen sind nutzlos. Die Typistin kann die Aufzeichnungen der Stenographin nicht übertragen. Typistin und Stenographin müsssen dasselbe System verwenden. Sie müssen *kompatibel sein, um miteinander arbeiten zu können. In Kapitel 3 werde ich noch näher auf das Problem der Kompatibilität eingehen.

Der Trend: größere Speicher für weniger Geld

Die Preise für Speicherelemente fallen ständig. Wie schon erwähnt, entstehen in der Speicherchip-Produktion Kosten bei der Reinigung des Siliziums, beim Auftragen des Siliziums auf einen Chip (vergleichbar dem Bestreichen eines Kekses mit Butter) und beim Anbringen der Kabel, über die Strom zu- und abgeleitet wird. Die ersten Chips enthielten nur ungefähr 1000 Speicherstellen. Für 1K RAM mußten acht Chips miteinander verbunden werden. Doch bald wurden neue Verfahren für noch weitere Miniaturisierung der Schaltungen im Silizium gefunden. Zudem sanken mit der Massenfertigung von Chips die Herstellungskosten, so daß die Preise für Speicherchips stark nachgaben.

Die Kapazität von *Speicherchips (RAM-Chips) wurde schnell von 1K RAM auf 8K RAM erweitert. Heute werden die meisten Computer mit 32K Speicherchips ausgestattet. Die Preise für Speicherelemente sinken immer weiter. Wo wird die Entwicklung ein Ende finden? NEC hat bereits den Prototyp eines 2M (Mega) Speicherchips gebaut. Bei diesem Chip handelt es sich zwar um einen Prototyp. Aber vermutlich wird er spätestens in zwei Jahren erhältlich sein[9].

Wie Sie bereits wissen, kann der *Hauptspeicher erweitert werden. Dies geschieht durch den Einbau zusätzlicher *Speicherchips. Die Chips werden auf dafür vorgesehene **Sockel** auf einer *Schaltplatine gesteckt. Abb. 1.16 zeigt eine Schaltplatine mit acht Sockeln. Vier sind mit 8K

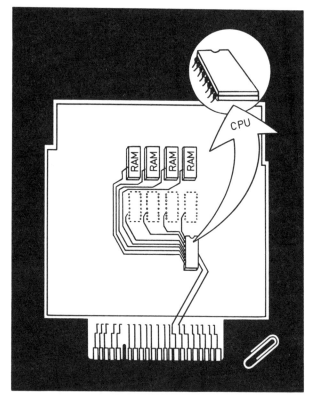

Abbildung 1.16. Die maximale Hauptspeichergröße eines Computers ist festgelegt. Diese Speicherplatine hat acht Sockel für Speicherchips (RAM-Chips). Vier Chips von je 8K Speicherkapazität sind schon aufgesetzt. Es können vier weitere Chips eingebaut werden. Das ergibt eine maximale Hauptspeichergröße von 64K.

Computer von Grund auf verstehen

*Speicherchips bestückt, was insgesamt 32K RAM ergibt. Vier Sockel sind leer. Der Hauptspeicher des Computers kann folglich durch vier zusätzliche 8K Speicherchips auf insgesamt 64K RAM erweitert werden. Hat ein Computer eine Platine mit nur vier Sockeln, die alle mit Speicherchips besetzt sind, ist seine Hauptspeichergröße auf maximal 32K RAM beschränkt und es besteht keine Möglichkeit, eine *Speichererweiterung einzubauen.

Die Computer vieler bekannter Hersteller werden mit nur kleinem Hauptspeicher geliefert, aber sie verfügen über ausreichend Platz für zusätzliche Chips. Diese Erweiterungschips sind nicht im Kaufpreis enthalten. Zum Beispiel wurde bis vor kurzem der Apple II mit nur 16K RAM Standardhauptspeicher verkauft, obwohl fast alle Programme für den Apple II mindestens 48K RAM benötigen. (Ein typisches Beispiel für irreführende Werbung. Das Gerät, mit dessen niedrigem Preis in den Anzeigen geworben wurde, konnte nur nach Einbau zusätzlicher Teile benutzt werden.)

Die maximale Größe des Hauptspeichers eines Computers hängt von zwei Faktoren ab: Von der Anzahl der *Sockel auf der RAM-Platine und von der Kapazität der Chips, die der Sockel aufnehmen kann. Der erste Apple Macintosh zum Beispiel war mit 8K Speicherchips ausgestattet. Sechzehn dieser Chips ergaben die maximale Hauptspeichergröße von 128K für den Macintosh. Als 32K *Speicherchips im Handel erhältlich wurden, ersetzte Apple die 8K Chips durch 32K Chips, was eine maximale Hauptspeichergröße von 512K ergab.

Die Erweiterung des Hauptspeichers ist denkbar einfach. Sie müssen nur die Erweiterungschips erwerben und einfach in die leeren Fassungen auf der Platine im Computer setzen. Lassen Sie den Einbau hingegen vom Computergeschäft vornehmen, werden Ihnen neben den Kosten für die neuen Chips noch zusätzlich Kosten berechnet. Nur weil Computer immer noch einen geheimnisvollen Anstrich haben, dürfen die Computerfachleute für eine so einfache Tätigkeit wie das Aufstecken der Chips auf die dafür vorgesehenen Sockel Geld verlangen. Häufig lassen selbst geübte Computeranwender den Einbau der Erweiterungen von Fachleuten vornehmen, weil sie sich mit ihrem Gerät nicht auskennen.

Mit Hilfe von *Schaltplatinen können Sie Siliziumchips ohne mühsames Verdrahten und Löten miteinander verschalten. Die Platinen werden häufig auch *Leiterplatten genannt. Die Herstellung dieser Platten ist vergleichbar mit dem Färben von Ostereiern.

Bevor die Ostereier gefärbt werden, wird mit einem Wachsstift das Muster aufgemalt. Die mit Wachs bedeckten Stellen nehmen keine Farbe an. Wenn das Wachs entfernt wird, erhält man ein gefärbtes Ei mit einem weißen Muster. Beim Batiken wird ähnlich vorgegangen. Mit einem Wachsdeckmittel wird ein Muster auf den Stoff gezeichnet. Dann wird der Stoff in Batikfarbe getaucht. An den Stellen, wo sich das Deckmittel befindet, nimmt der Stoff keine Farbe an. Um das Wachs zu entfernen, legt man ein saugfähiges Material (zum Beispiel eine Zeitung) über den Stoff und erhitzt das Ganze mit einem Bügeleisen. Das Wachs schmilzt und wird von der Zeitung aufgenommen.

Die »Kabel« auf einer Schaltplatine werden in ganz ähnlicher Weise aufgetragen. Das Schaltplättchen aus Plastik wird mit einer sehr dünnen Metallschicht, entweder Zink oder Kupfer, beschichtet. Dann wird mit einer Deckmasse das Verdrahtungsmuster der Platine aufgezeichnet. Nach der Aushärtung der Deckmasse wird das Plättchen in ein Säurebad getaucht. Hier werden die freiliegenden Metallflächen weggeätzt, und es bleiben nur die Pfade, auf denen die Deckmasse aufgetragen wurde, erhalten. Dann wird die Deckmasse entfernt, und die darunterliegenden feinsten Kupfer- oder Zink»drähte« kommen zum Vorschein.

Diese »Kabel« haben gegenüber herkömmlichen Kabeln entscheidende Vorteile. Erstens haften sie auf der Plastikscheibe und können sich daher nicht lösen. Da es keine Lötverbindungen zwischen Kabel und Platine gibt, sind sie unempfindlich gegen Erschütterungen und Wackelkontakte und deshalb auch haltbarer. Ferner benötigen diese »Kabel« weniger Platz als die herkömmlichen und eignen sich daher ausgezeichnet für den Einbau in Personal Computer. Der Herstellungsprozeß der Platinen ist voll automatisiert. Dadurch sind die Produktionskosten wesentlich niedriger, als wenn Drähte per Hand verlötet werden müßten.

Schaltplatinen haben viele Vorteile, ihre Herstellung ist jedoch mit einigen Problemen behaftet. Die zum Wegätzen des überflüssigen Metalls auf der Platine benutzte Säure muß abgewaschen und entsorgt werden. Leider geschieht dies nicht immer mit der nötigen Sorgfalt. Verschiedene bei diesem Verfahren verwendete krebserregende Stoffe haben das Trinkwasser mehrerer Gemeinden in Silicon Valley, Kalifornien, verseucht. Nach außen macht die Computer-Industrie einen »sauberen« Eindruck. Doch das täuscht. Die mit ihr verbundene Umweltverschmutzung wird häufig nur nicht bemerkt.

Schaltplatinen werden nicht nur für Computer, sondern überall dort verwendet, wo Platz gespart werden muß. Auch in den verschiedenen Elektrogeräten Ihres Hauses befinden sich Schaltplatinen, zum Beispiel in elektrisch gesteuerten Garagentoren oder in Farbfernsehern. Schaltplatinen werden auch als ***Karten** bezeichnet. Wenn Sie etwas von

*Speicherkarte oder ***RAM-Karte** hören, so ist damit die Platine gemeint, auf der sich die Siliziumchips mit dem Hauptspeicher befinden.
Geräte mit Siliziumchips und Platinen heißen auch ***Festkörpergeräte**. In der Regel sind sie sehr haltbar. Speicher oder Zentraleinheit können nur durch ***Überspannung** beschädigt werden, d.h. sie brennen durch, wenn ein stärkerer Strom durchfließt als vorgesehen.

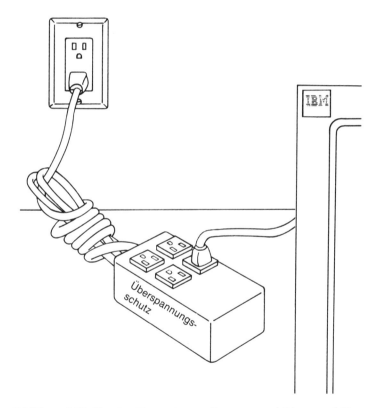

Abbildung 1.17. Um den Computer vor Spannungsschäden zu schützen, schließen Sie ihn nicht direkt an die Steckdose an. Schalten Sie stattdessen einen Überspannungsschutz dazwischen. Wenn die Spannung über 220 Volt ansteigt, filtert der Überspannungsschutz die überschüssige Spannung heraus, so daß sie nicht in den Computer gelangt.

Der elektrische Strom aus der Steckdose ist nicht vollkommen gleichmäßig. Manchmal wird er schwächer, und das Gerät erhält weniger Strom. Manchmal schwillt er an, und das Gerät erhält zu viel Strom. Glühbirnen brennen dann heller als normal. In der Regel schadet ein Spannungsabfall dem Silizium nicht. Bei sehr schwachem Strom kann es jedoch zum Verlust der im Hauptspeicher befindlichen Daten kommen, weil die Moleküle in ihre Ruheposition zurückkehren. Vor *Überspannung müssen Sie sich jedoch schützen. Es ist sinnvoll, zwischen Computer und Steckdose einen ***Überspannungsschützer** zu schalten, wie in Abb. 1.17 gezeigt wird. Der Überspannungsschützer filtert die Spannungsspitzen heraus und verhindert, daß Stromstöße aus dem Stromnetz in den Computer gelangen. Überspannungsschützer sind inzwischen in viele Computer eingebaut, aber auch einzeln in jedem Computergeschäft erhältlich.

Kurzzeitspeicher und Langzeitspeicher

Wie schon gesagt, können wir den Hauptspeicher (RAM) als das Kurzzeitgedächtnis eines Computers bezeichnen. Ich möchte dies an einem Beispiel verdeutlichen. Stellen Sie sich eine Reihe von Schuhkartons vor. In jedem Schuhkarton befinden sich acht Glühbirnen, von denen jede an- und ausgeschaltet werden kann. Angenommen, der erste Schuhkarton sieht aus wie der in Abb. 1.18. Eine 1 bedeutet, daß die Glühbirne leuchtet und eine 0, daß die Glühbirne nicht leuchtet. Wir haben also das Muster 01000001. Jede Glühbirne steht für 1 Bit und alle 8 Bit zusammen stellen den Buchstaben »A« dar. Sie haben am Vortag einige Namen und Adressen in Ihre Adressenliste eingegeben, haben dann den Computer ausgeschaltet und sind nach Hause gegangen.

Beim Ausschalten des Computers geschieht das gleiche, als würden Sie den Stecker an Ihrem Schuhkarton herausziehen: Am nächsten Tag besteht keine Möglichkeit mehr zu erfahren, welche Birne am Tag zuvor an- und welche ausgeschaltet war. Auch bei Ihrem Computer können Sie nach dem Ausschalten nicht mehr feststellen, welche Daten im *Hauptspeicher geladen waren. In den alten Geräten mit *Kernspeichern verlieren beim Ausschalten alle Kerne ihre magnetische Ladung, in den Personal Computern hingegen befinden sich alle Siliziumatome in ihrem Ruhezustand (sie sitzen). Die Speicherchips verhalten sich genau wie der Schuhkarton mit den Glühbirnen. Wenn der Strom ausgeschaltet ist, ist nicht mehr feststellbar, welche Atome vorher standen und welche saßen. Da beim Ausschalten des Computers alle im Speicher befindlichen In-

Computer von Grund auf verstehen

formationen gelöscht werden, ist ein Langzeitspeicher notwendig. Die bereits erwähnten Laufwerke und Bandgeräte sind nichts anderes als Geräte zur Langzeitspeicherung. Sie geben Daten in den Computer ein (Kurzzeitspeicher) und weisen das Gerät dann an, die Daten an das Speichergerät zu übertragen. Erst danach können Sie den Computer ausschalten. Wenn Ihre Daten auf Band oder Diskette gespeichert wurden, können Sie später wieder verwendet werden. Eine Woche, einen Monat später oder zu jeder beliebigen Zeit können Sie den Computer wieder

Neuere Computer auf Silizium-Basis

Veralteter Kernspeicher

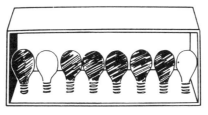

Imaginärer Schuhkarton Computer

Abbildung 1.18. Stellen Sie sich eine Speicherstelle im Hauptspeicher als einen Schuhkarton mit acht Glühbirnen vor. Durch Kombinationen von ein- und ausgeschalteten Glühbirnen lassen sich alle Zeichen darstellen. Wenn der Strom abgeschaltet wird, erlöschen alle Birnen und es läßt sich nicht mehr feststellen, welches Zeichen sich im Speicher befand. Dasselbe trifft auf den Kernspeicher oder den RAM-Speicher auf Silizium-Basis zu. Ist der Strom ausgeschaltet, ist nicht mehr feststellbar, was sich vorher im Speicher befand.

anschalten, das Band oder die Diskette in den Hauptspeicher einlesen lassen und damit Ihre Daten wieder verfügbar machen. Dann können Sie mit der Arbeit fortfahren, zum Beispiel eine Adressenliste nach Postleitzahlen sortieren, einen Text verfassen oder Etatplanungen vornehmen.

Bevor Personal Computer in großem Umfang bei der Automatisierung der Büroarbeit eingesetzt wurden, waren *Speicherschreibmaschinen sehr beliebt. Eigentlich sind Speicherschreibmaschinen ebenfalls Computer. Sie sind jedoch in ihrer Anwendung auf das Schreiben von Texten beschränkt. Diese Schreibmaschinen besitzen eine Zentraleinheit, einen kleinen Hauptspeicher (für eine oder zwei Textseiten), eine Tastatur, einen Bildschirm und einen Drucker. Ihnen fehlt jedoch ein Disketten- oder Bandlaufwerk für die langfristige Speicherung. Wenn Sie also etwas in den Hauptspeicher eingegeben haben — zum Beispiel einen Formbrief — und ihn speichern möchten, *dürfen Sie die Schreibmaschine auf keinen Fall ausschalten.* Andernfalls wird der Formbrief gelöscht und Sie müssen ihn erneut eingeben.

Wie wir schon gesehen haben, hat der Hauptspeicher sehr viel kürzere Zugriffszeiten als Band oder Diskette, da er keinerlei mechanische Teile aufweist. Die Verarbeitung und Weiterleitung von Information geschieht ausschließlich über den Fluß von elektrischem Strom durch Siliziumatome. Generell läßt sich über die Geschwindigkeit der Datenweiterleitung sagen, daß jedes Gerät mit mechanischen Teilen langsam arbeitet. Doch der Hauptspeicher, in dem sich, wie schon gesagt, kein einziges mechanisches Teil befindet, arbeitet so unglaublich schnell, daß es unser Vorstellungsvermögen überschreitet.

Geräte mit mechanischen Teilen wie Diskettenlaufwerke, Kassettenrecorder oder Drucker sind nicht nur langsamer, sondern verschleißen auch oder gehen kaputt. Wo keine mechanischen Teile sind, gibt es auch keinen Verschleiß. Die Zentraleinheit und der Hauptspeicher (RAM) sind also nicht nur die schnellsten Teile eines Computers, sondern auch die zuverlässigsten. Sie können daher ohne großes Risiko auch gebraucht gekauft werden.

Das Speichern von Daten auf Band und Diskette

Wir wissen, daß die Informationen im Hauptspeicher durch eine bestimmte Kombination von Bits dargestellt wird. Wir wissen ferner, daß jedes *Speicherfach genau ein Zeichen aufnehmen kann. Bei Personal Computern besteht dieses Zeichen aus einem Satz von 8 Bit. Jeder Buchstabe, jede Zahl und jedes Sonderzeichen kann durch ein Muster von

Bits dargestellt werden. Schließlich wissen wir, daß die Daten langfristig auf Band oder Diskette gespeichert werden. Jetzt wollen wir untersuchen, wie Daten gespeichert werden.

Ein Tonband besteht aus mit Eisenoxid beschichtetem Spezialplastik (Mylar). Die Beschichtung kann man sich als Eisenspäne vorstellen, die mit Klebstoff auf dem Plastik befestigt sind. Diese kleinen Eisenstückchen lassen sich magnetisieren. Je nachdem, welcher Ton aufgezeichnet werden soll, bildet sich durch Magnetisierung ein entsprechendes Muster im Eisenoxid.

Der Tonkopf in einem Kassettenrecorder steht unter Strom. Er kann entweder die Eisenoxidteilchen magnetisieren oder ablesen, ob eine magnetische Ladung vorliegt oder nicht. Wenn der Kopf das Eisenoxid magnetisiert, sagen wir, das Band *nimmt auf*. Wenn der Kopf die magnetische Ladung abliest, sagen wir, das Band wird *abgespielt*.

Dasselbe geschieht in Diskettenlaufwerken. Bei Computern spricht man jedoch anstelle von Aufnehmen von ***Schreiben** und anstelle von Abspielen von ***Lesen**. Entsprechend wird der Aufnahmekopf in einem Diskettenlaufwerk als *Lese/Schreibkopf bezeichnet.

Der Inhalt einer Diskette oder Tonkassette kann *gelöscht werden. Beim *Löschen werden alle Eisenoxidteilchen magnetisiert. Der Löschkopf ist eigentlich ein Magnet. Mit jedem beliebigen Magneten können die auf Band oder Diskette gespeicherten Daten beschädigt werden. Erinnern Sie sich noch an die Funktionsweise einer elektrischen Klingel? Wenn Sie eine Diskette an Ihr Telefon halten während es läutet, zerstört der darin befindliche Elektromagnet die auf der Diskette gespeicherten Daten. Den gleichen Effekt bewirkt ein Magnet in Ihrem Haushalt oder der Metalldetektor auf dem Flughafen. Seien Sie daher vorsichtig im Umgang mit Ihren Disketten.

Go Stop Run

Die Zentraleinheit und die Peripheriegeräte

Abb. 1.19 zeigt eines der gängigen Computersysteme. Die *Zentraleinheit ist in der Mitte dargestellt und die optionalen Geräte sind im Kreis um sie herum angeordnet. Diese Geräte werden als **Peripheriegeräte** bezeichnet und sind, wie der Name schon vermuten läßt, von zweitrangiger Bedeutung. Sie können, müssen aber nicht an einen Computer angeschlossen sein.

Alle Peripheriegeräte können über ein Kabel direkt mit der Zentraleinheit verbunden werden. Fachleute spechen in diesem Fall von ***Festverdrahtung**. Doch oftmals stehen die *Peripheriegeräte nicht am selben Ort wie die Zentraleinheit und der Hauptspeicher. Buchungssysteme von Fluggesellschaften zum Beispiel haben keine Festverdrahtung. In hunderten von Städten befinden sich in den Büros der Fluggesellschaften Terminals (Monitor und Tastatur), während Zentraleinheit, Hauptspeicher und Laufwerke an einem Ort zusammengefaßt sind. Der Zentralrechner und Hauptspeicher der amerikanischen Fluggesellschaft Eastern Airlines steht zum Beispiel in Miami, Florida. Hier werden sämtliche Daten gespeichert. Für Eastern Airlines wäre es sehr umständlich, alle über das ganze Land verteilten Büros durch ein Kabel mit dem Zentralrechner in Miami zu verbinden. Es ist viel einfacher, das bereits bestehende Telefonnetz zu benutzen.

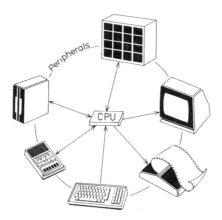

Abbildung 1.19. Optionale Erweiterungen werden als Peripheriegeräte bezeichnet. Diese Geräte sind für das Funktionieren eines Computers nicht unbedingt notwendig. Sie stehen sozusagen am Rand oder an der Peripherie des eigentlichen Computers.

Das Modem

Telefonleitungen sind nicht für die Übertragung der von Computern verwendeten elektrischen Impulse vorgesehen. Da sie nur für die Weiterleitung akustischer Signale gedacht sind, mußte zur Umwandlung der elektrischen Impulse des Computers ein spezielles Gerät entwickelt werden. Dieses Gerät heißt *Modem. In einem Modem befindet sich ein Tongenerator, der bei jedem elektrischen Impuls einen hohen Ton und bei jedem Takt ohne elektrischen Impuls einen tiefen Ton erzeugt.

Das *Modem ist mit einer Gabel ausgestattet, in die der Telefonhörer gelegt wird. Die Töne gehen in die Sprechmuschel des Hörers und werden in der gleichen Weise wie Ihre Stimme bei einem Telefongespräch übertragen. Am Zielort befindet sich ein weiteres Modem, das die ankommenden Töne wieder in elektrische Impulse konvertiert. Diese Impulse werden zur Zentraleinheit weitergeleitet. Abb. 1.20 zeigt, wie über Modeme Daten vom Büro einer Luftfahrtgesellschaft zu dem mehrere tausend Kilometer entfernten Zentralrechner geschickt werden.

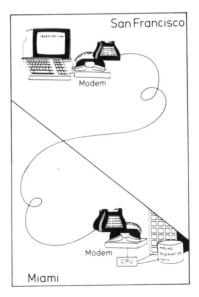

Abbildung 1.20. Über die Telefonleitung können Sie ein Terminal mit einem Computer verbinden. Dazu muß sich jeweils am Ende der Telefonleitung ein Modem befinden.

Was geschieht, wenn eine Angestellte in San Francisco ein »A« über die Tastatur ihres Terminals eingibt? Zunächst schickt die Tastatur an das Modem den Binärkode für den Buchstaben »A« (01000001). Dann konvertiert das Modem die acht elektrischen Impulse in acht Töne — einen tiefen, einen hohen, fünf tiefe und einen hohen Ton. Diese Töne werden von der Sprechmuschel des Telefonhörers aufgenommen und über die Telefonleitung an ihr Ziel in Miami übertragen.

Dort gelangen die Töne über einen Telefonhörer wiederum in ein Modem. Dieses Modem arbeitet genau umgekehrt. Es leitet bei jedem hohen Ton, den es »hört«, einen elektrischen Impuls weiter. In unserem Beispiel konvertiert es die »gehörten« acht Töne in die Folge: kein elektrischer Impuls, ein Impuls, fünf Takte kein Impuls, ein Impuls. Die Zentraleinheit erhält auf diese Weise den Binärkode für den Buchstaben »A«. Für die Zentraleinheit besteht kein Unterschied, ob sie das »A« über das Modem oder direkt über ein festverdrahtetes Terminal erhält.

Wenn der Computer in Miami die gewünschte Fluginformation an das Terminal in San Francisco zurückschickt, läuft der beschriebene Vorgang in umgekehrter Richtung ab. Modeme können Daten übertragen und weiterleiten, indem sie elektrische Impulse in Töne umwandeln (modulieren), beziehungsweise Töne in elektrische Impulse (demodulieren). Die Bezeichnung »Modem« ist die Kurzform für *MO*dulator/ *DEM*odulator.

Bei der Verwendung von Modemen müssen einige Aspekte beachtet werden. Erstens ist das Telefonnetz zur Übertragung von Sprache gedacht und nicht zur Weiterleitung von Computer-generierten elektrischen Impulsen. Da Sprache relativ langsam ist, sind die Telefonleitungen nur für eine wesentlich langsamere Übertragungsgeschwindigkeit von elektrischen Impulsen als Computer-Kabel ausgelegt.

Stellen Sie sich Elektrizität als Wasser vor. Die Übertragungsgeschwindigkeit von Computerkabeln und Telefonleitungen ist vergleichbar mit der eines großen Wasserrohrs und eines Gartenschlauchs. Computerkabel übertragen pro Sekunde weit mehr elektrische Impulse als Telefonleitungen. Wenn Sie die Telefonleitung zur Datenübertragung verwenden, schicken Terminal und Zentraleinheit die Signale sehr viel schneller als die Telefonleitung sie verarbeiten kann. Ihre Geschwindigkeit muß also herabgesetzt werden. Auch dies geschieht über das Modem. Es reguliert die Geschwindigkeit der über die Telefonleitung geschickten elektrischen Impulse.

Die Übertragungsgeschwindigkeit der in Form elektrischer Impulse übertragenen Daten wird in ***Baud** gemessen. Diese Maßbezeichnung

Computer von Grund auf verstehen

ist keine Abkürzung, sondern wurde zu Ehren eines Franzosen namens Baudot eingeführt[10]. Sie können Modeme mit verschiedenen Übertragungsgeschwindigkeiten (*Baudrate) erwerben. Bei Festverdrahtung beträgt die Übertragungsgeschwindigkeit zwischen Computer und Terminal 9600 Baud. Über Telefonleitungen kann hingegen nur eine maximale Geschwindigkeit von 1200 Baud erreicht werden. Es gibt Modeme, die die Computer-generierten Impulse auf diese Baudgeschwindigkeit von 1200 abbremsen. Wenn Sie einmal beobachten, wie über ein 1200 Baud-Modem mit einem anderen Computer Informationen ausgetauscht werden, können Sie feststellen, daß es viel länger als sonst dauert, bis die Daten auf dem Bildschirm erscheinen. Die Übertragungsgeschwindigkeit beträgt in diesem Fall nur noch ein Achtel der normalen Geschwindigkeit. Ein 1200-Baud-Modem ist relativ teuer.

Sie können auch ein billigeres, dafür aber langsameres 300-Baud-Modem kaufen. Hier beträgt die Übertragungsgeschwindigkeit nur $1/32$ der bei Festverdrahtung erreichten Baudrate. Bei dieser Geschwindigkeit ist das Warten vor dem Bildschirm schon fast quälend, denn die Zeichen erscheinen nur mit langen Unterbrechungen, und es dauert eine Ewigkeit, bis schließlich die gewünschte Information entziffert werden kann. Und es lohnt sich jedoch kaum, hier zu sparen, denn bei der Zusammenarbeit mit einer weit entfernten Zentraleinheit steigt mit dem langsameren Modem die Telefonrechnung erheblich, da die Datenübertragung viermal so lange dauert.

Es werden jetzt zunehmend Leitungen eingerichtet, die eine wesentlich höhere Übertragungsgeschwindigkeit erlauben. Diese Spezialkabel zur *Datenübertragung werden von Unternehmen benutzt, die für die hohe Geschwindigkeit einen höheren Preis zu zahlen bereit sind, wie zum Beispiel Fluggesellschaften. Bei diesen *Datenkabeln kommen spezielle Hochgeschwindigkeitsmodeme zum Einsatz, die mit 9600 Baud oder sogar noch schneller arbeiten. Natürlich sind diese Kabel sehr teuer. Deshalb verwendet die Mehrzahl der Computeranwender weiterhin die normalen Telefonleitungen.

Zweitens ist beim Einsatz von Modemen zu beachten, daß Ihr Modem mit der gleichen Geschwindigkeit arbeitet wie das Modem am anderen Ende der Leitung. Aus diesem Grund lassen sich viele 1200-Baud-Modeme wahlweise auf 300 Baud herunterschalten. Wenn die Modeme an den Leitungsenden mit verschiedener Geschwindigkeit arbeiten, ist es, als wollten Sie ein Diktat von jemandem aufnehmen, die viel schneller spricht als Sie schreiben können. Sie würden mit dem Schreiben einfach nicht hinterherkommen.

77

Die hier beschriebenen *Modeme werden auch als ***Akustikkoppler** bezeichnet — »Akustik« deshalb, weil sie mit den vom Tongenerator erzeugten hohen und tiefen Tönen arbeiten. Die Akustikkoppler haben folgenden Nachteil: Sie sind gegen Hintergrundgeräusche empfindlich. Angenommen, ein vorbeifahrender LKW betätigt während der Übertragung die Hupe, wird das Geräusch möglicherweise in einen elektrischen Impuls übersetzt, und es können infolgedessen fehlerhafte Daten auftreten. (Vielleicht wird eine zusätzliche Ziffer an den Computer der Fluggesellschaft gesendet und eine Buchung für Flug Nummer 192 statt 92 vorgenommen.)

Ein ähnlicher Fall ist von einer Hotelkette bekannt. Die Reservierungen und die Buchführung wurden hier über einen Zentralrechner abgewickelt. Im Haupthotel wurden in einem großen Innenhof verschiedene Vögel gehalten. Lange Zeit konnten sich die Angestellten nicht erklären, warum die Dateien des Computers immer wieder Fehler aufwiesen. Doch schließlich fand man heraus, daß der *Akustikkoppler die Schreie der Papageien weitergeleitet hatte!

Um das Problem der Hintergrundgeräusche möglichst gering zu halten, werden bei Akustikkopplern die Telefonhörer in schalldämpfende Plastikschalen gelegt. Doch das ist keine optimale Lösung. Weit besser sind Modeme, die nicht mehr mit Tönen arbeiten.

Wie kann ein Modem ohne Töne auskommen? Zur Beantwortung dieser Frage wollen wir die Funktionsweise eines Telefons näher betrachten. Ihre Stimme wird selbstverständlich nicht direkt durch das Telefonkabel geleitet. Wenn Sie in den Hörer sprechen, drücken die Lautwellen Ihrer Stimme auf eine Membran. Der auf die Membran ausgeübte Druck erzeugt ein bestimmtes Elektrizitätsmuster, das durch die Telefonleitung fließt. Am anderen Ende der Leitung erzeugt der elektrische Strom in der Membran der Hörmuschel Schwingungen, die wiederum Lautwellen erzeugen. (Denselben Effekt können Sie auch an Lautsprecherboxen beobachten. Die Lautsprecherabdeckung vibriert bei der Erzeugung der Töne.)

In einem *Akustikkoppler werden die elektrischen Impulse des Computers vom Modem zunächst in Töne umgewandelt. Dann setzt der Telefonhörer diese Töne erneut in elektrische Impulse um, damit sie über das Telefonkabel geleitet werden können. Man versuchte deshalb bald, diesen überflüssigen Zwischenschritt der Tonerzeugung zu übergehen und ein Modem zu entwickeln, das die elektrischen Kodes aus der Zentraleinheit direkt in die vom Telefonhörer benutzten elektrischen Impulse umwandelt. Diese Modeme lassen sich über die Telefonbuchse direkt an die Telefonleitung anschließen. Es gibt auch Doppelbuchsen, so daß das Modem ständig angeschlossen bleiben kann und nicht mehr bei jeder Benutzung des Modems das Telefon herausgezogen werden muß. Erinnern Sie sich noch an die Platinen? Auch diese neuen Modeme sind auf Platinen installiert.

Zusatzkarten

Wie aus Abb. 1.21 ersichtlich ist, befindet sich in Ihrem Computer ein Bereich mit einer Reihe von Steckplätzen. Der gesamte Bereich führt Strom. In die Steckplätze können weitere Platinen mit verschiedenen Funktionen eingesetzt werden.

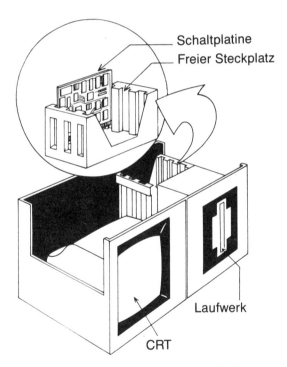

Abbildung 1.21. Ein Computer ist aus separaten Moduln zusammengesetzt. In seinem Innern befinden sich mehrere freie Steckplätze. Hier werden im Fachgeschäft die Schaltplatinen eingesetzt, die für die von Ihnen gewählten Peripheriegeräte erforderlich sind.

Mit Hilfe dieser *Zusatzkarten wird im Computergeschäft ein Computer nach Ihren speziellen Bedürfnissen aufgerüstet. Sie können ihn auch zu einem späteren Zeitpunkt erweitern, wenn Sie zusätzliche Funktionen benötigen. Daher ist die Anzahl der leeren Steckplätze ein weiterer Aspekt, der beim Kauf eines Computers beachtet werden muß. Wenn viele leere Steckplätze zur Verfügung stehen, können Sie später viele Zusatzkarten einbauen. Sind nur wenig Erweiterungssteckplätze vorhanden, beschränken sich die Eigenschaften Ihres Computers weitgehend auf die standardmäßige Ausrüstung.

Es gibt Zusatzkarten für die verschiedensten Anwendungen. Jedes *Peripheriegerät benötigt zu seiner Steuerung eine spezielle Karte. Wenn Sie zum Beispiel einen Farbmonitor anstelle des Monochrom-Monitors benutzen möchten, müssen Sie neben dem Farbmonitor noch eine sogenannte Farb**adapterkarte** erwerben. Das trifft auch dann zu, wenn Sie einen normalen Fernsehschirm als Monitor verwenden, denn wie soll der Bildschirm »wissen«, daß er bei der Impulsfolge 01000001 ein »A« darstellen muß? Das sagt ihm die *Adapterkarte, auch *Controller genannt. Durch die Verschaltung dieser Karte werden die elektrischen Impulse des Computers in Signale übersetzt, die die Kathodenstrahlröhre veranlassen, das gewünschte Muster auf dem Bildschirm erscheinen zu lassen. Ein Fernsehbildschirm kann nicht einfach an die Zentraleinheit angeschlossen werden, sondern es muß zusätzlich die richtige Adapterkarte in einen der leeren Steckplätze des Computers eingebaut werden. Erst diese Karte sagt dem Fernsehbildschirm, was er zu tun hat.

Ein weiteres Beispiel ist das Diskettenlaufwerk. Es »weiß« nicht, wie weit es den Lese/Schreibkopf bewegen soll, wenn von der Zentraleinheit das Signal kommt: Gehe zur Spur 3. Erst der spezielle Schaltplan auf dem *Laufwerk-Controller veranlaßt den Lese/Schreibkopf sich bei diesem Signal zum Beispiel 35 mm zu bewegen. Erst die auf dem Laufwerk-Controller befindliche Schaltung macht das Laufwerk funktionstüchtig. Das Laufwerk bewirkt nur die Drehung der Disketten, während die Steuerung von dem *Controller übernommen wird.

Ein *Laufwerk-Controller kann bis zu vier Laufwerke steuern. Daher kostet die Installation des ersten Laufwerks mehr als die eines zweiten, dritten oder vierten, denn zusätzlich zum ersten *Laufwerk muß auch der Laufwerk-Controller erworben werden.

Vielen Computerbenutzern sind diese *Controller-Karten sehr schwer verständlich. Sie fragen sich, warum die Hersteller von Laufwerken oder Bildschirmen den auf der Controller-Karte befindlichen Schaltkreis nicht von vornherein in ihr Produkt einbauen, womit sich die Karte

Computer von Grund auf verstehen

erübrigen würde. Das liegt hauptsächlich daran, daß die Hersteller sich darum bemühen, ihre Zusatzgeräte an möglichst viele verschiedene Computertypen anschließen zu können. Da jeder Computer in der elektronischen Kommunikation mit den *Peripheriegeräten anders verfährt, würde ein Standardlaufwerk nicht für alle Computermarken verwendbar sein. Daher bauen die Zusatzgerätehersteller ihre Standardprodukte, entwerfen jedoch für jede Computermarke eine eigene Controller-Karte. Ich kann also an meinen IBM-PC denselben Farbmonitor anschließen wie der Besitzer eines Apple II. Wir müssen nur verschiedene *Adapterkarten kaufen. Ich benötige eine IBM-PC-Adapterkarte und der Apple II-Besitzer eine Apple-II-Adapterkarte.

Es gibt auch *Zusatzkarten, mit denen die Bildschirmleistung verbessert wird und pro Zeile mehr Zeichen dargestellt werden. Billigere *Bildschirm-Controller von *Heimcomputern stellen zum Beispiel nur 40 Zeichen pro Zeile dar, während professionelle Systeme 80 oder mehr Zeichen pro Zeile abbilden. Wenn Sie Ihr System zur Textverarbeitung einsetzen wollen, erhalten Sie mit einem 40-Spalten-Controller erst beim Ausdruck einen Eindruck von der geschriebenen Seite. (Eine Standardseite hat zwischen 60 und 70 Zeichen pro Zeile.) Um dieses Problem zu lösen, können Sie den standardmäßigen 40-Spalten-Controller durch einen 80-Spalten-Controller ersetzen.

Einige *Heimcomputer lassen sich nicht auf 80 Spalten erweitern. Hier ist standardmäßig eine 40-Spalten-Karte installiert und kein Hersteller liefert eine 80-Spalten-Karte für das Gerät. Wenn Sie professionelle Textverarbeitung auf einem Heimcomputer betreiben möchten, sollten Sie unbedingt sicherstellen, ob für Ihr Gerät eine 80-Spalten-*Bildschirmkarte erhältlich ist.

Heimcomputer und Personal Computer

Wir wollen nun die Unterschiede zwischen einem ***Personal Computer** und einem ***Heimcomputer** näher betrachten. Ein *Heimcomputer ist in der Regel weniger leistungsfähig und bietet weniger Möglichkeiten. Er ist für den häuslichen Gebrauch ausgelegt. Wenn Sie an Ihre Freundinnen schreiben, benötigen Sie keine Textverarbeitung mit 80 Spalten. Ein hochauflösender Bildschirm ist nicht erforderlich, wenn auf dem Computer hauptsächlich Spiele laufen und keine betrieblichen Grafiken für Geschäftsberichte erstellt werden müssen.

Ein *Personal Computer ist ein kleiner professioneller Computer, der

Ihnen persönlich zur Verfügung steht. Er steht auf dem Schreibtisch an Ihrem Arbeitsplatz, und Sie müssen ihn mit niemandem teilen. Wenn Sie Ihr Unternehmen von zu Hause aus leiten, erwerben Sie unter Umständen ebenfalls einen Personal Computer. Selbst wenn Sie ihn zu Hause stehen haben, ist es noch kein Heimcomputer. Personal Computer und Heimcomputer unterscheiden sich in ihrer technischen Ausstattung. Wir werden in Kapitel 3 erneut darauf eingehen.

Ein Heimcomputer bietet nur beschränkte Möglichkeiten. Er eignet sich für Computerspiele, um Kindern das Programmieren beizubringen oder für die Lösung einfacher Aufgaben, wie das Ausrechnen des Saldos von Scheckbüchern (wenn Sie dazu wirklich einen Computer brauchen). Dieses beschränkte Einsatzspektrum wird von der Computerindustrie gern verschwiegen, da der Heimcomputermarkt ein Volumen von mehreren Millionen Dollar aufzuweisen hat. Er ist ein hervorragendes Beispiel für die Wunderwirkung eines gelungenen Marketing. Als Computer »in« wurden, schien plötzlich jeder dringend einen zu benötigen. Tausende von Heimcomputern verstauben heute zusammen mit Hoola Hoop-Reifen und anderen alten Spielen in Abstellkammern.

Informationsdienste auf Computerbasis

Es gibt jedoch auch einen interessanten Anwendungsbereich für Heimcomputer. Sie lassen sich als Terminal verwenden und können über ein Modem an Datenbanken wie zum Beispiel CompuServe, The Source und Dialog angeschlossen werden. Auf diese Weise dienen sie der Informationsbeschaffung.

Diese Informationsdienste auf Computerbasis sind nur der Anfang einer Zukunft, in der Informationsdienstleistungen eine zentrale Rolle spielen werden. Die Zentralrechner von CompuServe haben gewaltige Plattenlaufwerke, auf denen die verschiedensten Informationen gespeichert sind, zum Beispiel Lexika, Flugpläne mit Preisen und der *New York Times Index*. Wer einen eigenen Computer besitzt (oder auch nur ein Terminal), kann den Computer-Dienst anwählen und die gewünschten Informationen abrufen — sei es der neueste Dow Jones-Börsenbericht oder Informationen, die einer Schülerin bei ihren Hausaufgaben helfen.

Viele dieser *Datenbanken können zum Ortstarif angewählt werden, um die hohen Ferngesprächsgebühren zu vermeiden. Durch Anwählen der Telefonnummer werden Sie mit dem Zentralrechner verbunden. Vor Beginn der Benutzung müssen Sie sich durch ein Kennwort ausweisen. Jede Benutzerin hat ihr spezielles Kennwort, damit die Gebühren auch zu ihren Lasten gehen. Sie werden über das Kennwort in gleicher Weise identifiziert wie am Kassenautomaten einer Bank. Die Gebühren richten sich meist nach der Zeitdauer, die Sie mit dem Computer verbunden sind. Dazu kommt eine feste monatliche Gebühr. Für gewisse Informationen wird eine Extragebühr berechnet, wie zum Beispiel für einen Anschluß an den Dow Jones-Börsenticker.

Über viele der Datendienste werden in Zukunft auch die verschiedensten Computerprogramme abrufbar sein, die gegen Bezahlung benutzt werden können. Wenn Ihr Computer über ein Modem an einen größeren Computer angeschlossen ist, können Sie dann auch teure und umfangreiche Programme benutzen, die auf Ihrem Computer allein nicht lauffähig sind. Ihr Computer dient in diesem Fall als Terminal. Zur Datenspeicherung verwenden Sie allerdings eigene Disketten oder Bänder, die Ihnen auch nach Beendigung der Arbeit mit dem fremden Programm verbleiben.

So sieht die Zukunft aus! Sie kaufen von zu Hause aus ein. Sie sehen am Computer den bebilderten Katalog durch, bestellen die Waren, und die Rechnung wird automatisch von Ihrem Konto abgebucht. Die großen amerikanischen Banken wie die Citibank und die Bank of America bieten bereits einen Computer-Service an, der es Ihnen erlaubt, Geld von einem Konto auf ein anderes zu überweisen und Rechnungen zu bezahlen, indem Sie den betreffenden Betrag an Ihrem Terminal zu Hause eingeben. Zur Zeit wird dieser Service noch monatlich in Rechnung gestellt, obwohl es für die Banken eigentlich von Vorteil ist, wenn Sie eine Arbeit übernehmen, die sonst eine Bankangestellte zu erledigen hätte.

Um über Computer Informationen aus Datenbanken zu erhalten, benötigen Sie noch nicht einmal einen Heimcomputer. Es reicht eine Computertastatur, die sich an Ihren Fernseher anschließen läßt, und ein Modem. Über Ihr Telefon könnten Sie sich dann mit anderen Rechnern verbinden lassen. Mit dieser Ausrüstung stehen Ihnen viele der Möglichkeiten zur Verfügung, die Ihnen ein eigener Computer bietet.

Im Innern des Gehäuses

Die Computer der einzelnen Hersteller unterscheiden sich vielfach in ihrem Aussehen. Alle Computer bestehen weitgehend aus den gleichen Komponenten, sind jedoch in ganz unterschiedlicher Weise zusammengestellt. Manchmal werden alle Komponenten in ein kompaktes Plastikgehäuse eingebaut. Meist besteht das Gerät allerdings aus zwei oder drei

Einzelteilen, die durch externe Kabel miteinander verbunden werden. Zum Beispiel bilden Zentraleinheit und Hauptspeicher einen Teil, die Laufwerke ein weiteres und die Tastatur ein drittes Teil. Oder Tastatur, Zentraleinheit, Hauptspeicher und Laufwerke sind zusammen in einem Gehäuse untergebracht, während der Bildschirm separat steht. Es gibt fast beliebig viele Kombinationsmöglichkeiten.

Computer werden heute ähnlich verkauft wie Autos in den fünfziger Jahren. Wenn Sie damals ein Auto kaufen wollten, zeigte Ihnen der Verkäufer eine lange Liste mit verschiedenen Möglichkeiten, für die Sie sich entscheiden mußten: die Farbe des Autos, die Art der Polsterbezüge und so weiter. (Heute teilt Ihnen der Verkäufer mit, daß gerade eine neue Lieferung aus Japan eingetroffen ist, und Sie können zwischen zwei oder drei Grundmodellen wählen.) Bei Computern ist es ebenso. Fast alles ist eine Option. Diese Optionen werden ***Moduln** genannt. Sie entsprechen den Komponenten bei einer Stereoanlage.

Computer werden in der sogenannten Modulbauweise gefertigt. Die Zentraleinheit, das Gehirn des Computers, gehört als einzige zur Standardausstattung des Gerätes. Alle anderen Komponenten oder Moduln können in der Regel ausgewechselt oder erweitert werden, und zwar entweder beim Kauf oder auch später.

Da Computersysteme modular konzipiert sind, müssen beim Kauf sorgfältig die Preise verglichen werden. Bei einigen Herstellern sind im Kaufpreis Optionen wie Laufwerke oder Drucker mit eingeschlossen, während bei anderen Herstellern für diese Komponenten extra bezahlt werden muß. Schwer erkennbar sind versteckte Optionen wie die schon erwähnten *Controller-Karten. Bei einigen Computern (dem IBM PC zum Beispiel) müssen selbst die ***Anschlüsse** für die Peripheriegeräte extra gezahlt werden.

Kauf eines Computers

Jetzt haben Sie alle Komponenten eines Computersystems kennengelernt. Auf einige werde ich im 3. Kapitel noch näher eingehen. Sie wissen nun schon mehr als viele Verkäufer in Computergeschäften. Wie Sie sehen, sind Computer wirklich leicht verständlich. Unverständlich sind nur die meisten Bücher über Computer! Bevor ich fortfahre, möchte ich noch einmal die wichtigsten Punkte zusammenfassen, die beim *Kauf eines Computers beachtet werden müssen.

Sie müssen sich beim Erwerb eines Computers in erster Linie über die *Grenzen* des Geräts im klaren sein. Sie kaufen die Möglichkeit oder Unmöglichkeit, verschiedene Peripheriegeräte anzuschließen. Lassen sich an den betreffenden Computer Diskettenlaufwerke anschließen? Wenn ja, wieviele Laufwerke können eingebaut werden und von welcher Kapazität? Wie groß ist der Standardhauptspeicher des Geräts? Kann er durch Speichererweiterungen vergrößert werden? Wenn ja, wie groß ist der maximale Hauptspeicher des Systems? Reicht Ihnen das? Können Sie darauf das gewünschte Programm laufen lassen? Mit welchem Bildschirm ist das Gerät ausgestattet? Lassen sich darauf 80 Zeichen pro Zeile darstellen oder muß dafür extra bezahlt werden? Können mit dem System Grafiken erstellt werden? Wenn ja, ist ein höher auflösender Bildschirm im Kaufpreis mit eingeschlossen oder muß er extra bezahlt werden? Wenn Sie jetzt keine Grafikfähigkeit benötigen: Können Sie das Gerät später so erweitern, daß es grafikfähig wird?

2
Wie funktioniert Software?

Sie wissen jetzt, was ein Computer ist und wie er arbeitet. Doch was kann er eigentlich *leisten*? Es gibt Programme für eine Vielzahl von Aufgaben. Und worin bestehen diese Aufgaben? Gibt es Dinge, die sich schneller und einfacher ohne Computer erledigen lassen?

In der Computerfachsprache wird alles, was man mit Computern erledigen kann, als ***Anwendung** bezeichnet. Für welche Anwendungen eignet sich ein Computer? Muß man seine ***Anwendungsprogramme** selbst schreiben, jemanden mit dem Schreiben beauftragen oder kann man fertige ***Anwendungssoftware** kaufen?

Diese Fragen werden im vorliegenden Kapitel beantwortet. Es wird Ihnen helfen, die verschiedenen Anzeigen für *Anwendungssoftware in Zeitschriften und im Fernsehen zu verstehen.

Sie brauchen Ihre Programme nicht selbst zu schreiben

Es besteht weithin die irrige Meinung, man könne Computer nur dann effektiv einsetzen, wenn man auch das Programmieren beherrscht. Das ist hauptsächlich darauf zurückzuführen, daß im schulischen Bereich dem Programmieren eine so große Bedeutung beigemessen wird. Fast alle Universitäten haben Institute für Informatik. Sie dienen jedoch in erster Linie der Ausbildung von Programmierern und nicht der allgemeinen *Computerbildung. Zweck dieser Institute ist es nicht, eine möglichst große Anzahl gut informierter Computerbenutzer auszubilden. Das genaue Gegenteil ist der Fall. Wenn Sie das für Übertreibung halten, sehen Sie sich doch einmal den Lehrplan einer Computer-Einführungsveranstaltung an. Meistens werden spezielle Kenntnisse wie zum Beispiel Zahlentheorie (die hexadezimale und oktale Arithmetik, auf der die binären Kodes aufbauen) vermittelt. Dadurch wird der Eindruck verstärkt, Computer seien unzugänglich und schwer zu verstehen. Es besteht keinerlei Grund, auch andere Benutzer als hochspezialisierte Programmierer in diesen Bereich einzuführen — und ganz sicher ist es kein Stoff für einen Anfängerkurs. Die Kursteilnehmer werden dadurch nur von einer weiteren Beschäftigung mit Computern abgeschreckt. Die

Einführungskurse sind völlig überlaufen, und es ist nicht leicht, einen Platz zu bekommen. Doch viele Teilnehmer brechen den Kurs ab, und die Fortführungskurse sind unterbesetzt. Damit haben die Einführungskurse ihren Zweck erfüllt — die Gruppe der Computerfachleute bleibt weiterhin klein und ihr Einkommen sehr hoch.

Leider werden durch diese künstlich geschaffene Computer-Mystik insbesondere auch viele Frauen von der Arbeit mit Computern abgeschreckt. Hier findet der häufige Irrtum Bestätigung, man müsse ein As in Mathematik sein, um mit Computern umgehen zu können. Doch das ist einfach nicht wahr (es sei denn, Sie möchten Hardware-Konstrukteurin werden).

Sie müssen also nicht Programmieren lernen, außer Sie benötigen es für berufliche Zwecke oder möchten es zu Ihrem Hobby machen (statt Stricken oder Kreuzworträtseln). Das beste ist, Sie kaufen ein fertiges Programm. Das war allerdings nicht immer so. Doch in den letzten Jahren wurde eine neue, ***programmierbare Software** geschaffen, die sich auch durchgesetzt hat. Sie bietet den Vorteil, daß sie Ihren speziellen Bedürfnissen angepaßt werden kann.

Bei den vor sechs oder acht Jahren im Handel befindlichen Programmen war festgelegt, welche Daten verarbeitet werden konnten und welche nicht. Ein *Adressenverwaltungsprogramm zum Beispiel konnte Adressen nur dreizeilig ausdrucken. Angenommen, Sie wollten mit dem Programm auch den Arbeitsplatz der Betreffenden erfassen, dann stand in der ersten Zeile Ihrer Adressen-Etiketten der Personenname, in der zweiten der Name des Unternehmens, in der dritten Zeile die Straße und Hausnummer und in der vierten die Postleitzahl mit der Stadt. In diesem Fall war für Sie die alte Software ungeeignet, da sie nicht für vierzeilige Adressen-Etiketten eingerichtet war. Vielleicht war das Programm auch nur fähig, Postleitzahlen bis zu fünf Stellen zu verarbeiten. Dann konnten Sie keine kanadischen Adressen speichern, da in Kanada die Postleitzahlen sechsstellig sind.

Die neue *programmierbare Software ist hingegen so beschaffen, daß Sie als Anwenderin die Eigenschaften Ihrer Daten spezifizieren können. Sie können angeben, wie viele Einheiten jeder Eintrag haben soll, zum Beispiel die Anzahl der Zeilen bei Adressen-Etiketten, und auch die Länge jedes Elements festlegen, zum Beispiel die fünf Stellen in der Postleitzahl. Dasselbe *Anwendungsprogramm kann auf diese Weise für ganz verschiedene Zwecke eingesetzt werden. Es wird einfach den jeweiligen Anforderungen angepaßt.

Diese *programmierbare Software benötigt allerdings etwas mehr Zeit,

Wie funktioniert Software?

bis sie für den Gebrauch eingerichtet oder ***installiert** ist. Sie müssen zunächst spezifizieren, welche Daten Sie verarbeiten wollen. Für Ihre Adressenliste müssen Sie zum Beispiel angeben, wieviele Buchstaben der Name maximal umfaßt, wieviele Stellen die Postleitzahl benötigt und so weiter. Das geschieht jedoch nur einmal und ist längst nicht so aufwendig wie das Schreiben eines speziellen Programms für Ihre Zwecke.

Probleme mit dem Programmieren

Programme, die Sie ihren Anforderungen anpassen können, ersparen Ihnen das Schreiben eigener Software. Trotzdem besteht vielfach noch immer die Meinung, man müsse sich seine Programme selbst schreiben. Die Anwendungssoftware selbst zu schreiben (oder bei einem Programmierer in Auftrag zu geben), ist jedoch nicht nur überflüssig, sondern geradezu gefährlich. Selbst beim Erstellen der einfachsten Programme können die schlimmsten Probleme auftreten und zwar aus folgenden Gründen.

Erstens erfordert das Schreiben eines Programmes sehr viel Zeit und Mühe. Die meisten Hersteller von Anwendungssoftware messen die zum Schreiben eines Programms benötigte Zeit in sogenannten **Mannjahren** (Personenjahre gibt es noch nicht). Natürlich ist es weit sinnvoller, ein Programm, in dem 10 Mannjahre Entwicklungsarbeit stecken (5 Personen haben 2 Jahre daran gearbeitet), für einige hundert Mark zu kaufen, als das Programm in 10 Jahren selbst zu schreiben.

Außerdem läßt sich die zum Schreiben eines speziellen Programms benötigte Zeit kaum genau abschätzen. (Dies geben die meisten Programmiererinnen nur ungern zu. Wenn ich angeben soll, wieviel Zeit ich für die Erstellung eines neuen Programmes brauche, multipliziere ich in der Regel meine Schätzung mit 4, und selbst dann liege ich häufig noch zu niedrig!) Das Programm läuft zwar mehr oder weniger, doch das genügt nicht. Stellen Sie sich vor, das Programm Ihrer Bank wäre manchmal nicht in der Lage, Ihren Kontobewegungen zu folgen und würde zum Beispiel eine Einzahlung als Abhebung buchen.

Es dauert sehr lange, bis ein Programm fehlerfrei läuft. Vergessen Sie nicht, daß ein Programm sehr stark einem Rezept ähnelt: Wenn Sie ein neues Rezept entwerfen wollen, stehen Sie vor ganz ähnlichen Schwierigkeiten wie beim Schreiben eines neuen Programms.

Angenommen, Sie denken sich einen neuen Kuchen aus und haben gerade Ihr Rezept ausprobiert. Sie finden, daß er nicht süß genug ist.

Dieses Problem lösen Sie, indem Sie Zucker hinzufügen. Doch damit ergibt sich eine neue Schwierigkeit — der Teig geht nicht mehr richtig auf. Sie erhöhen daher die Menge des Backpulvers. Doch noch immer hat der Kuchen nicht den gewünschten Geschmack, und Sie kommen zu dem Schluß, daß Salz fehlt. Aber wenn Sie mehr Salz in den Teig geben, muß auch die Zuckermenge neu festgelegt werden. Und bei jeder Veränderung an Ihrem Rezept müssen Sie einen neuen Kuchen backen, um das Resultat prüfen zu können.

Ein ganz neues Rezept zu entwickeln dauert lange und ist daher sehr teuer. Das gleiche gilt für Programme. Nach dem Schreiben eines Programms muß es mit echten Daten (Zutaten) ausprobiert werden, um sicherzustellen, daß es auch wirklich funktioniert. Auf diese Weise werden die *Programmfehler aufgefunden und korrigiert. Diesen Vorgang nennt man das *Austesten eines Programms. Im voraus läßt sich nicht angeben, wieviel Zeit dafür benötigt wird, da man nie weiß, wieviele Fehler sich eingeschlichen haben. Ein Programm kann erst dann verwendet werden, wenn es hundertprozentig fehlerfrei ist. Vielleicht ist ein Programm schon seit Monaten zu 98 Prozent fertig, kann aber nicht eher eingesetzt werden, bis nicht die letzten Fehler gefunden sind.

Es gibt zahlreiche Schreckensgeschichten über völlig unerwartet auftretende, unerklärliche Programmierfehler. (Der Computer kann schließlich die vorgegebenen Befehle nur blind befolgen und stellt sie nicht in Frage.) Ein Beispiel sind die ersten Kassenautomaten in San Francisco. Sie waren so programmiert, daß mit dem Öffnen der Klappe zur Entnahme des Geldes die Operation abgeschlossen war. Eines Tages versuchte ein Kunde, die Klappe ein zweites Mal zu öffnen, nachdem er zuvor bereits Bargeld abgehoben hatte. Beim Programmieren der Software für den Kassenautomaten war ein derartiger Fall nicht einkalkuliert worden. Der Kunde erhielt daher erneut eine Barauszahlung. Es handelte sich um den gleichen Betrag wie zuvor, doch diesmal war das Geld nicht von seinem Konto abgebucht worden. Da alles so gut funktionierte, öffnete er noch ein drittes und viertes Mal die Klappe. Die Bank hatte Glück: Der Kunde war selbst Programmierer und teilte der Bank den Vorfall mit.

Zahlreiche Programme werden mit Schaltjahren nicht fertig. Die Programmiererinnen hatten vergessen, dem Monat Februar alle vier Jahre einen zusätzlichen Tag zu geben. In diesem Fall kann das Programm mit dem 29. Februar nichts anfangen.

Diese Vorfälle zeigen, daß sogar bei einem anscheinend einwandfreien Programm noch nach Monaten oder sogar Jahren plötzlich Fehler auftreten können, wenn gewisse unerwartete Faktoren zusammentreffen.

Wie funktioniert Software?

Wie sehr auch immer eine Programmiererin sich darum bemüht, Praxisnähe zu simulieren, so wird ein Programm eigentlich doch erst in der praktischen Anwendung ausgetestet. Und selbst dann kommt es unter bestimmten Umständen manchmal dazu, daß der Computer *abstürzt. Für den *Absturz eines Computers kann ein beschädigtes Teil die Ursache sein. Vielleicht ist ein Laufwerk kaputt. Häufig jedoch ist das Programm bei der Datenverarbeitung auf einen Programmfehler gestoßen. Wenn das Programm für eine unvorhergesehene Situation keine Anweisung bereit hat, bleibt das Programm einfach stehen oder wiederholt den gleichen Befehl immer wieder. Es ist daher ratsam, wenn möglich, fertige Software zu kaufen. Die gängigen Programme sind seit Jahren im Büroalltag im Einsatz. Hier wurden alle Fehler bereits entdeckt und beseitigt.

Die früheren Programme

Als es noch keine *programmierbare Software gab, war unter Umständen kein fertiges Programm für Ihre speziellen Anforderungen erhältlich. Sie hatten dann mehrere Möglichkeiten. Sie konnten ein Programm kaufen, das möglichst genau Ihre Vorstellungen traf und es dann von einer Programmiererin an Ihre Anforderungen anpassen lassen. Doch häufig war dies nicht möglich, weil ein Großteil der Software mit einem Schutz versehen ist. Die Programmiererinnen konnten daher nicht zu den Programmbefehlen vordringen und sie verändern. Sie konnten aber auch eine Programmiererin damit beauftragen, ein Programm für Ihre speziellen Bedürfnisse zu schreiben. Schließlich blieb Ihnen noch die Möglichkeit, sich der bestehenden Software anzupassen und Ihre bisherige Arbeitsweise umzustellen. Doch keine dieser Lösungen ist zu empfehlen.

Angenommen, Sie wollten damals für Ihre Boutique ein Inventurprogramm kaufen, das die Lagerbestände überwacht, die täglichen Verkäufe registriert und wöchentlich die Nachbestellungen zusammenstellt. Das Programm hatte jedoch unter Umständen einige Mängel. Zum Beispiel kam es vor, daß das Programm maximal eine siebenstellige Kennziffer zur Registrierung der vorhandenen Kleidungsstücke zuließ, Sie jedoch bis dahin eine neunstellige Kennziffer verwendeten. Sie standen dann vor einer schwierigen Entscheidung: Entweder stellten Sie Ihre bisherige Inventarisierung um und paßten sie dem Computersystem an, oder Sie beauftragten eine Programmiererin damit, die Software umzuschreiben oder, falls das nicht möglich war (und es war in der Regel nicht möglich), Sie bestellten bei einer Programmiererin ein neues Programm speziell für Ihr Geschäft. Unter Umständen bestanden Ihre Lieferanten auf der Verwendung einer neunstelligen Kennziffer. Dann blieb Ihnen keine Wahl — Sie brauchten ein neues Programm.

Meist ließ die Geschäftsleitung jedoch kein neues Programm schreiben, sondern änderte vielmehr das alte (manuelle) Verfahren derart, daß es den Vorgaben der Software entsprach. Dies ist bei den Kosten von kundenspezifischen Programmen und den Problemen mit neuer Software verständlich. Dennoch war es häufig die falsche Entscheidung. Schließlich soll der Computer Ihnen dienen und nicht umgekehrt. Warum sollten Sie ein bewährtes Verfahren ändern, nur weil der Computer es verlangt?

Aus derartigen Anpassungszwängen entstand eine ablehnende Haltung gegenüber Computern am Arbeitsplatz. Zu oft entstand unter den Angestellten der Eindruck, man müsse sich dem Computer als einer Art Primadonna unterwerfen. Der Computer brachte ihnen keine Arbeitserleichterung, sondern sie mußten sich an häufig noch arbeitsintensivere neue Verfahren gewöhnen. Es gab mehr Formulare, mehr Akten und mehr Schreibarbeit. Stellen Sie sich einmal den Aufwand vor, den die Umstellung von einem neunstelligen auf ein siebenstelliges Inventarisierungssystem mit sich bringt. Nachdem die Angestellten viele Jahre mit dem alten System gearbeitet haben, wissen sie vermutlich Tausende von Inventarkennziffern auswendig. Dann wird plötzlich ein »zeitsparender« Computer angeschafft und alle Kennziffern ändern sich. Die Angestellten werden nicht gerade begeistert sein.

Es ist weder ratsam, neue Programme zu schreiben noch die alten manuellen Verfahren radikal umzustellen und so an die verfügbaren Programme anzupassen. Beides sollte nach Möglichkeit vermieden werden. Heute können Sie für fast jeden Bereich fertige *Anwendungssoftware kaufen, die sich Ihren Anforderungen anpassen läßt. Für welche Arbeiten können Sie ein fertiges Programm verwenden? Was gibt es an geeigneter Software?

Verschiedene Anwendungssoftware

Es gibt Hunderte von Marken-Programmen. Bei näherem Hinsehen stellt man fest, daß sich die meisten einer von drei Kategorien zuordnen lassen: ***Textverarbeitungsprogramme**, ***Tabellenkalkulationsprogramme** und ***Datenbankprogramme**. Mit diesen drei Arten von

*Anwendungssoftware läßt sich ein großer Teil auch komplizierter geschäftlicher Arbeiten abwickeln. Es gibt auch Spezialsoftware wie Buchführungsprogramme für Zahnärzte oder *CAD-Programme (Computer Aided Design, computerunterstützes Entwerfen) für Grafiker. Selbst diese Programme für Spezialanwendungen können fertig gekauft werden. Auch für sie trifft vieles zu, was in den Kapiteln 3 bis 5 über die drei Hauptgruppen von Software gesagt wird.

Zahlreiche namhafte Softwarehersteller bieten Programme für die drei oben erwähnten Anwendungen an. Trotz dieser Vielfalt sind sich alle Programme einer Kategorie mehr oder weniger ähnlich (auch wenn die Werbung das Gegenteil behauptet). Zum Beispiel gibt es Textverarbeitungsprogramme von vielen Herstellern. Im Grunde genommen sind alle für die gleiche Aufgabe vorgesehen, nämlich zum Schreiben und *Editieren von Texten. Ich habe dieses Buch ursprünglich mit dem Textverarbeitungsprogramm WordStar von MicroPro geschrieben. Heute arbeite ich mit Word Perfect. Es gibt noch viele andere Textverarbeitungsprogramme von anderen Softwareherstellern, zum Beispiel Microsoft Word, Multimate, Volkswriter, PC Text III und Applewriter. Alle diese Programme unterscheiden sich in einzelnen Punkten, dienen jedoch ausnahmslos der Verarbeitung von Texten.

Jedes Programm hat seine Stärken und Schwächen

Wie können Sie herausfinden, welches Produkt am besten für Sie geeignet ist? Zur Beantwortung dieser Frage müssen Sie sich ein Bild von den Leistungsmerkmalen der Programme machen. Erst dann können Sie herausfinden, welches Programm für Ihre speziellen Anforderungen geeignet ist. Es gibt kein »bestes« Programm, ebensowenig wie es den »besten« Computer gibt. Entscheidend ist, was Sie mit dem Gerät machen wollen. Auch müssen Sie wissen, was das Programm eigentlich leisten soll. Zum Beispiel hat eine Studentin, die Texte mit vielen Anmerkungen schreibt, ganz andere Anforderungen an ein Textverarbeitungsprogramm als eine Romanschriftstellerin, und eine Sekretärin, die große Mengen an standardisierten Formbriefen schreibt, hat wiederum andere Wünsche.

In den Kapiteln 3, 4 und 5 werde ich die wesentlichen Merkmale der drei Software-Arten anführen. Sie können dann selbst entscheiden, welche Software am besten Ihren Bedürfnissen entspricht. Es ist sicher einfacher, Sie eignen sich *Computerbildung an und gelangen selbst zu einem Urteil, als wenn Sie eine »Computer-Expertin« mit der Suche nach dem richtigen System beauftragen. Einer Expertin müssen Sie erst die endlosen Einzelheiten in Ihrem Arbeitsablauf erklären, denn nur wenn sie genau über Ihre Arbeit Bescheid weiß, kann sie Ihnen ein geeignetes System empfehlen. Auch beim Besuch eines Computer-Geschäfts dürfen Sie nicht erwarten, daß die Verkäuferinnen alle Feinheiten der vielen unterschiedlichen Programme kennen. Wenn Sie Glück haben, kennt das Verkaufspersonal wenigstens die im betreffenden Geschäft angebotenen Programme. Viele Leute meinen irrigerweise, sie würden in einem Computergeschäft gründlich beraten. Dabei vergessen sie, daß der Großteil des Personals aufgrund seines Verkaufstalents und nicht aufgrund besonderer Computer-Kenntnisse angestellt wurde.

Wer die Fachausdrücke kennt, ist nicht mehr auf fremden Rat angewiesen

Um die richtige Software finden zu können, muß man sich in der Fachsprache auskennen. Häufig wird die Software von »Experten« in Ihrem Büro ausgewählt. Von Ihnen erwartet man dann, daß Sie mit Hilfe von Handbüchern selbständig lernen, das Programm zu bedienen. Leider werden selbst sehr gute Programme mit nahezu unverständlichen Handbüchern geliefert. Ich habe den Verdacht, daß die Programmiererinnen lieber mit Maschinen reden als mit ihren Mitmenschen. Und die technischen Autorinnen (die am schlechtesten bezahlte Sparte der Industrie), sind zwar fähig, sich einer verständlichen Ausdrucksweise zu bedienen, beherrschen jedoch häufig die Fachterminologie zu wenig und sind daher kaum in der Lage, sie in einfaches Deutsch zu übertragen. Selbst um die Hochglanzprospekte, mit denen für die Programme geworben wird, verstehen zu können, muß man wenigstens die Grundbegriffe aus dem Bereich Computersoftware kennen. Wenn Sie die nächsten Kapitel gelesen haben, werden Sie soweit sein. Sie können nicht nur die Werbeprospekte lesen, sondern auch selbst ein Programm erwerben und herausfinden, wie Ihr gekauftes oder im Büro eingesetztes Programm funktioniert.

3
Software-Anwendungen: Textverarbeitung

Ich möchte mit der *Textverarbeitung als der bekanntesten Anwendung beginnen. Mit einem Textverarbeitungsprogramm wird der Computer zu einer Schreibmaschine. Doch bei dieser »Schreibmaschine« lassen sich Korrekturen schneller und einfacher vornehmen, da nicht bei jeder Änderung das ganze Schriftstück neu geschrieben werden muß. Im folgenden wollen wir die Eigenschaften eines Textverarbeitungsprogramms näher betrachten.

Was ist Textverarbeitung?

Als erstes werden wir uns die von der Schreibmaschine her bekannten Arbeitsvorgänge vergegenwärtigen. Auf diese Weise werden Sie auch mit der Terminologie der Textverarbeitung vertraut. Viele Fachausdrücke aus dem Bereich der Computer-Textverarbeitung bezeichnen nichts anderes als die Ihnen schon bekannten manuellen Arbeiten.

Texte editieren

Eine Reihe von Tätigkeiten beim Schreiben eines Textes wird als *Editieren bezeichnet. Zum Editieren gehört unter anderem die Tippfehlerkorrektur. Sie haben zum Beispiel bei einem Wort einen Buchstaben vergessen. Um das Wort auf der Schreibmaschine zu korrigieren, können Sie die Halbschrittaste betätigen und den fehlenden Buchstaben in den Zwischenraum setzen. Beim Computer spricht man von *Einfügen. Manchmal muß ein falscher Buchstabe mit Tipp-Ex überdeckt und der richtige Buchstabe darüber geschrieben werden. Dieser Vorgang wird bei der Textverarbeitung als *Ersetzen bezeichnet. Ein anderer häufiger Korrekturvorgang ist das Entfernen eines überzähligen Buchstabens, was beim Computer *Löschen oder *Entfernen heißt.

Ein Beispiel. Sie haben das Wort »schreien« geschrieben. Wenn Sie eigentlich »schreiben« tippen wollten, müssen Sie ein »b« *einfügen. Wollten Sie hingegen »schneien« schreiben, müssen Sie das »r« durch

»n« *ersetzen*. Wenn Ihr Wort »schreie« lauten sollte, müssen Sie das »n« *löschen*.

Über diese drei Grundfunktionen — Einfügen, Ersetzen und Löschen — verfügt jedes *Textverarbeitungsprogramm. Allein diese Funktionen bringen Ihnen bereits große Erleichterung beim Schreiben und Editieren. Denn im Gegensatz zur Schreibmaschine können Sie am Computer so viele Buchstaben, Wörter, Zeilen oder Seiten einfügen, ersetzen und löschen, wie Sie wollen, ohne den gesamten Text neu schreiben zu müssen. Während bei einem Schreibmaschinenmanuskript bei genauem Hinsehen Korrekturen oft noch erkennbar sind, ist dies bei einem mit Computer erstellten Manuskript nicht der Fall.

Bei der Textverarbeitung werden die Veränderungen im *Hauptspeicher (*RAM) vorgenommen. Jede Korrektur geschieht durch Auswechseln der Zeichen in den Speicherfächern. Wenn Sie bei einem fünfseitigen Text auf Seite 2 einen Satz einfügen, werden alle folgenden Sätze automatisch im Speicher weiterbewegt, um Platz für die neuen Zeichen zu schaffen. Drucken Sie Ihre fünf Seiten aus, so läßt sich nicht mehr erkennen, ob ein Satz oder sogar eine ganze Seite eingefügt wurde. Werden hingegen einige Zeichen gelöscht, rücken alle Zeichen im Hauptspeicher nach, und es ist durch nichts mehr erkennbar, an welcher Stelle Sie die Korrektur vorgenommen haben.

Text verschieben

Bei der Bearbeitung von Manuskripten muß man häufig ***Texte verschieben**. Sie stellen oft beim Durchlesen des fertig getippten Textes fest, daß ein Abschnitt besser an eine andere Stelle paßt. In diesem Fall greifen Sie zur Schere, schneiden den betreffenden Abschnitt aus und kleben ihn an einer anderen Stelle ein. Wenn Sie sorgfältig arbeiten, läßt sich auf einer Fotokopie die Schnittstelle nicht mehr erkennen. Sie brauchen also die betreffenden Seiten nicht mehr neu zu schreiben.

Auch mit Ihrem Textverarbeitungsprogramm können Sie einen Textabschnitt an einer Stelle entfernen und an einer anderen Stelle wieder einfügen. Dazu müssen Anfang und Ende des betreffenden Abschnitts mit Hilfe eines entsprechenden Befehls ***markiert** werden. Bei den meisten Programmen wird der zu verschiebende Abschnitt optisch hervorgehoben, indem er zum Beispiel hell unterlegt wird (siehe Abb. 3.1.). Dann gehen Sie an die Stelle, wo der markierte Abschnitt eingefügt werden soll und geben hier einen anderen Befehl ein. Wie durch Zauberei verschwindet der Abschnitt an seiner vorigen Position und erscheint an

Software-Anwendungen: Textverarbeitung

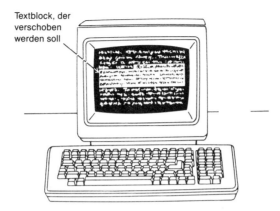

Abbildung 3.1. Der von Ihnen markierte Textabschnitt wird vom Computer häufig hell unterlegt. Nach der Markierung kann der Textabschnitt verschoben werden.

der gewünschten Stelle. Der Fachausdruck für diesen Vorgang lautet *Block verschieben. Fast alle Textverarbeitungsprogramme verfügen über diese Funktion. Der Unterschied liegt nur in der Weise, wie das *Block Verschieben durchgeführt wird.

Suchen und Ersetzen

Ein weiteres sehr wichtiges Leistungsmerkmal der Textverarbeitung ist die Funktion *Suchen und Ersetzen. Mit Hilfe dieser Funktion kann man einen Text nach einem bestimmten Wort oder auch Wortfolge durchsuchen. Dabei wird die Fähigkeit der Zentraleinheit genutzt, durch Vergleiche die Identität bestimmter Zeichenfolgen festzustellen (Experten sprechen bei einer Folge von Buchstaben oder Zahlen von einer *Zeichenkette).

Meistens wird die Funktion *Suchen und Ersetzen zur Rechtschreibekorrektur oder zur Beseitigung eines wiederholt auftretenden Fehlers verwendet. Sie haben zum Beispiel manchmal »Athmosphäre« statt »Atmosphäre« geschrieben. Nach Fertigstellung Ihres Textes können Sie das Gerät anweisen, jedes Vorkommnis von »Athmosphäre« zu suchen und durch »Atmosphäre« zu ersetzen. Mit anderen Worten, Sie befehlen dem Programm, nach der *Zeichenkette »Athmosphäre« zu suchen. Dann geben Sie als zweite *Zeichenkette das Wort »Atmosphäre« an.

Sie soll jedesmal, wenn die erste Zeichenkette gefunden wird, für diese eingesetzt werden. Das Textverarbeitungsprogramm sucht daraufhin Ihren gesamten Text nach der ersten Zeichenkette durch. Jedesmal, wenn es auf die erste Zeichenkette trifft, wird sie durch das angegebene Wort ersetzt. Werden, wie in dem angeführten Fall, *sämtliche* Vorkommnisse der Zeichenkette ersetzt, so spricht man von *globalem Suchen und Ersetzen.

Eine andere Möglichkeit ist das sogenannte *bedingte Suchen und Ersetzen. Bei dieser Funktion bleibt das Programm dort stehen, wo es die Zeichenkette gefunden hat und fragt, ob sie ersetzt werden soll oder nicht. Diese Funktion ist dann sinnvoll, wenn Sie das Wort nur in einigen Fällen ersetzen möchten. Nehmen wir an, Sie sind Innenausstatterin und haben schriftlich einen Farbentwurf ausgearbeitet; im nachhinein beschließen Sie, einige Gegenstände nicht in grau, sondern in matt-rosa zu wählen. Ein globales Suchen und Ersetzen kommt nicht in Frage, denn an vielen Stellen in Ihrem Entwurf möchten Sie das graue Dekor beibehalten. Sie verwenden die Funktion *bedingtes Suchen und Ersetzen und entscheiden an jeder Stelle, wo grau vorkommt, ob Sie es durch matt-rosa ersetzen möchten oder nicht.

Die Schreibmarke

Bei der Textverarbeitung arbeiten Sie am Bildschirm. Ohne eine Art Zeiger wäre es kaum möglich, Ihre Position auf der Bildschirmseite zu lokalisieren. Zu Ihrer Hilfe gibt es in der Textverarbeitung und auch in anderen Programmen einen Positionsanzeiger. Er wird ***Cursor** genannt. In einigen Programmen handelt es sich um ein blinkendes oder stehendes Rechteck auf Ihrem Bildschirm, in anderen um eine Unterstreichung. Mit dem Cursor gehen Sie an die Stelle, wo Sie einfügen, löschen, ersetzen oder verschieben möchten. Sie bewegen den Cursor in Ihrem Text durch die Eingabe bestimmter Befehle.

Das Speichern Ihrer Arbeit

Wenn Sie im Computer einen Text überarbeiten, sieht es so aus, als würden Sie den alten Text einfach überschreiben. Doch dies trifft nicht zu. Bei der Textverarbeitung wird vielmehr ganz ähnlich wie bei der manuellen Arbeit vorgegangen. Nachdem Sie den Text auf der Schreibmaschine geschrieben und handschriftliche Korrekturen eingefügt haben, wird der gesamte Text mit allen Änderungen neu getippt. Das Textverarbeitungs-

Software-Anwendungen: Textverarbeitung

programm macht nichts anderes. Angenommen, Sie haben an einem Montag die erste Fassung einer Kurzgeschichte geschrieben. Während des Schreibens befindet sich der Text im Hauptspeicher (RAM). Nach der Eingabe speichern Sie den Text mit dem Speicherbefehl des Textverarbeitungsprogramms auf Diskette. Am Dienstag holen Sie den Text von Diskette wieder auf den Bildschirm und überarbeiten ihn. Dann speichern Sie diese überarbeitete Version auf der Diskette. Das Textverarbeitungsprogramm speichert den gesamten Text mitsamt den von Ihnen vorgenommenen Änderungen. Wenn Sie diese revidierte Fassung unter einem anderen Namen abspeichern, befinden sich zwei Fassungen des Textes auf der Diskette (zur Namengebung bei Dateien siehe Kapitel 7).

Die einzelnen Textverarbeitungsprogramme weisen im Speicherverfahren geringfügige Unterschiede auf. Einige Programme, unter anderem WordStar, legen automatisch Sicherungskopien an. Dies geschieht nach folgendem Muster. Angenommen, Sie haben die Geschichte vom Montag unter dem Namen GESCH abgelegt. Wenn Sie am Dienstag Ihre überarbeitete Fassung abspeichern, wird die erste Fassung vom Montag automatisch in GESCH.BAK umbenannt. Jetzt wird die revidierte Fassung unter dem Namen GESCH gespeichert. Wenn Sie am Mittwoch eine weitere Umarbeitung vornehmen möchten, so holen Sie wieder die Datei GESCH auf den Bildschirm. Nach der erneuten Überarbeitung geschieht beim Speichern folgendes: Die Datei GESCH.BAK vom Montag wird gelöscht. Die Dienstag-Version wird in GESCH.BAK umbenannt und die letzte Version wird unter dem Namen GESCH gespeichert. Es bleiben also immer die zwei letzten Versionen erhalten. Wenn Sie aus irgendeinem Grund auch die davorliegende Version (den Entwurf vom Montag) aufbewahren möchten, müssen Sie sie entweder auf eine andere Diskette kopieren oder ihren Namen ändern.

WordStar erstellt stets Sicherungskopien. Andere Textverarbeitungsprogramme lassen Ihnen die Möglichkeit der Wahl: Entweder werden Sicherungskopien angelegt (d.h. es werden die zwei letzten Versionen gespeichert) oder es wird nur die jüngste Version gespeichert. Natürlich ist es besser, mit Sicherungskopien zu arbeiten, da es vorkommen kann, daß Sie einen Textabschnitt versehentlich löschen, ohne es sofort zu merken. Es empfiehlt sich, nicht erst nach Beendigung Ihrer Arbeit am Computer zu speichern. Während Sie den Text eingeben, befindet er sich nur in RAM, also im Kurzzeitgedächtnis des Computers. Wenn es zu einem Stromausfall oder Spannungsabfall kommt, ist Ihre ganze Arbeit verloren. Der Hauptspeicher »vergißt« alles, selbst wenn der Strom nur ganz kurz ausfällt. Daher sollten Sie regelmäßig während der Arbeit zwischenspeichern, um eine solche Katastrophen zu vermeiden. Alle Textverarbeitungsprogramme verfügen über einen Befehl, mit dem Sie während der Arbeit speichern können, ohne das Programm verlassen zu müssen. In WordStar heißt dieser Befehl »Speichern und Wiederaufnahme«; in den meisten anderen Programmen heißt er nur SPEICHERN.

Diese Möglichkeit des Zwischenspeicherns ist zwar bei allen Textverarbeitungsprogrammen gegeben, doch WordPerfect verfügt über ein weiteres, meiner Ansicht nach sehr zweckmäßiges Leistungsmerkmal. Beim Installieren von WordPerfect können Sie ein Zeitintervall wählen, in dem automatisch Sicherungskopien angelegt werden. Ich haben zum Beispiel 15 Minuten angegeben. Aufgrund dieser Angabe speichert WordPerfect alle 15 Minuten einen »Schnappschuß« vom jeweiligen Zustand des Dokuments. Ich muß mich um die Sicherung meines Textes nicht mehr kümmern, sie geschieht automatisch. Bei einem Stromausfall kann ich nicht mehr Arbeit als die der letzten 15 Minuten verlieren. Bei Beendigung der Arbeit, wenn ich den Text endgültig speichere, werden alle alten »Schnappschüsse« gelöscht — sie dienten nur der vorläufigen Sicherung.

Steuer- und Funktionstasten

Die zahlreichen Textverarbeitungsfunktionen, wie die Bewegung des Cursors, Unterstreichen, Einrücken, Zentrieren usw., werden durch besondere Befehle erzeugt. Dafür gibt es in der Regel nur zwei verschiedene Verfahren. Entweder wird eine besondere Taste des Computers, die *Steuertaste oder *Control-Taste, zusammen mit einer weiteren Taste gedrückt, oder der Befehl wird über eine spezielle *Funktionstaste eingegeben.

Die Control-Taste

Durch die Betätigung der ***Control-Taste** lassen sich auf dem Schreibmaschinenfeld Textverarbeitungsbefehle eingeben. Mit Hilfe dieser Taste kann die Zentraleinheit unterscheiden, ob ein Befehl oder normaler Text eingegeben wird.

Die Control-Taste wird wie die Umschalttaste der Schreibmaschine bedient. Um auf der Schreibmaschine ein großes »D« zu erzeugen, halten Sie die Umschalttaste gedrückt, während Sie ein »d« anschlagen. Soll am Computer Control-D eingegeben werden, halten Sie die Control-Taste gedrückt, während Sie ein »d« tippen.

Software-Anwendungen: Textverarbeitung

Durch Betätigen der Umschalttaste wird ein Großbuchstabe geschrieben. In diesem Fall geht eine andere Impulsfolge an die Zentraleinheit, als wenn die Umschalttaste nicht gedrückt wird. Über jede Taste lassen sich also zwei unterschiedliche Impulsfolgen erzeugen. Dadurch kann der Computer zwischen Kleinbuchstaben (»d«) und Großbuchstaben (»D«) unterscheiden.

Wird die Control-Taste gedrückt, kann über jede Taste der Schreibmaschinentastatur eine dritte Impulsfolge an die Zentraleinheit geschickt werden. Die Zentraleinheit erkennt, daß es sich bei diesen Impulsen um Befehle zu bestimmten Textverarbeitungsoperationen handelt. Die angeschlagene Taste erscheint daher nicht auf dem Bildschirm.

Jedes Textverarbeitungsprogramm hat für die verschiedenen Operationen eigene Befehle. Bei dem einen Programm bewirkt das Drücken von Control-D (in den Handbüchern als »D« oder »Ctrl-D« abgekürzt) »Löschen« und bei einem anderen »Bewege den Cursor weiter«.

Funktionstasten

Die meisten Computertastaturen sind mit speziellen Funktionstasten ausgestattet. Wie Abbildung 3.2. zeigt, tragen diese Tasten die Bezeichnung F1, F2, F3 usw. Sie befinden sich entweder in einer Reihe über den Zahlentasten oder bilden einen separaten Block links neben der Schreibmaschinentastatur, wie beim IBM-PC.

Abbildung 3.2. Einige Computer-Tastaturen haben spezielle Funktionstasten. In der Textverarbeitung werden sie für Funktionen wie Löschen oder Unterstreichen verwendet. Andere Tastaturen sind nicht mit Funktionstasten versehen. Hier müssen Sie stattdessen die Control-Taste zusammen mit einer weiteren Taste betätigen. In WordStar zum Beispiel wird durch Control-G ein Zeichen gelöscht.

Diesen Tasten kann eine besondere Funktion zugewiesen werden, zum Beispiel die Funktion »Block verschieben«. Da die oben genannten Bezeichnungen keinen Hinweis auf die Funktion geben, mit der die Tasten belegt sind, liefern die meisten Software-Hersteller selbstklebende Etiketten oder Plastikschablonen mit der Beschreibung der Funktionen, die Sie über die Funktionstasten legen können.

Bei einigen Programmen, zum Beispiel bei WordPerfect, wurden fast alle Programmbefehle auf Funktionstasten gelegt. Alle häufig verwendeten Befehle sind über Funktionstasten abrufbar. Werden die zehn Funktionstasten mit der Shift-Taste (für Großbuchstaben) kombiniert, so ergibt dies weitere 10 Befehle. Die Funktionstasten zusammen mit der Control-Taste ergeben nochmals 10 Befehle. Außerdem werden durch die Kombination der ALT-Taste mit den Funktionstasten weitere Befehle erzeugt. In WordPerfect ist also jede Funktionstaste mit vier Befehlen belegt: Einmal die Funktionstaste allein, dann die Funktionstaste mit Control-Taste, ferner die Funktionstaste mit der Shift-Taste und schließlich die Funktionstaste mit der ALT-Taste.

Funktionstasten und die Control-Taste

Was ist besser — Aufrufen der Befehle über Funktionstasten oder über die Control-Taste? Diese Frage läßt sich nicht eindeutig beantworten. Die eine Benutzerin kommt besser mit den Funktionstasten zurecht, die andere mit der Control-Taste. Zweifellos vergißt man bei nur gelegentlicher Arbeit mit der Textverarbeitung schnell die in Verbindung mit der Control-Taste zu drückenden Tastenkombinationen. Daher sind bei seltenem Gebrauch Funktionstasten vorzuziehen.

Bei häufiger Arbeit mit dem Textverarbeitungsprogramm ist die Entscheidung nicht so eindeutig. Funktionstasten sind über der fünften Tastaturreihe oder als Block ganz links neben der Schreibmaschinentastatur angeordnet (beim IBM-PC). Um sie zu erreichen, müssen die Finger die Ausgangsposition verlassen. Das wird vielfach als unbequem empfunden, vor allem weil man dabei hinsehen muß. Es sehr zeitaufwendig, wenn zuerst die richtige Funktionstaste mit den Augen gesucht werden muß. Andererseits gewöhnt man sich relativ schnell daran, die Control-Taste zu drücken. Und da sie leicht zu erreichen ist, braucht man bald nicht mehr hinzusehen. Die Befehlseingabe über die Control-Taste erfordert jedoch mehr Tastenanschläge. Wie Sie sehen, haben beide Systeme Vor- und Nachteile.

Ich selbst ziehe die Control-Taste vor. Als ich anfing, mit einem Textver-

Software-Anwendungen: Textverarbeitung

arbeitungssystem zu arbeiten, hatten die Computer-Tastaturen noch keine Funktionstasten. Ich war daher gezwungen, die Control-Tasten-Methode zu lernen. Heute ist mir das System in Fleisch und Blut übergegangen und ich kann es blind bedienen. Wenn ich jetzt manchmal eine Schreibmaschine benutze, ertappe ich mich sogar dabei, wie ich für einen Rückwärtsschritt nach S suche. Alte Gewohnheiten gibt man ungern auf. Mit den Funktionstasten arbeite ich viel langsamer, weil ich nicht daran gewöhnt bin.

Der Sensorbildschirm und die Maus

Einige Hersteller haben *Peripheriegeräte entwickelt, bei denen sich der *Cursor ohne Tastenanschläge bewegen läßt. Es handelt sich um den *Sensorbildschirm und die *Maus.

Der **Sensorbildschirm** ist ein Monitor, dessen Glasoberfläche mit einem feinen Netz aus Lichtstrahlen überzogen ist. Wenn Sie den Bildschirm berühren, unterbrechen Sie einige dieser Strahlen. Das System ähnelt der Lichtschranke in einer Fahrstuhltür. Solange der Lichtstrahl in einer Fahrstuhltür unterbrochen ist, bleibt die Tür offen. Bei dem Sensorbildschirm geben die unterbrochenen Lichtstrahlen die Koordinaten der Stelle an, an die Sie den Cursor bewegen möchten.

Die **Maus** ist ein kleines Gerät von der Größe einer Zigarettenschachtel. Ihre Bewegungen werden auf den Cursor übertragen. Wie andere Peripheriegeräte auch, ist die Maus durch ein Kabel mit dem Computer verbunden. Die Maus wird neben der Tastatur auf den Schreibtisch gelegt. Wenn Sie die Maus zu sich heranziehen, bewegt sich der Cursor zum unteren Bildschirmrand. Schieben Sie die Maus von sich fort, bewegt sich der Cursor nach oben. Bewegungen der Maus nach rechts oder links lassen den Cursor ebenfalls nach rechts oder links wandern.

*Sensorbildschirm (eingeführt von Hewlett-Packard) und *Maus (eingeführt von Apple) sind für Leute gedacht, die nicht Schreibmaschine schreiben können. Wenn Sie selbst Schwierigkeiten mit dem Computer haben, dann versetzen Sie sich einmal in die Lage der männlichen leitenden Angestellten, die nie Maschineschreiben gelernt haben. Die meisten Frauen, auch wenn sie nicht perfekt Maschine schreiben, haben doch eine gewisse Ahnung von der Anordnung der Tasten. Viele Mütter (auch meine) raten noch immer ihren Töchtern, Maschineschreiben zu lernen, denn »es kann ja nicht schaden«. Sie haben recht. Die Beherrschung der Schreibmaschinentastatur ist eine der wichtigsten Voraussetzungen für die Arbeit mit *Personal Computern.

Ich habe selbst den *Sensorbildschirm und die *Maus ausprobiert, halte sie jedoch als Alternative zur Cursorsteuerung für wenig sinnvoll. Es mag sich um werbewirksame Zusatzeinrichtungen handeln, die die männlichen leitenden Angestellten zum Kauf dieser Computer-Marken verleiten, doch für die Textverarbeitung sind sie einfach lächerlich. *Textverarbeitung heißt *tippen*, und man kommt nicht umhin, die Tastatur zu benutzen. Wird ein Sensorbildschirm oder eine Maus zur Cursorsteuerung verwendet, müssen Sie die Hände von der Tastatur wegbewegen. Das kostet Zeit und bringt nicht viel. Bei anderen *Anwendungen, insbesondere bei Grafiken, sind diese Geräte hingegen sehr nützlich.

Kleine Unterschiede machen viel aus

Alle Textverarbeitungsprogramme verfügen über die bisher erwähnten Editierfunktionen. Dennoch gibt es gewisse Unterschiede. Bei dem einen Programm reicht ein Löschbefehl von Cursorposition bis zum Zeilenende, während man mit einem anderen Programm nur ganze Zeilen löschen kann. Selbst diese kleinen Unterschiede sind von großer Bedeutung. Eine mir bekannte Dichterin zum Beispiel beklagte sich, daß in ihrem Textverarbeitungsprogramm nur Blöcke von der Länge einer Zeile verschoben werden können. Sie möchte jedoch einzelne Wörter verschieben, um deren Wirkung auszuprobieren. Ihr blieb nichts anderes übrig, als die Wörter zu löschen und dann neu einzugeben.

Dieses Beispiel zeigt, daß Sie ein Textverarbeitungsprogramm unbedingt an einem konkreten Text ausprobieren sollten, um einen Eindruck von dessen Brauchbarkeit zu erhalten. Machen Sie es wie beim Kauf einer Schreibmaschine: Setzen Sie sich hin und schreiben Sie. Dann werden Sie sehen, ob Sie mit dem Programm zurechtkommen. In jedem besseren Computergeschäft können Sie die Software einige Stunden lang ausprobieren. Es ist wie beim Autokauf — nichts geht über eine Probefahrt.

Textverarbeitung selbst erlernen

Wenn Sie anfangen, sich mit Ihrem Textverarbeitungsprogramm zu beschäftigen, sollten Sie unbedingt zwei Dinge beachten. Erstens ist es nicht nötig, gleich zu Beginn *alle* Befehle zu lernen. Ich habe mein Textverarbeitungsprogramm bereits sinnvoll eingesetzt, als ich nur die Befehle für

Einfügen, Löschen, Verschieben und Bewegen des Cursors kannte. Mit diesen wenigen Befehlen konnte ich alle meine Schreibarbeiten erledigen. Erst als ich mit diesen Befehlen vertraut war, habe ich auch die anderen Möglichkeiten meiner Software genutzt.

Zweitens lassen sich die meisten Befehle relativ leicht erlernen. Wenn Sie nur selten mit dem Programm arbeiten, werden Sie die Befehle nicht alle auswendig wissen. Das ist nicht schlimm, denn meistens wird mit dem Programm eine übersichtliche Referenzkarte geliefert, in der alle Control-Tastenbefehle aufgelistet sind. Auch die selten benötigten Befehle lassen sich problemlos ausfindig machen. Häufig hilft Ihnen das Programm selbst weiter. Wollen Sie zum Beispiel die Funktion »Suchen« und »Ersetzen« benutzen, fragen fast alle Textverarbeitungsprogramme nach dem zu suchenden Ausdruck. Haben sie ihn eingetippt, so werden Sie gefragt, womit sie ihn ersetzen wollen.

Sie lernen den Umgang mit einem Textverarbeitungsprogramm am besten, wenn Sie herumprobieren und dann darauf achten, was geschieht. Es ist wirklich nicht nötg, einen Kurs für Textverarbeitung zu belegen. Auch Maschineschreiben lernt man nur durch Praxis. Ein theoretischer Vortrag über Maschineschreiben hilft nur wenig. Ebenso bringt ein vierstündiger Lehrgang in Textverarbeitung nicht viel. Der Schreibmaschinenunterricht in der Schule war anders. Hier konnten Sie üben und hatten eine Lehrerin, die Ihre Fortschritte überwachte. Auch der Computer ist ein ausgezeichneter Lehrer. Sobald Ihnen ein Fehler unterläuft, macht er Sie darauf aufmerksam.

Um Frustrationen und Kopfschmerzen zu vermeiden, sollten Sie sich zu Beginn nicht länger als 1 Stunden am Stück mit dem Textverarbeitungsprogramm beschäftigen. Es ist nicht ratsam, das Programm an einem einzigen Tag beherrschen zu wollen. Weit sinnvoller ist es, die Übungszeit in vier oder fünf Einheiten (an aufeinanderfolgenden Tagen) aufzuspalten. Natürlich ist der Anfang nicht leicht, doch durch kleinere Lerneinheiten lassen sich Frustrationen vermeiden. Und wenn Sie erst einmal alles gelernt haben, werden Sie sich wundern, wie einfach es ist.

Optionale Textverarbeitungsfunktionen

Bisher haben wir Funktionen besprochen, über die fast jede Textverarbeitung verfügt, sowohl professionelle Programme, als auch Programme für den Heimgebrauch. Jetzt möchte ich mich optionalen Funktionen zuwenden, die in der Regel in professionellen Textverarbeitungsprogrammen,

nicht aber in den billigeren Programmen für Heim-Computer enthalten sind.
 Zu den optionalen Funktionen gehören *Fußnotenverwaltung, *Seitenendezeichen, *Indexerstellung, *Rechtschreibprüfung, *Wortschatzprogramm und *Mischfunktion. Am Beispiel der *Fußnotenverwaltung läßt sich sehr gut erklären, warum die Software-Hersteller bestimmte Funktionen optional zur Verfügung stellen. Die Käuferin muß auf diese Weise Funktionen, die sie nie benötigt, auch nicht bezahlen. Einige Hersteller konnten durch Ausgliederung von nur selten verlangten Funktionen die Preise für ihre Standardsoftware niedrig halten.

Seitenendezeichen

 Die meisten professionellen Textverarbeitungsprogramme zeigen mit einer durchgezogenen Linie auf dem Bildschirm genau an, wo eine Seite endet. Dadurch lassen sich nur aus einer Zeile oder einem Wort bestehende Seiten vermeiden (Setzer nennen sie »Hurenkinder«). Andere Textverarbeitungsprogramme wie AppleWriter zeigen keine Seitenenden an. Hier sehen Sie also erst beim Ausdruck des Textes, wenn er optisch anders gestaltet werden muß. Sie müssen dann den Ausdruck wegwerfen, den Text neu editieren und alles erneut ausdrucken. Dieses Verfahren kostet viel Zeit und Material.

Index erstellen

Bei der Option *Index erstellen können Sie Schlüsselwörter angeben, für die das Programm einen Index erstellt. Jede Seite des Textes, auf der das Wort vorkommt, wird angegeben.
 Die Indexfunktion beruht auf der Fähigkeit des Computers, die Identität von Zeichenketten festzustellen. Beim Erstellen des Index' nimmt der Computer ein Wort aus der von Ihnen eingegebenen Liste und vergleicht es mit jedem Wort in dem Text. Stimmen das Wort aus der Liste und das Wort im Text überein, wird die Seitenzahl vermerkt. Dies geht natürlich nur, wenn Sie das Wort im Text nicht falsch geschrieben haben.
 Die Indexerstellung ist ein typisches Beispiel für eine Arbeit, die durch den Einsatz von Computern drastische Veränderungen erfahren hat. Sicher ist Ihnen aufgefallen, daß vom Computer erstellte Indices manchmal stumpfsinnig wirken, da hier jedes noch so nebensächliche Vorkommen des Wortes vermerkt ist. Für einen brauchbaren Index muß daher jedes in den Index aufzunehmende Wort einzeln markiert werden. Durch

Computer hat sich die für das Erstellen eines Index' benötigte Zeit verringert und die hierfür übliche Verfahrensweise verändert — doch nach wie vor ist ein Mensch für die Überprüfung dieser Arbeit erforderlich.

Rechtschreibprogramme

Auch *Rechtschreibprogramme beruhen auf der Vergleichsfunktion des Computers. Diese Art Software besteht aus zwei Teilen, einem Programmteil und einem Wörterbuch (ohne Wortdefinitionen). Das Programm vergleicht jedes Wort Ihres Textes mit denen des Wörterbuches. Wenn im geschriebenen Text ein Wort erscheint, das im Wörterbuch nicht enthalten ist, wird es automatisch in Ihrem Text hervorgehoben. Sie können dann prüfen, ob das Wort wirklich falsch geschrieben oder einfach nicht im Wörterbuch enthalten ist. Die Wörterbücher leistungsfähiger *Rechtschreibprogramme umfassen 30.000 bis 70.000 Wörter.

Bei einem guten Programm können Sie meist zwischen 3000 und 5000 Wörter zusätzlich in das Wörterbuch aufnehmen. Wenn das Rechtschreibprogramm ein Wort hervorgehoben hat, können Sie es entweder korrigieren, ins Wörterbuch aufnehmen oder einfach übergehen. Das neu aufgenommene Wort steht dann bei jeder Überprüfung zur Verfügung. Für die Arbeit in einem Spezialgebiet, zum Beispiel im Rechtswesen, im medizinischen Bereich oder auch in der Computer-Branche, ist das besonders praktisch. Nachdem Sie einige Zeit alle dem Wörterbuch unbekannten, häufig benutzten Wörter (oder auch Eigennamen) erfaßt haben, werden nur noch wirklich falsch geschriebene Wörter hervorgehoben.

Wenn ein Wort als falsch gekennzeichnet wird, können Sie sich auf dem Bildschirm eine Liste möglicher Ersatzwörter angeben lassen und das richtige auswählen. Es wird dann automatisch in den Text eingefügt, ohne daß Sie es erneut schreiben müssen.

*Rechtschreibprogramme prüfen nur die Rechtschreibung, nicht die Grammatik oder die Bedeutung. Das Programm kann nicht angeben, ob Sie an einer Stelle versehentlich »Laute« statt »Leute« oder »tot« statt »rot« geschrieben haben. Steht in Ihrem Text zum Beispiel der Satz »Das Buch hat viele Saiten«, bleibt der Fehler vom Programm unentdeckt.

Wortschatzprogramme

*Wortschatzprogramme funktionieren ähnlich wie Rechtschreibprogramme. Sie bewegen den Cursor in ein Wort und fordern eine Liste alternativer

Wörter an. Das Programm entspricht einem gedruckten Synonymwörterbuch, nur ist es leichter zu handhaben.

Die Mischfunktion

Eine wichtige Option in der Textverarbeitung ist die *Mischfunktion. Über diese Funktion werden mit dem Computer Formbriefe erstellt. Es gibt zwei Arten der Mischfunktion, erstens Mischen durch Zusammenstellen von *Textbausteinen und zweitens Mischen als *Serienbrieffunktion.

Textbausteine

*Textbausteine sind standardisierte Texte oder Textabschnitte, die unter einem bestimmten Dateinamen auf Diskette gespeichert werden. Wenn Sie einen Text erstellen, geben Sie den Dateinamen der jeweils benötigten Textbausteine ein. Sie können Ihren gewünschten Text aus beliebig vielen Textbausteinen zusammenstellen.

Der an Sie persönlich gerichtete Brief Ihrer Abgeordneten ist aus Textbausteinen zusammengesetzt. Er enthält zum Beispiel den standardisierten Anfangsabschnitt mit dem Dank für Ihr Schreiben, einen Abschnitt über das Thema Rüstung, einen Abschnitt über Erziehungshilfen und den standardisierten Schlußabschnitt mit dem Hinweis auf die nächsten Wahlen. Nachdem die einzelnen Abschnitte geschrieben und als Textbausteine abgespeichert wurden, besteht die Schreibarbeit für die Zusammenstellung eines solchen Briefes nur noch im Eingeben der jeweiligen Textbausteinnamen. Die Sekretärin der Abgeordneten muß zum Beispiel nur SA, RÜ, ERZ und SE tippen. Es können in der Mischfunktion auch Programmstops oder freie Stellen vorgegeben werden. Hier können Sie Bemerkungen, Namen von Personen und so weiter eingeben. Der SA-Abschnitt wird zweckmäßigerweise mit einem derartigen Stop versehen. An dieser Stelle kann die Sekretärin den Namen der Empfängerin eingeben.

Auch andere Berufsgruppen verwenden Textbausteine. Zum Beispiel werden in Rechtsanwaltsbüros auf diese Weise Testamente und Verträge entworfen, Regierungsberater bereiten so ihre Vorschläge vor und Firmen erstellen mit Hilfe von Textbausteinen ihre Angebote.

Mit Textbausteinen und Stop-Funktion können Sie ohne großen Aufwand standardisierte Formulare wie Mietverträge und Versicherungsanträge erstellen. Alle sich wiederholenden Textabschnitte sind vorgefertigt.

Außerdem sind auch die Tabulatoren und Zeilenschaltungen vorgegeben, deren Einstellung beim Ausfüllen von Formularen auf der Schreibmaschine so zeitraubend ist. Der Cursor springt automatisch zur nächsten Leerstelle, und die Schreibkraft muß nur noch die entsprechenden Wörter oder Sätze eingeben.

Die Serienbrieffunktion

Die *Serienbrieffunktion dient dem Einfügen von Namen und Adressen in standardisierte Formbriefe. Angenommen, Sie möchten an alle Kunden in Ihrer Adressenkartei den gleichen Brief schicken. Mit Hilfe der Serienbrieffunktion können Sie dann jeden Brief als Original ausdrucken lassen. Man sieht dem Brief nicht an, daß er nur einmal getipppt wurde. Anders als bei vorgedruckten oder fotokopierten Briefen treten hier an den Stellen, wo der Name und die Anschrift der Empfängerin eingesetzt wurden, keine verräterischen Leerstellen oder Schriftunterschiede auf.

Das Mischen von Serienbriefen ist nicht sehr schwer. Sie müssen nur Ihre Liste der Namen und Adressen eingeben. Das Mischprogramm wird dann Brief für Brief ausdrucken und jedesmal den nächsten Namen und die nächste Anschrift aus Ihrer Liste an den entsprechenden Stellen einsetzen. Sie können auch Straßennamen oder den Namen der Empfängerin in den Text Ihres Briefes einmischen. Dadurch wirkt der Brief persönlicher. Beim Einsetzen von Straßennamen könnte in Ihrem Brief zum Beispiel der Satz stehen: »All Ihre Nachbarn in der Ahornstraße...«. Auch andere Informationen aus Ihrer Adressenliste, zum Beispiel ein Fälligkeitsdatum, ein Haustiername oder das Datum für die jährliche ärztliche Untersuchung, können in den Text eines Serienbriefes eingemischt werden.

Billigere Textverarbeitungsprogramme verfügen im allgemeinen nicht über die *Mischfunktion. Wenn Sie einen *Heimcomputer zur Textverarbeitung verwenden, schreiben Sie vermutlich Briefe an Freunde oder verfassen kürzere Texte, müssen jedoch nicht 5000 Serienbriefe erstellen.

Go Stop Run

Zeigt der Bildschirm das Druckbild?

Texte auf dem Bildschirm so darzustellen, daß sie dem späteren *Ausdruck entsprechen, gehört, neben den bisher erwähnten optionalen Funktionen, zu den wichtigsten Leistungsmerkmalen des Textverarbeitungsprogrammes. Im allgemeinen wird auf dem Bildschirm nicht eine ganze Textseite dargestellt. Die Bildschirme der meisten professionellen Computer können maximal 24 Zeilen von je 80 Zeichen Länge abbilden. Für die Mehrzahl der Anwenderinnen (auch für mich) ist dies auch völlig ausreichend.

Manchmal ist es jedoch notwendig, daß alle 50 oder 60 Zeilen einer Druckseite auf dem Bildschirm erscheinen. Zu diesem Zweck wird nicht nur ein *Ganzseitenbildschirm benötigt, sondern auch ein Textverarbeitungsprogramm, das mit dieser Bildschirmgröße arbeiten kann. Mit dem Einbau einer speziellen Controller-Karte, die auf dem Standardbildschirm kleinere Buchstaben erzeugt, wird die gleiche Wirkung wie mit einem Ganzseitenbildschirm erzeugt. Einige Anwenderinnen benötigen unter Umständen einen extra breiten Bildschirm. Für sie ist zum Beispiel der DEC Rainbow Computer geeignet. Der zu ihm gehörige Bildschirm stellt bis zu 132 Zeichen pro Zeile dar. Besondere Ansprüche erfordern nicht nur besondere Peripheriegeräte, sondern auch Textverarbeitungssoftware, die an diese Geräte angepaßt werden kann.

Am unteren Ende der Leistungsskala stehen die Bildschirme der Heimcomputer mit ihren 40 Zeichen pro Zeile. Wie schon in Kapitel 1 gesagt, entspricht hier das Bild nie dem jeweiligen Ausdruck des Textes. Der alte Apple II hatte einen 40-Zeichen-Bildschirm. Ein Nachfolgemodell, der Apple IIe, war bereits mit einem 80-Zeichen-Monitor ausgetattet (das »e« steht für »erweitert«).

Bei einigen Textverarbeitungsprogrammen wird der Text bereits auf dem Bildschirm so dargestellt, wie er im Ausdruck erscheint. Diese Eigenschaft wird häufig als WYSIWYG (What You See Is What You Get) bezeichnet. Der Bildschirm zeigt in diesem Fall nicht nur die spätere Zeileneinteilung, sondern auch die verschiedenen, durch Steuerkodes festgelegten Zeichenformate. Steuerkodes sind Druckbefehle, wie zum Beispiel Unterstreichen, Fett, Neuer Absatz, Neue Seite usw. Einige Programme, zum Beispiel WordStar, stellen Unterstreichungen nicht auf dem Bildschirm dar. Stattdessen erscheint ein Kode mit der Bedeutung »Unterstreichen«. Beim Ausdruck des Textes werden die markierten Worte korrekt unterstrichen, doch auf dem Bildschirm wirken die Steuerkodes etwas verwirrend. Andere Programme, darunter WordPerfect, stellen Unterstreichungen schon auf dem Bildschirm dar. Diese Eigenschaft entspricht WYSIWYG.

Installationsmenüs

Ein extra langer oder breiter Bildschirm verlangt meist eine Anpassung Ihres Textverarbeitungsprogrammes an den Bildschirm. Das Anpassen oder *Konfigurieren der Software ist nicht schwer, wenn der von Ihnen gewünschte Bildschirm im Bildschirm-Verzeichnis des *Installationsprogramms Ihrer Textverarbeitungssoftware angeführt ist.

Verzeichnisse wie das erwähnte kommen in vielen Programmen zur Anwendung. Sie werden *Menüs genannt. Ein *Menü ist eine Auflistung von Möglichkeiten, die der Computer Ihnen vorgibt. Durch Eingabe des Buchstabens oder der Zahl vor der gewählten Menüzeile teilen Sie dem Computer mit, für welche der Möglichkeiten Sie sich entscheiden.

Bei der *Installierung Ihres Textverarbeitungsprogramms erscheint unter anderem auch ein *Bildschirmmenü. Wenn der von Ihnen benutzte Bildschirm dort angeführt ist, geben Sie die entsprechende Ziffer ein. Ist er nicht angeführt, können Sie ihn möglicherweise nur schwer oder gar nicht für Ihr Textverarbeitungsprogramm verwenden. Auch konfigurierbare Software hat ihre *Grenzen.

Textsysteme

Mit dem Ausdruck *Textsystem werden Geräte bezeichnet, die nur für die Textverarbeitung vorgesehen sind. Obwohl es sich eindeutig um Computer handelt, kann man auf ihnen nur ein einziges Programm laufen lassen, nämlich das mitgelieferte Textverarbeitungsprogramm. Tabellenkalkulationsprogramme, Buchführungsprogramme oder andere Anwendungen aus dem Bürobereich können auf diesen Geräten nicht eingesetzt werden. Früher waren Textsysteme mit weit komfortableren Textverarbeitungsprogrammen ausgestattet als Personal Computer und daher sehr beliebt. Doch diese Zeiten sind vorbei. Textverarbeitungssysteme von Wang zum Beispiel hatten bei vielen Anwendern den Ruf des »Mercedes« unter den Textsystemen. Heute ist unter dem Namen Multimate ein Textverarbeitungsprogramm im Handel erhältlich, das einem IBM PC die Eigenschaften eines Wang-Textverarbeitungssystems verleiht.

Warum sollte man sich ein Textsystem kaufen, wenn ein Personal Computer dasselbe leistet? Die Frage ist berechtigt, insbesondere da Textsysteme oftmals zwei- bis dreimal so viel kosten wie ein Personal Computer und dennoch weniger leisten — ein gutes Beispiel für wirkungsvolle Werbung und gelungenes Marketing. Der Erfolg der Textsysteme liegt zum Teil auch darin begründet, daß die für den Kauf dieser Geräte zuständigen Angestellten häufig weniger von Computertechnologie verstehen als Sie zum jetzigen Zeitpunkt.

Es gibt noch einen weiteren, sehr versteckten Grund für den guten Absatz der Textsysteme. Die Marketing-Fachleute bauen auf die Ängste vieler Sekretärinnen vor Computern. Die Firma verkauft der Sekretärin keinen Computer, sondern eine elektronische Schreibmaschine, beziehungsweise ein Textsystem. In dem auf die Sekretärin zugeschittenen Werbematerial wird nicht erwähnt, daß es sich eigentlich um einen Computer handelt. Anstatt die Schreibkräfte aufzuklären, machen sich die Computerhersteller deren Ängste vor dem Unbekannten (dem Computer) zunutze und verkaufen ihnen ein weniger leistungsfähiges Gerät zu einem überhöhten Preis.

Das Ausdrucken des Textes

Viele Anwenderinnen entscheiden sich nicht für einen Computer mit Textverarbeitungssoftware, sondern für ein *Textsystem. Sie sind fälschlicherweise der Meinung, nur diese Systeme garantieren qualitativ hochwertige *Ausdrucke. In Wirklichkeit hängt die Qualität der gedruckten Seite, auch **Hartkopie** genannt, ausschließlich vom *Drucker ab, den Sie an Ihren Computer angeschlossen haben.

Es gibt drei wichtige Typen von Druckern, *Matrixdrucker, *Typenraddrucker und Laser-Drucker. Für industrielle Zwecke sind auch andere, teurere Ausgabegeräte erhältlich, zum Beispiel Satzmaschinen oder Mikrofichegeräte.

Matrixdrucker

Bei ***Matrixdruckern** werden die Buchstaben durch Punkte erzeugt, ganz ähnlich wie auf den Anzeigetafeln im Stadion der Punktestand oder der Name der Mannschaften durch Glühbirnen angezeigt wird. Je mehr Punkte pro Quadratzentimeter gedruckt werden, um so besser wird die Qualität des Textes (siehe Abb. 3.3).

Software-Anwendungen: Textverarbeitung

Abbildung 3.3. Bei Matrixdruckern werden die Zeichen aus einzelnen Punkten zusammengefügt. Das erinnert an Anzeigetafeln, auf denen der Spielstand durch Glühbirnen angezeigt wird. Je mehr Punkte pro Quadratzentimeter gedruckt werden, um so besser ist die Qualität des fertigen Textes.

Matrixdrucker arbeiten schnell und sind relativ billig. Da sie weniger bewegliche Teile haben, übertreffen sie in ihrer Schreibgeschwindigkeit auch Kugelkopfmaschinen. Bei diesen ist der Schreibkopf in zwei Richtungen drehbar, während er bei Matrixdruckern fixiert ist. Weil Matrixdrucker nur wenige mechanische Teile haben, sind sie auch billiger als andere Drucker.

Die besseren Matrixdrucker verfügen über zwei oder mehr Druckgeschwindigkeiten. Die langsame Geschwindigkeit kann zum Ausdruck abgeschlossener Arbeiten verwendet werden. Hier werden so viele Punkte pro Quadratzentimeter gedruckt, daß der Unterschied zu einer normalen Schreibmaschine kaum sichtbar ist. Bei der schnelleren Geschwindigkeit erscheinen weniger Punkte pro Quadratzentimeter, und der Ausdruck sieht entsprechend »computermäßig« aus. Die Schnellschrift ist für Entwürfe, Adressenaufkleber und firmeninterne Berichte geeignet.

Typenraddrucker —
langsamer, aber besserer Ausdruck

Mit *Typenraddruckern können hochwertige Ausdrucke angefertigt werden, wie sie für Geschäftsbriefe üblich sind. Der Text sieht aus, als sei er auf einer guten elektrischen Schreibmaschine mit Karbonband getippt. Der Typenraddrucker arbeitet ähnlich wie die elektrische Schreibmaschine. Die Buchstaben sind allerdings auf einem Rad statt auf dem Kugelkopf aufgesetzt.

Das Typenrad ist gegenüber dem Kugelkopf eine Verbesserung, da es sich schneller und nur in eine Richtung dreht. Es dauert jedoch immer noch relativ lange, bis es die richtige Stelle erreicht hat. Daher ist ein Matrixdrucker weit schneller. Wie auch bei den veralteten Kugelköpfen gibt es Typenräder in den verschiedensten Schrifttypen und Größen.

Laserdrucker sind am schnellsten. Sie arbeiten ähnlich wie Fotopiergeräte. Auch Laserdrucker arbeiten mit Toner-Kartuschen, die regelmäßig ausgewechselt werden müssen. Während bei Fotokopiergeräten das Bild durch Lichtbestrahlung des Originals erzeugt wird, kommt beim Laserdrucker das Bild aus dem Computer. Das ist der wesentliche Unterschied zwischen Fotokopiergeräten und Laserdruckern.

Für Kleinbetriebe setzen sich Laserdrucker immer mehr durch, da sie Abzüge produzieren, die in der Qualität denen der sehr teuren Fotokopiergeräte gleichkommen. Sowohl bei Fotokopiergeräten, als auch bei Laserdruckern wird die Ausgabequalität von der Anzahl der Punkte pro Zoll (DPI, Dots Per Inch) bestimmt. Zur Zeit haben Laserdrucker eine Auflösung von 300 DPI, doch in naher Zukunft wird es Geräte mit einer Auflösung von bis zu 1000 DPI geben.

Laserdrucker sind ebenso leise wie Fotokopierer. Ferner können über Laserdruck verschiedene Schriftarten ausgedruckt werden, ohne daß ein Schreibkopf gewechselt werden muß. Die Anweisungen, wie die Punkte bei einer vorgegebenen Schriftart gesetzt werden müssen, werden in den Speicher des Druckers eingegeben (siehe Abb. 3.4.). Je nach Größe des Arbeitsspeichers des Laserdruckers können zahlreiche Schriftarten eingelesen werden. Auf diese Weise haben die Anwenderinnen die Möglichkeit, auch komplizierte Seitenlayouts zu gestalten. Zum Beispiel wird eine Schlagzeile in einer 36 Punkt Schrift gedruckt, darunter folgt eine Zwischenüberschrift in 18 Punkt, während der laufende Text in einer 10 Punkt Type gesetzt wird. Die Anmerkungen hingegen erscheinen in einer 6 Punkt Schrift.

Software-Anwendungen: Textverarbeitung

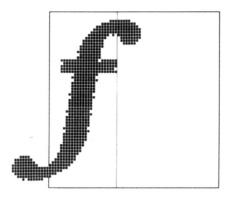

Abbildung 3.4. Tintenstrahl- und Laserdrucker erzeugen verschiedene Schriften auch in Briefqualität durch bestimmte Punktemuster. Die Schriftbeschreibungen sind im Hauptspeicher gespeichert. Daher können in einem Text verschiedene Schriften verwendet werden, ohne daß der Schreibkopf gewechselt werden muß. (Mit freundlicher Genehmigung von Compugraphic.)

Druckgeschwindigkeiten — wie schnell ist langsam?

*Druckgeschwindigkeiten werden in der Regel in *Zeichen pro Sekunde** gemessen. Da wir von der Schreibmaschine her gewohnt sind, in Wörter pro Minute zu rechnen, möchte ich diese Einheit zunächst in Zeichen pro Sekunde umrechnen, um einen Vergleichswert zu erhalten.

Wenn ich 60 Wörter in der Minute schreibe, bedeutet das ein Wort in der Sekunde. Ein Wort hat durchschnittlich 6 Buchstaben. Folglich schreibe ich in der Sekunde 6 Zeichen. Eine ausgezeichnete Typistin kommt vielleicht auf 7 bis 9 Zeichen pro Sekunde.

Matrixdrucker bringen zwischen 100 und 200 Zeichen pro Sekunde zu Papier. Damit übertreffen sie 16 bis 33mal meine Tippgeschwindigkeit. Selbst ein langsamer Matrixdrucker mit 100 Zeichen pro Sekunde schreibt noch ungefähr 960 Wörter in der Minute!

Der schnellste Typenraddrucker erzeugt ungefähr 50 bis 60 Zeichen pro Sekunde. Damit ist er immer noch zehnmal so schnell wie ich. Billige Typenraddrucker schaffen 15 Zeichen pro Sekunde oder das Doppelte meiner Tippgeschwindigkeit von 60 Wörtern in der Minute.

Wie bei Kopiergeräten wird auch die Geschwindigkeit von Laserdruckern in Seiten pro Minute gemesssen. Typische Werte sind 6 bis 8

Seiten in der Minute. Das gilt jedoch nur für Textseiten. Bei einer Seite mit komplizierten Grafiken kann der Ausdruck auch eine oder zwei Minuten dauern.

Welcher Drucker ist für Sie geeignet?

Beim Kauf des Druckers müssen Sie sich in erster Linie darüber im klaren sein, wieviel Text Sie jeden Tag ausdrucken wollen. Je mehr Text auf Papier erscheinen muß, um so schneller sollte Ihr Drucker sein. Um die verschiedenen Druckertypen vergleichen zu können, soll im folgenden untersucht werden, wie lange die verschiedenen Drucker für den Ausdruck einer Textseite brauchen.

Bei einer seitlichen Randbegrenzung von 15 und 85 ist Ihre Zeile 70 Zeichen lang. Auf einem DIN A4-Blatt haben ungefähr 55 Zeilen Platz, das macht also 3850 Zeichen. Da die Seite noch einen oberen und unteren Rand und Leerzeilen hat, können wir diesen Wert auf 3000 Zeichen abrunden (dann wird die Rechnung auch einfacher). Der schnellste Typenraddrucker druckt 60 Zeichen pro Sekunde. Er benötigt also 50 Sekunden, fast eine ganze Minute, für eine Seite. Ein langsamerer und billiger Typenraddrucker schreibt 15 Zeichen pro Sekunde, d.h. er druckt in 200 Sekunden oder mehr als 3 Minuten eine Seite und braucht demzufolge 5 Stunden für ein Dokument von 100 Seiten. Selbst der schnellste Typenraddrucker benötigt dafür noch fast eineinhalb Stunden!

Vergleichen wir diesen Wert mit Matrixdruckern. Ein Matrixdrucker mit einer Druckgeschwindigkeit von 140 Zeichen pro Sekunde kostet derzeit ca. 700,- DM und druckt unsere Seite in ungefähr 20 Sekunden aus. Für einen 100seitigen Text braucht er ungefähr 35 Minuten. Ein Matrixdrucker, der 320 Zeichen pro Sekunde druckt, benötigt weniger als die halbe Zeit und kostet ca. 3.600,- DM (Ich führe diese Preise nur ungern an, da die Geräte immer billiger werden. Ich möchte mit den Angaben nur das Preisverhältnis der verschiedenen Drucker illustrieren und zeigen, daß Ihnen der Matrixdrucker für relativ wenig Geld eine hohe Druckgeschwindigkeit bietet).

Die Druckqualität von Matrixdruckern hat sich in letzter Zeit stark verbessert. Bei den neuen Geräten ist die Zahl der Punkte zur Darstellung der Buchstaben erhöht worden. (Früher waren Drucker mit 9 Nadeln im Gebrauch. Heutige Modelle verwenden 24 Nadeln). Es wurde jedoch nicht nur die Druckqualität gesteigert, sondern heute können auch ohne Wechsel des Druckkopfes verschiedene Schriften gedruckt werden. Ein Tintenstrahldrucker arbeitet nach dem gleichen Prinzip wie

Software-Anwendungen: Textverarbeitung

ein Matrixdrucker. Die hauptsächlich von Hewlett-Packard entwickelten Tintenstrahldrucker stellen die Schriften ebenfalls durch Punkte dar. Doch hier werden die Punkte nicht durch Nadeln erzeugt, sondern durch eine kleine Tinten»kanone«, die winzige Tröpfchen Tinte aufs Papier spritzt. Auch beim Tintenstrahldrucker ist der Druckvorgang geräuschlos.

Bei diesen Druckern muß man schon sehr genau hinsehen um zu erkennen, daß ein Text mit einem Computer-Drucker gedruckt worden ist. Dennoch besteht noch immer gegenüber den auf Matrixdruckern erstellten Texten ein gewisser Vorbehalt. Für Geschäftsbriefe sind Typenradschreibmaschinen mit Karbonband oder Laserdrucker üblich. Man legt immer noch Wert auf den Eindruck, es handle sich um persönlich abgefaßte Briefe. Das ist zwar lächerlich, läßt sich aber nicht ändern. Vielleicht haben die Geschäftspartner kein Vertrauen in ein Unternehmen, das sich nur einen Matrixdrucker leistet.

Auch die Druckgeschwindigkeit ist ein wichtiger Aspekt. Ein Laserdrucker, der in der Minute 8 Seiten druckt, braucht für eine Seite weniger als 8 Sekunden. Der Ausdruck eines Textes von 100 Seiten dauert nur ca. 12 Minuten!

Wenn Sie ein Rundschreiben mit drei Textspalten und breiter Überschrift gestalten möchten, wird Ihre Wahl natürlich auf einen Laserdrucker fallen. Beim Kauf eines Laserdruckers muß auf drei Faktoren geachtet werden: Erstens, die Speichergröße des Druckers. Sie entscheidet darüber, wieviele Schriften der Drucker gleichzeitig laden kann. Zweitens, welche Schriften im Kaufpreis mit enthalten sind. Bei einigen billigeren Modellen müssen Sie die Schriften extra erwerben. Drittens, ob der Drucker die Seitenbeschreibungssprache Postscript versteht.

Postscript dient als Schnittstelle zwischen komplexen Seitenlayout-Programmen (häufig als Desktop Publishing-Programme bezeichnet) und den technischen Merkmalen der Laserdrucker. Viele Layout-Programme, zum Beispiel Pagemaker, können nur auf Postscript-fähigen Laserdruckern ausdrucken. Der Drucker muß also in diesem Fall entweder selbst mit einem Postscript-Chip ausgestattet sein (wie der Apple Laserwriter), oder er muß mit einer Postscript-Karte im Computer zusammenarbeiten.

Wenn Sie Ihren Laserdrucker nur für die geschäftliche Korrespondenz einsetzen möchten, benötigen Sie kein Postscript. In diesem Fall genügt ein billigerer Laserdrucker (der nicht Postscript-fähig ist) vollkommen. Sie können aber auch einen Kompromiß schließen und einen Laserdrucker von Hewlett-Packard erwerben, bei dem sich später eine Postscript-Karte einbauen läßt.

Go Stop Run

Druckerspeicher regeln den Zeichenfluß

Die Druckgeschwindigkeit ist auch deshalb von Bedeutung, weil Sie nicht am Computer arbeiten können, während der Drucker läuft. Stellen Sie sich vor, Ihr Drucker braucht 5 Stunden für den Ausdruck eines Textes. Gerade als Sie angefangen haben zu drucken, ruft eine Kundin an und stellt eine Frage zu einem im Computer gespeicherten Sachverhalt. Sie können dann erst nach Beendigung des Ausdrucks, in diesem Fall also nach 5 Stunden, die Frage beantworten.

Welchen Drucker auch immer Sie verwenden, so schreibt er immer noch im Schneckentempo, verglichen mit der Geschwindigkeit, mit der die Zentraleinheit die Zeichen zum Drucker schickt. Damit beide Geräte zusammenarbeiten können und der Drucker nicht hoffnungslos überlastet ist, muß die Geschwindigkeit reguliert werden, mit der der Drucker die Zeichen von der Zentraleinheit empfängt. Diese Funktion erfüllt der ***Druckerpuffer**.

Die Arbeitsweise eines Druckerpuffers läßt sich gut mit Hilfe einer Badewanne illustrieren. Die Badewanne läuft über den geöffneten Wasserhahn voll, während gleichzeitig über den Abfluß Wasser abfließt. Je nachdem wie schnell das Wasser in die Wanne hineinströmt und wieder abfließt, fällt oder sinkt der Wasserstand in der Wanne.

Wie Abb. 3.5 zeigt, handelt es sich bei dem *Druckerpuffer um einen speziellen Bereich des Hauptspeichers, der von der Zentraleinheit mit Textzeichen gefüllt wird. Das Textverarbeitungsprogramm schickt diese Zeichen mit hoher Geschwindigkeit in den Druckerspeicher. Da der *Puffer aus Silizium besteht und keine beweglichen Teile hat, nimmt er die Zeichen so schnell auf, wie sie die Zentraleinheit übermittelt. Gleichzeitig schickt ein spezieller *Controller die Zeichen vom Puffer in den Drucker, und zwar so langsam, daß der Drucker sie verarbeiten kann. Die Geschwindigkeit, mit der die Zeichen den Puffer verlassen, hängt vom jeweiligen Drucker ab. Ein Drucker, der 50 Zeichen pro Sekunde schreibt, nimmt doppelt so viele Zeichen auf wie ein 25-Zeichen-Drucker.

In unserem Beispiel entspricht die Wasserhöhe in der Wanne der Anzahl der Zeichen, die im Druckerpuffer aufgenommen werden. Die Textmenge im Puffer ergibt sich aus der Differenz zwischen der Anzahl der Zeichen, die in den Puffer wandern, und der Anzahl der Zeichen, die in den Drucker gehen.

Zwischen dem Badewannen-Beispiel und einem Druckerpuffer besteht jedoch ein Unterschied. Wenn der Druckerpuffer voll ist, meldet

Software-Anwendungen: Textverarbeitung

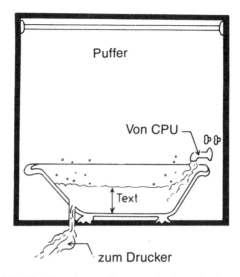

Abbildung 3.5. Ein Druckerpuffer vermittelt zwischen dem extrem schnellen Computer und dem viel langsameren Drucker. Man kann sich einen Puffer gut als eine Art Badewanne vorstellen. Die Zeichen (das Wasser) strömen sehr schnell herein, während sie nur langsam an den Drucker weitergeleitet werden. Der Puffer (die Badewanne) fließt nie über. Wenn der Puffer (die Badewanne) bis zum Rand mit Zeichen gefüllt ist, wird der Hahn zugedreht. Die Zentraleinheit schickt solange keine weiteren Zeichen an den Puffer, bis genügend Zeichen zum Drucker geleitet wurden.

er dies der Zentraleinheit, und sie schickt dann keine weiteren Zeichen. Im Gegensatz zur Badewanne fließt der Druckerpuffer nie über. Es kann also kein Text verlorengehen. Erst nachdem eine bestimmte Anzahl Zeichen gedruckt wurde und im Puffer daher wieder Platz ist, schickt die Zentraleinheit weitere Zeichen in den Puffer.

Wenn Sie während des Ausdruckens einen Fehler entdecken und den Druckvorgang unterbrechen wollen, kann es Ihnen passieren, daß der Drucker unbeirrt weiterarbeitet. Das Textverarbeitungsprogramm hat in diesem Fall keine Kontrolle mehr über den auszudruckenden Text: Er befindet sich im Zwischenspeicher des Druckers. Das ist wie bei der Badewanne. Auch nachdem Sie den Wasserhahn zugedreht haben, fließt noch Wasser durch den Abfluß, bis die Wanne leer ist. Sie können den

Druckvorgang nur unterbrechen, indem Sie den Drucker abschalten oder die **Reset-Taste** Ihres Druckers betätigen. Dadurch wird der Inhalt des Arbeitsspeichers im Drucker gelöscht.

Die meisten Drucker sind mit kleinen Zwischenspeichern (Puffern) ausgestattet. Sie können größere Zwischenspeicher separat erwerben und damit Ihr System erweitern. Wenn Ihr Druckerpuffer groß genug ist, besteht die Möglichkeit, daß Sie alle zu druckenden Zeichen von der Zentraleinheit in den Puffer schicken und dann am Computer weiterarbeiten. Bei einer Größe von 512K kann der Druckerpuffer ungefähr 170 Seiten aufnehmen (512K/3K pro Seite). Kurz nach Eingeben des Druckbefehls läßt sich der Computer wieder benutzen, selbst wenn Ihr Typenraddrucker noch den ganzen Tag mit dem Ausdruck beschäftigt ist.

Hintergrunddruck

Ein anderes Verfahren, den Computer schnell wieder benutzbar zu machen, ist der **Hintergrunddruck**. Hierbei handelt es sich um eine *softwarebedingte* Methode. Beim Hintergrunddruck wird das zu druckende Material zunächst zum Laufwerk des Computers geschickt und nicht zum Drucker. Ein spezielles Programm, der sogenannte *Spuler, steuert die Rückleitung der Daten von Diskette über Zentraleinheit in den Drucker. Der Spuler nutzt die Zeit, in der die Zentraleinheit ohne Arbeit ist (wenn Sie zum Beispiel gerade keinen Text eingeben). Durch Hintergrunddruck kann zwar schnell wieder auf dem Computer weitergearbeitet werden, doch der Druckvorgang dauert erheblich länger, da nur dann Zeichen zum Drucker geschickt werden, wenn die Zentraleinheit gerade nichts zu tun hat. Bei großen Textmengen ist daher die Hardwarelösung (Druckerpuffer) der Softwarelösung (Spuler) vorzuziehen.

Der Drucker und Ihr Textverarbeitungsprogramm

Wie auch bei extra breiten oder hohen Bildschirmen, müssen Sie Ihr Textverarbeitungsprogramm an Ihren jeweiligen Drucker anpassen. Zu diesem Zweck rufen Sie das **Druckermenü** Ihres Textverarbeitungsprogramms auf. Zur *Installierung des im Menü angeführten Druckers geben sie die entsprechende Kennziffer ein. Ein Drucker, der im Menü nicht angegeben ist, läßt sich nur schwer oder gar nicht installieren.

Unter den Herstellern von Peripheriegeräten herrscht ein harter Konkurrenzkampf. Jeder möchte, daß sein Produkt in den Menüs der bekannteren Textverarbeitungssysteme erscheint. Um die *Kompatibilität der Drucker mit der gängigen Software sicherzustellen, bauen Hersteller gern die in den Menüs bereits enthaltenen Drucker nach. Das bezeichnet man als *emulieren.

Einer der ersten Hersteller von Druckern war zum Beispiel Diablo. Daher finden sich Diablo-Drucker in den Menüs fast aller Textverarbeitungssysteme. Einige neuere Hersteller wie die japanische Firma Brother verkaufen Drucker, die Diablo emulieren. In den Verkaufsprospekten steht dann zum Beispiel: »Wählen Sie bei der Installation dieses Brother-Druckers im Druckermenü den Diablo 630.«

Doch Vorsicht: Nicht alle *Emulationen arbeiten korrekt. Vergewissern Sie sich, daß Ihr Computer-Geschäft schon Erfahrung mit der Installation Ihres Druckers hat oder daß der Drucker zurückgenommen wird, wenn er in Verbindung mit Ihrem Textverarbeitungssystem nicht seine volle Leistung bringt.

Schreibmaschinen sind keine Drucker

Drucker sind nur zum Ausdruck von Dateien in Verbindung mit einem Computer vorgesehen. Vermutlich sind Ihnen schon Anzeigen für elektronische Schreibmaschinen begegnet, die an Computer angeschlossen werden können. Im Gegensatz zu Druckern sind sie mit einer Tastatur ausgestattet und hauptsächlich für die Verwendung als Schreibmaschine vorgesehen. Vielleicht reizt Sie der niedrige Preis. Doch lassen Sie sich nicht täuschen. Für den täglichen Gebrauch als Computer-Drucker sind sie kaum geeignet. Wenn sie ständig mit maximaler Geschwindigkeit laufen (ungefähr 10 bis 12 Zeichen pro Sekunde), gehen sie bald kaputt. Die Qualität der Drucker läßt sich anhand ihres *mittleren Störabstands* (abgekürzt *MTBF, mean time between failures) bewerten. Diese Pseudodrucker sind für ihre schlechten MTBF-Werte bekannt.

Auch der Preis dieser elektronischen Schreibmaschinen ist irreführend, da die Controller-Karte noch nicht mitgerechnet ist. Man kann eine elektronische Schreibmaschine nicht einfach an einen Computer anschließen. Es muß zuerst ein Controller eingebaut werden, der den binären Kode des Computers in Befehle umwandelt, die die Schreibmaschine versteht. Ein derartiger Controller wird als *Schnittstelle bezeichnet.

Auch für die Selectric-Schreibmaschine von IBM ist eine Schnittstelle lieferbar, so daß die Schreibmaschine als Drucker verwendet werden kann. Sie sollten diese Lösung jedoch nicht wählen, wenn Sie mehr als nur gelegentlich einige Seiten ausdrucken möchten. Denn selbst der begrenzte Einsatz als Drucker schadet der Selectric-Schreibmaschine. Außerdem liegt ihre maximale Druckgeschwindigkeit unter 10 Zeichen pro Sekunde, da es sich um eine Kugelkopfschreibmaschine handelt.

Neue Entwicklungen in der Textverarbeitung

Textverarbeitung ist die Grundlage vieler Computer-Anwendungen, wie *Datenfernübertragung oder *Computersatz. Letzterer hat geradezu eine Revolution innerhalb der Druckmedien bewirkt. Die neuen Technologien werden unweigerlich das »Büro der Zukunft« prägen. Obwohl noch niemand genau weiß, was das eigentlich bedeutet, ist sich doch jeder bewußt, daß wir uns in einer Zeit des Umbruchs befinden und daß sich die Büroarbeit grundlegend ändern wird.

Datenfernübertragung

Briefe und andere mit Ihrer Textverarbeitung verfaßte Dokumente können über *Modem an andere Computer übertragen werden. Wie Sie aus Kapitel 1 wissen, ist das Modem ein Gerät, mit dem Sie über das Telefonnetz Daten von Computer zu Computer schicken können. Dieser Vorgang wird als **elektronische Post** oder als **Datenfernübertragung** bezeichnet. Unter diesem Ausdruck werden drei verschiedene Verfahren zusammengefaßt.

Ein Kommunikationsprogramm

Angenommen, Sie möchten dem Besitzer eines Computers einen »elektronischen Brief« zukommen lassen. Dazu brauchen Sie keinen Briefträger. Ihr »Brief« wird stattdessen über Ihr Modem weitergeleitet. Hierfür verwenden Sie ein **Kommunikationsprogramm**, das Ihren Brief von der Diskette, auf der er gespeichert ist, abliest und in das an Ihre Telefonleitung angeschlossene Modem eingibt. Durch Anwählen der Telefonnummer Ihrer Freundin oder Mitarbeiterin wird der Brief über das Telefonnetz in deren Computer übertragen. Den (über ihr Modem und Kommunikationsprogramm) eingehenden Brief kann sie auf dem Bildschirm erscheinen lassen, ihn ausdrucken oder auf Diskette speichern. Sie wird ihn vermutlich zunächst auf Diskette speichern, um den Übertragungsvorgang zu beschleunigen (der Drucker ist viel langsamer als das Laufwerk). So lassen sich die hohen Kosten für Ferngespräche verringern. Später kann sie den Brief auf den Bildschirm holen oder ihn ausdrucken.

Dieses Verfahren hat mehrere Nachteile. Computer und Modem der Empfängerin müssen eingeschaltet sein, und das Kommunikationsprogramm muß sich im Arbeitsspeicher des Empfangs-Computers befinden, damit der Anruf entgegengenommen werden kann.

Elektronische Briefkästen

Was machen Sie, wenn Ihre Freundin nicht zu Hause ist, das Telefon besetzt ist oder an ihrem Computer gerade gearbeitet wird? Sie können sich dann einer Vermittlungsstelle wie zum Beispiel The Source oder CompuServe bedienen. Hierbei handelt es sich um Informations-Dienstleistungsunternehmen, die über große Zentralrechner verfügen. Sie können dort einen ***elektronischen Briefkasten** mieten. Das ist ein Abschnitt auf einer der riesigen Festplatten des Unternehmens.

Beim Absenden Ihres Briefes wählen Sie das Unternehmen an, bei dem Ihre Freundin Kundin ist (zum Beispiel The Source) und übertragen den Brief auf deren Konto. Dazu müssen Sie nur die entspechende Kontonummer wissen. Ihre Freundin kann dann jederzeit über einen Anruf bei The Source den dort für sie gespeicherten Brief an ihr Gerät übertragen lassen.

Dieses Verfahren hat den weiteren Vorteil, daß Sie selbst nicht über einen Computer verfügen müssen. Da sich das Übertragungsprogramm im Computer des Unternehmens befindet und der Brief auf dessen Festplatte gespeichert wird, benötigen Sie und Ihre Freundin nur ein Terminal und ein Modem.

Das Telex gerät gegenüber der elektronischen Post zunehmend ins Hintertreffen. Western Union, ein amerikanisches Telex-Unternehmen, hat sich bereits darauf eingestellt und bietet jetzt unter dem Namen Easy-Link einen eigenen elektronischen Briefservice an. Easylink wird international ausgebaut. Zum Beispiel können Besitzer von Personal Computern über den Tina International Message Service einen Sofortbrief von New York nach Paris schicken. Für diesen Dienst zahlen sie nur 5 Prozent der Telexkosten.

Viele Großunternehmen verwenden ein ganz ähnliches System. Sie benutzen jedoch ihre eigenen Zentralrechner als Speicher und sind nicht auf die Dienste von Gesellschaften wie The Source angewiesen. Die an Personal Computern oder Terminals arbeitenden Angestellten lassen sich über die Datenspeicher des Unternehmens Briefe oder Notizen zukommen. Dadurch werden viel Zeit und viele Telefongespräche gespart (Sie rufen an und hinterlassen eine Nachricht; dann werden Sie zurückgerufen, sind jedoch nicht erreichbar, rufen selbst wieder zurück und so weiter). Bei der schriftlichen elektronischen Kommunikation werden die genauen Informationen in Ihren eigenen Worten an die gewünschte Person weitergeleitet. Sie brauchen sich keine Gedanken machen, ob die Nachricht wirklich korrekt beim Empfänger angekommen ist. Bei komplexeren Systemen können Sie sogar genau feststellen, wann der Empfänger den Brief abgerufen hat. Außerdem können Sie den Brief mit einer Dringlichkeitskennung versehen, durch die Routinemitteilungen von dringenden Angelegenheiten unterschieden werden. Sie können sogar Kopien an mehrere Empfänger leiten und zum Beispiel auf diesem Weg allen Zweigstellenleiterinnen den Termin für die nächste gemeinsame Sitzung mitteilen.

Elektronische Post ohne Computer

Mit Hilfe einer dritten Art der Datenfernübertragung ist es Ihnen möglich, Briefe auch an Personen zu senden, die keinen Computer haben. Der Reiz an diesem Verfahren liegt in der Geschwindigkeit — der Empfänger erhält den Brief in spätestens einem Tag.

Die privaten Postunternehmen haben in den USA ein Netz von Servicestellen eingerichtet, die über Computer miteinander verbunden sind. Sie wählen eine nahegelegene Servicestelle an und übertragen mit Ihrem Kommunikationsprogramm und Modem Ihren Brief in den dortigen Computer. Der Brief wird (über das Modem des Unternehmens und das Telefonnetz) an die Servicestelle am Zielort übertragen. Dort wird er ausgedruckt, in einen Umschlag gesteckt und entweder durch Kurier oder über die reguläre Post zugestellt.

Ein solcher Service wird in den USA unter anderem von MCI angeboten. Dieses Unternehmen unterhält 16 externe Stellen. Die Preise sind breit gestaffelt. Mit Purolater Courier zum Beispiel wurde ein Kuriervertrag geschlossen, der in ausgewählten amerikanischen Städten eine Zustellung innerhalb von vier Stunden garantiert. Weniger teuer ist eine Zustellung innerhalb eines Tages. Noch billiger wird die Endzustellung durch die reguläre Post. Western Union hat die Absicht, Briefe über EasyLink in Zusammenarbeit mit DHL Worldwide Courier Express weltweit zuzustellen.

Computersatz

Die Textverarbeitung hat auch den Satzbreich stark beeinflußt. Bisher wurde das Manuskript zuerst getippt, auf Schreibfehler gelesen und dann an den Setzer gegeben. Der Setzer tippte den Text erneut, wobei in der Regel neue Schreibfehler entstanden. Die Druckfahnen mußten daher ein zweites Mal auf Schreibfehler geprüft werden. Die korrigierten Fahnen erhielt wiederum der Setzer, gab die Änderungen ein und stellte erst dann die Filme her, nach denen das Buch gedruckt wird.

Moderne Fotosatzanlagen sind nichts anderes als Computer mit einer Kamera als Ausgabegerät. Daher muß der Setzer nicht mehr den Text neu eingeben, sondern Sie können den Text direkt von Ihrer Diskette in die Fotosatzanlage übertragen. Dies geschieht entweder über ein Modem, oder Sie übergeben Ihre Diskette dem Setzer. Da in der Regel Kompatibilitätsprobleme mit den verschiedenen Diskettenformaten auftreten, wird meist der Weg über das Modem bevorzugt.

Diese neuen technischen Möglichkeiten haben gewaltige Auswirkungen auf die gesamte Druckindustrie. Wenn ein Manuskript, ohne erneut geschrieben zu werden, direkt von Diskette in die Fotosatzanlage geht, sinken die Herstellungskosten ganz erheblich. Viele Autorinnen müßten daher in Zukunft weniger Schwierigkeiten bei der Veröffentlichung ihrer Bücher haben. Da das Verlagswesen zunehmend von kommerziellen Interessen bestimmt wird, können wahrscheinlich nur noch auf diesem Wege Bücher auf den Markt gelangen, die keine Massenware sind.

Landesweite Zeitungen — eine Folge der neuen Techniken

Bei vielen Tageszeitungen kommen die neuen Techniken schon zum Einsatz. Die Reporter geben ihre Artikel in den Computer ein. Die Zeitung wird dann mit Hilfe von Blockbefehlen und speziellen Formatierungsoperationen elektronisch umgebrochen und ohne weitere Satzarbeiten gedruckt. Bei diesem Verfahren müssen Zeitungen nicht mehr an einem Ort gedruckt werden. Verschiedene landesweite Zeitungen in den USA haben sich diesen Vorteil bereits zunutze gemacht. Die *New York Times* und die *USA today* übertragen die fertigen Zeitungsseiten über Modem an Druckereien in entfernt liegenden Städten. Die Los Angeles- und die New Yorker Ausgabe der *New York Times* werden zur gleichen Zeit in den jeweiligen Städten gedruckt. Dies spart Zeit und Mehrkosten, die früher durch den Transport der fertigen Zeitungen in die verschiedenen Städte entstanden.

Go Stop Run

Büroautomation —
eine neue Form der Fließbandarbeit

Textverarbeitung ist ein aufregendes Werkzeug. Sie hat mein Leben verändert! Ich verdanke es der Textverarbeitung, daß ich dieses Buch schreiben konnte. Früher habe ich mich mit jedem Wort abgequält, habe gezögert, geändert, ganze Seiten gestrichen und schließlich wieder von vorne angefangen. Jetzt schreibe ich mit dem Textverarbeitungsprogramm so, wie es mir in den Sinn kommt, ohne auf den guten Stil zu achten. Ich weiß, ich kann jederzeit zurückgehen und Änderungen vornehmen. Meine Kreativität kann sich frei entfalten.

Textverarbeitung könnte sich auch als Segen für Kinder mit Schreibschwierigkeiten erweisen. Manchmal handelt es sich um Probleme der motorischen Steuerung, manchmal aber auch um andere Behinderungen wie Legasthenie. Zur Zeit laufen sehr vielversprechende Versuche, diesen Kindern Textverarbeitung beizubringen.

Leider hat die Textverarbeitung nicht nur Vorteile. Nachteile ergeben sich insbesondere beim Einsatz am Arbeitsplatz. In einigen Büros werden *Anschlagsüberwachungen vorgenommen, und vielen Angestellten wird das Recht verweigert, in kurzen Pausen die Augen von der anstrengenden Bildschirmarbeit zu erholen. All das gehört zu den Problemen der fragwürdigen Büroautomatisierung, mit deren Hilfe Büroarbeit fabrikmäßig umgestaltet werden soll.

Automation findet in allen Bereichen der Dienstleistungsbranche statt. Denken Sie nur an die Schnellimbiß-»Restaurants«. In Wirklichkeit handelt es sich um Essensfabriken. Im Bürobereich verwandelt die Automatisierung eine relativ interessante Tätigkeit in eintönige Fließbandarbeit. In vielen Büros bedeutet die Einführung von Textverarbeitungscomputern die Aufspaltung der Arbeit in Tippen des Entwurfs und nachfolgende Überarbeitung. Eine Schreibkraft tippt nur Entwürfe, während eine andere nur überarbeitet. Eine Sekretärin hat nicht mehr das Gefühl, das fertige Produkt sei ihr Werk. Jede Befriedigung und jeder Stolz, den sie bisher empfand, weil sie allein für das perfekte Bild eines Textes verantwortlich war, ist dahin. Ihre Arbeit gleicht immer mehr der Akkordarbeit einer Fabrikarbeiterin.

Die Rationalisierungsexperten, denen wir das Entwurf/Überarbeitungssystem verdanken, haben die Kosten nicht eingerechnet, die aus den zusätzlichen Krankheitstagen der unzufriedenen Angestellten erwachsen. Die Verfechter von *Anschlagsüberwachungen haben nicht die

Arztkosten aufgrund von Augenbeschwerden einkalkuliert. Tatsächlich erhielten vor kurzem die ersten Bildschirmarbeiterinnen Entschädigungszahlungen.

Ich hoffe, Sie suchen den Schuldigen nicht im Computer oder im Textverarbeitungssystem, sondern in der Art und Weise, wie die neue Technologie eingesetzt wird. Das Wissen um diese Zusammenhänge wird es Ihnen ermöglichen, für vernünftige Arbeitsbedingungen einzutreten, wenn an Ihrem Arbeitsplatz ein Computer eingeführt werden soll.

4
Software-Anwendungen: Datenbankverwaltung

Der Ausdruck *Datenbankverwaltungssystem klingt sehr beeindruckend und technisch. Doch was verbirgt sich hinter diesem Namen? Ich nenne diese Art Programme »*elektronische Ablage«, denn für diesen Zweck werden sie verwendet. Die Anwender sind jedoch eher bereit, viel Geld für »Datenbankverwaltungs-Software« zu bezahlen, als für eine elektronische Ablage. Daher wird dieser Ausdruck in der Computer-Literatur kaum verwendet.

Wenn Sie mit Datenbankverwaltungsprogrammen umgehen können, stehen Ihnen alle Informationsdienste mit ihren gewaltigen Mengen an elektronisch gespeicherten Daten auf Telefonanruf zur Verfügung. Sie können diese Dienste in Anspruch nehmen, um Fragen zu klären. Sie können auch Informationen sammeln und Ihre eigene *Datenbank aufbauen. Endlich fallen die unendlich vielen Zettel mit Notizen weg, denn alle wichtigen Aufzeichnungen sind ordentlich und übersichtlich in Ihrem elektronischen Ablagesystem gespeichert. Wenn Ihre Informationen auch für andere Leute interessant sind, können Sie damit sogar ein Geschäft machen. Als erstes möchte ich jedoch die Funktionsweise und den Aufbau einer Datenbank erklären. Danach werde ich Ihnen andere Anwendungen vorstellen und meinen eigenen *Informationsdienst erläutern.

Im folgenden ein Blick auf die Ihnen vertrauten manuellen Ablagesysteme. Sie werden dann hinter den Ausdrücken der Computersprache die Ihnen bereits bekannten Arbeitsvorgänge erkennen.

Was ist ein Datenbankverwaltungssystem?

Als Beispiel soll ein manuelles Ablagesystem dienen: Anhand von Karteikarten registrieren Sie die Mitglieder eines Vereins. Wenn jemand neu eintritt, wird eine Karteikarte mit allen wichtigen Informationen ausgefüllt wie Name, Adresse, Telefonnummer und Eintrittsdatum. Zieht jemand um, nehmen Sie die Karteikarte heraus und tragen die neue Adresse und Telefonnummer ein. Wollen Sie ein Mitglied anrufen, sehen

Sie die Telefonnummer auf der Karteikarte nach. In regelmäßigen Abständen tippen Sie Adressaufkleber für die Vereinsnachrichten, und jeden Monat gehen Sie den Karteikasten nach Mitgliedern durch, deren Beitrag fällig ist.

Ein Karteikasten im Computer

Wie werden die gleichen Arbeitsvorgänge mit dem Datenbankverwaltungssystem erledigt? Hier haben Sie natürlich keine Karteikarten, sondern geben die Informationen in den Computer ein. Dieser Vorgang läuft unter dem Namen *Dateneingabe. Die Adressenänderung auf einer »Karte« in Ihrem Computer wird als *aktualisieren bezeichnet. Wenn Sie eine Information, zum Beispiel eine Telefonnummer, benötigen, wird dies *Abfrage genannt. Das Auflisten der Mitglieder, deren Beiträge fällig sind, heißt *Auswahl. Und wenn Sie die Adressen nach Postleitzahlen ordnen, dann *sortieren Sie.

Datenbankverwaltung gehört zu den nützlichsten Anwendungen des Computers. Sie kommt in den verschiedensten Situationen zum Einsatz: Bei der Änderung Ihrer Anschrift in der Abonnentenliste einer Zeitschrift, bei einer Verkehrskontrolle durch die Polizei, beim Benutzen der Scheckkarte oder beim Buchen eines Fluges.

Wenn Sie den Umgang mit Datenbankverwaltungsprogrammen beherrschen, können Sie sich gewaltige Informationsmengen erschließen und damit Ihren Computer nutzbringend einsetzen.

Was ist eine Datenbank?

Bevor wir näher auf Datenbankverwaltungssysteme eingehen, müssen wir uns mit der Terminologie dieses Bereichs vertraut machen. Sie ist nicht sonderlich schwer verständlich.

Datensätze

Ein *Datensatz ist einem ausgefüllten Formblatt vergleichbar. Jede Karte unserer Mitgliederkartei entspricht einem *Datensatz.

Datensätze müssen nicht unbedingt personenbezogene Informationen enthalten. Neben Datensätzen mit Angaben über Vereinsmitglieder, die akademischen Leistungen oder die Kreditwürdigkeit einzelner Personen können auch Daten über Autos, Grundbesitz oder jeden beliebigen

Software-Anwendungen: Datenbankverwaltung

Bereich aufgenommen werden. Die Kraftfahrzeugzulassungsstelle zum Beispiel hat sämtliche Autos in Datensätzen gespeichert, und das Liegenschaftsamt hat für jedes Haus einen Datensatz angelegt (Der Name der Eigentümerin ist nur ein Teil der dort gespeicherten Informationen. Bei jedem Verkauf wird er gewechselt).

Datenfelder

*Datenbanken haben den Vorteil, daß die in den Datensätzen gespeicherten Informationen mit unglaublicher Geschwindigkeit abgerufen oder verarbeitet werden können. Es muß jedoch die Möglichkeit geben, der Zentraleinheit mitzuteilen, welche Information in einem Datensatz bearbeitet werden soll. Wenn Sie zum Beispiel alle Datensätze von Vereinsmitgliedern nach der Postleitzahl sortieren möchten, muß die Zentraleinheit die Postleitzahl von der Hausnummer oder der Telefonnummer unterscheiden können.

Zu diesem Zweck wird jede Information eines Datensatzes in einen besonderen Abschnitt eingetragen. Dasselbe geschieht beim Ausfüllen eines Formblattes. Zum Beispiel wird bei unseren Mitgliederkarten der Name, die Adresse, die Telefonnummer und das Eintrittsdatum in dafür

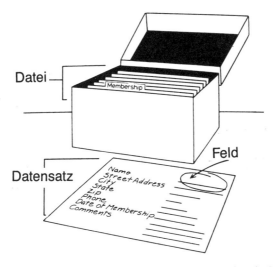

Abbildung 4.1. Für Computer-Fachleute ist ein Formular ein Datensatz, eine freie Stelle ist ein Feld und mehrere Datensätze sind eine Datei. Diese Karteikarte ist ein Datensatz mit 8 Feldern.

vorgesehene Leerstellen eingetragen. Bei Datenbanken bezeichnet man diese Leerstellen als *Datenfelder. Wie in Abb. 4.1 zu sehen ist, haben unsere elektronischen Karteikarten ein Feld für die Postleitzahl, ein Feld für die Telefonnummer, ein Feld für das Eintrittsdatum und so weiter.

Dateien

Die *Dateien entsprechen den Karteikästen oder Aktenordnern, in denen Sie Ihre Unterlagen aufbewahren. Die Computerdateien enthalten die von Ihnen eingegebenen Datensätze. Die Datensätze einer Computerdatei müssen alle die gleiche Anzahl an Feldern haben und gleich aufgebaut sein. Zum Beispiel werden in der einen Datei alle Daten über die Vereinsmitglieder gespeichert, während die Angaben über den Haushaltsplan in einer anderen Datei eingegeben werden müssen, da hierfür andere Datenfelder erforderlich sind.

Umfangreiche Dateien brauchen viel Speicherplatz

Bei den meisten Programmen muß sich die gesamte Datei auf einer Diskette befinden. Für eine umfangreiche Datei brauchen Sie also Disketten mit großer Speicherkapazität. Die benötigte Diskettenkapazität ist ein entscheidender Gesichtspunkt beim Kauf eines Computers. Zum Beispiel haben die Disketten des Apple IIe nur ein Drittel der Speicherkapazität der Disketten des Kaypro 4. Wenn Ihre Datei 250.000 Zeichen umfaßt, könnten Sie einen Kaypro 4 noch verwenden, einen Appple IIe jedoch nicht mehr. Der Apple IIe kann durch den Anschluß einer Festplatte erweitert werden (was allerdings ziemlich teuer ist). Andere Computer hingegen lassen sich nicht erweitern. Mit einem Sanyo hätten Sie zum Beispiel große Schwierigkeiten, denn die Sanyo-Disketten können nur 180 K speichern, und der Computer läßt sich nicht erweitern.

Wie groß sind Ihre Dateien?

Die Größe Ihrer Dateien muß aus zweierlei Gründen unbedingt im Voraus berechnet werden. Erstens müssen Sie stets darauf achten, sich vor dem Kauf der Hardware zu überlegen, welche Anforderungen die von Ihnen benötigte Software an das Gerät stellt. Da sich bei Datenbankprogrammen die gesamte Datei auf einer einzigen Diskette befinden muß, benötigen Sie bei sehr großen Dateien eine Festplatte. Um die notwendige Mindestkapazität dieser Festplatte zu bestimmen, müssen Sie den

Software-Anwendungen: Datenbankverwaltung

Umfang Ihrer Dateien kennen. Zweitens müssen Sie berücksichtigen, daß viele Datenbankprogramme nur mit Dateien bis zu einer bestimmten Größe arbeiten. Der Umfang Ihrer Datei entscheidet also darüber, welche Programme für Sie in Frage kommen. Die folgenden Beispiele sollen Ihnen bei der Einschätzung der Größe Ihrer Dateien behilflich sein.

Angenommen, Sie haben eine Aktenablage mit Informationen über die Mitglieder Ihrer Organisation. Da diese 800 Mitglieder zählt, haben Sie auch 800 Akten abgeheftet. Sind Sie hingegen Meinungsforscherin und haben bei 800 Personen eine 10-seitige Meinungsumfrage vorgenommen, haben Sie ebenfalls 800 Akten in Ihrer Ablage. Jede dieser Akten umfaßt allerdings 10 Seiten. Obwohl in beiden Fällen 800 Akten vorliegen, ist der Platzbedarf im zweiten Fall weit höher als im ersten. Zur Berechung des benötigten Platzes muß neben der Anzahl der Akten also auch deren Umfang beachtet werden.

Dasselbe gilt für Datensätze im Computer. Man darf nicht nur die Anzahl der Datensätze berücksichtigen. Es ist vielmehr ratsam, die maximale Anzahl von Zeichen in einem Datensatz zu zählen und mit der Anzahl der Datensätze in der Datei zu multiplizieren. Jeder Datensatz für die Vereinsmitglieder hat zum Beispiel *Felder* für Name, Straße und Hausnummer, Stadt, Land, Postleitzahl, Telefonnummer und Beitrittsdatum. Der Umfang eines *Datensatzes* beträgt 100 Zeichen. Die *Dateigröße* beträgt dann 800 Datensätze mal 100 Zeichen; das ergibt 80.000 Zeichen. Sie benötigen also für Ihre Datei eine Speicherkapazität von nur 80K. Die Datensätze der Meinungsumfrage hingegen umfassen 1.000 Zeichen. Für die 800 ausgefüllten Fragebögen benötigen Sie also einen Computer mit mindestens 800K (800.000 Zeichen) Speicherkapazität.

Im Computergeschäft wird man Ihnen in den meisten Fällen bei der Berechnung des für Ihre Bedürfnisse erforderlichen Speicherplatzes behilflich sein. Sie müssen jedoch die grundlegenden Informationen zur Verfügung stellen, zum Beispiel wie viele Kunden Sie haben und wieviele Informationen Sie zu jedem Kunden speichern wollen. Auch die Anzahl der für jedes Feld vorgesehenen Zeichen müssen Sie angeben können.

Wie für alles im Computer-Bereich gibt es auch für das Berechnen der benötigten Dateigröße einen besonderen Ausdruck. Dieser Arbeitsvorgang wird **Systemanalyse** genannt und von der **Systemanalytikerin** durchgeführt.

Sie müssen das System über Ihre Daten informieren

Bevor Sie das Datenbanksystem benutzen können, müssen Sie zuerst die Anzahl der benötigten Felder sowie die Zahl der Zeichen für jedes Feld eingeben. Sie *programmieren die Datenbanksoftware entsprechend Ihren Bedürfnissen. Diesen Vorgang nennt man ***Installieren** oder ***Initialisieren** des Systems. Das Programm benötigt diese Informationen zur Handhabung Ihrer Datensätze. Erst wenn Sie genaue Angaben zu Ihren Daten eingegeben haben, kann das System einzelne Datensätze in der Datei lokalisieren.

Angenommen, eine bestimmte Datei enthält Datensätze von je 300 Zeichen. Wenn Sie den Datensatz 835 wählen, multipliziert der Computer 835 mal 300. Auf diese Weise kann er feststellen, wo sich der gewünschte Datensatz innerhalb der Datei befindet. Der Lese/Schreibkopf wird dann zur richtigen Spur und dem richtigen Sektor auf der Diskette gesteuert, wo die Information eingelesen und dann zum Bildschirm übertragen wird.

Diesen Vorgang möchte ich an einem Beispiel erläutern. Nehmen wir an, Sie wollen eine Datenbank erstellen, in die Sie Zeitschriftenartikel nach Thema, Autorin und Titel geordnet eingeben. Sie sehen 35 Zeichen für den Titel des Artikels vor, 30 Zeichen für den Namen der Autorin, 31 Zeichen für den Namen der Zeitschrift und 4 Zeichen für das Erscheinungsdatum. Den Kommentar zu jedem Eintrag begrenzen Sie auf 5 Zeilen von je 40 Zeichen Länge. Dieses Feld umfaßt also 200 Zeichen. Damit beträgt die Zahl der Zeichen pro Datensatz 300 Zeichen.

Dies teilen Sie Ihrem Datenbankprogramm mit. Zu diesem Zweck wählen Sie im Menü auf dem Bildschirm die Funktion ***Felder definieren** oder ***Datei eröffnen**, bzw. die entsprechende Meldung in Ihrem Programm. Dann geben Sie die folgenden Informationen ein:

Feldname	Länge	Datentyp
TITEL	35	A
AUTOR	30	A
NAME DER ZEITSCHRIFT	31	A
MONAT	2	N
JAHR	2	N
KOMMENTAR	200	A

Software-Anwendungen: Datenbankverwaltung

Mit Hilfe dieser Informationen teilen Sie dem Datenbankprogramm die von Ihnen gewählten *Feldnamen, die *maximale Anzahl der Zeichen pro Feld, und die Art der in dem jeweiligen Feld eingegebenen Daten mit: A bedeutet **alphabetische Daten** (A-Z), und N bedeutet **numerische Daten**.

Wenn dem Programm bekannt ist, ob für ein bestimmtes Feld alphabetische oder numerische Daten vorgesehen sind, kann es schon bei der Eingabe der Daten eventuelle Fehler anzeigen. Geben Sie zum Beispiel in das Monatsfeld aus Versehen »Fe« ein, meldet das Programm einen Fehler, da für dieses Feld nur Zahlen vorgesehen sind. Bei einigen Programmen geschieht die Fehlermeldung durch einen Ton. In manchen Feldern, zum Beispiel dem für Adressen, erscheinen Buchstaben und Zahlen. Diese Art Daten werden ***alphanumerische Daten** genannt.

Ihr Computer wird zu einem Büroroboter

Nachdem die Felder definiert sind, können Sie allerdings noch immer nicht mit der Arbeit beginnen. Ein Datenbanksystem hat keinen eigenen Verstand. Es ist nur ein Programm, das Ihren Computer in einen stupiden, aber schnellen Büroroboter verwandelt. Dieser befolgt seine Anweisungen so genau, daß er einen manchmal schier zur Verzweiflung bringt.

Wir alle kennen Science Fiction-Filme mit humanoiden Robotern, die sich auf Laufrollen fortbewegen, die Arme bewegen und den Kopf um 360 Grad drehen können. Unser Datenbankprogramm ähnelt tatsächlich, abgesehen vom Aussehen, einem Büroroboter. Es öffnet durch Zugriff auf die Diskette einen Aktenschrank. Es sortiert, heftet ab und ordnet Informationen, ohne daß wir es sehen. Es schreibt zwar nicht mit Roboterfingern, aber es schickt elektronische Impulse zum Drucker. Ebenso wie ein Roboter versteht das Programm allerdings auch nichts von dem, was es tut. Daher müssen wir Menschen dem Programm vieles mitteilen, was wir bei einer menschlichen Büroangestellten stillschweigend voraussetzen würden.

Wenn Sie einer Angestellten sagen »Holen Sie mir bitte die Akte Deborah Brecher«, so setzt diese Anweisung mehr Wissen voraus als Sie vermuten. Die Angestellte geht davon aus, daß die Akten nach dem Nachnamen alphabetisch geordnet sind. Sie nimmt ferner an, daß die Akten in absteigender Folge abgelegt sind, »A« sich also am Anfang und »Z« am Ende der Datei befindet. Obwohl Sie das alles nicht sagen, wird die Angestellte dennoch die richtige Akte bringen.

Bei einer Datenbank können Sie jedoch nichts voraussetzen. Wie schon gesagt, handelt es sich um programmierbare Software. Die Meinungsforscherin, das Liegenschaftsamt, die Kfz-Zulassungsstelle oder die Fernsprechauskunft verwenden alle dasselbe Programm. Jeder dieser Anwender muß das Programm vor dem Einsatz seinen speziellen Anforderungen anpassen.

Für jede einzelne Anwenderin muß folglich nicht nur das Datensatz-Layout, sondern auch die Organisation der Datei bestimmt werden. Erst dadurch wird es der Kfz-Zulassungsstelle möglich, Informationen unter der Kfz-Nummer zu suchen, oder dem Liegenschaftsamt, Grundstücke nach der Adresse zu sortieren, und der Telefonvermittlung, Nummern nach dem Nachnamen zu finden.

Den Aufbau der Datei festlegen

Nachdem Sie die Beschaffenheit Ihrer Datensätze festgelegt haben, müssen Sie noch den Aufbau Ihrer Datei festlegen. Mit anderen Worten, Sie müssen angeben, nach welchem Feld die Datensätze in der Datei sortiert werden. Von dieser Angabe hängt es auch ab, wie eine Information in der Datei gesucht werden muß.

In unserem Beispiel nimmt die Angestellte an, die Mitgliedsakten sind alphabetisch nach dem Nachnamen sortiert. Doch dies trifft nicht immer zu. Die Aufzeichnungen des Liegenschaftsamtes sind nach Adressen geordnet. Der Name der Eigentümerin ist nur eine unter vielen Informationen. Bei jedem Verkauf wird er ausgewechselt. Für das Amt ist es wichtig, zu jeder beliebigen Adresse die gewünschten Informationen erhalten zu können. Auf diesem Weg kann die derzeitige Besitzerin ausfindig gemacht werden, wenn der Besitz einer Neueinschätzung unterzogen wird oder Steuern nicht bezahlt wurden.

Die Zulassungsbehörde ordnet ihre Akten wiederum anders, nämlich nach der Kfz-Nummer. Ein Verkehrspolizist kann daher zum Beispiel bei einem Parkvergehen anhand der Kfz-Nummer den Fahrzeughalter feststellen.

Das Schlüsselfeld

Das Feld, in dem der Aufbau der Datei festgelegt wird, heißt *Schlüsselfeld oder einfach *Schlüssel. Mit Hilfe des Schlüssels können Sie einen bestimmten Datensatz innerhalb der Datei finden. Es ist sehr wichtig,

Software-Anwendungen: Datenbankverwaltung

daß die im Schlüssel enthaltene Information bei jedem Datensatz *unterschiedlich* ist. Sie können daher nicht das Postleitzahl-Feld als Schlüssel verwenden, da viele Personen die gleiche Postleitzahl haben. Es ist also nicht möglich, über die Postleitzahl einen bestimmten Datensatz in einer Datei ausfindig zu machen.

Der Schlüssel ist äußerst wichtig und sollte daher sehr sorgfältig ausgewählt werden. Der Nachname mit Vornamen als Schlüssel bietet sich an, ist jedoch nicht immer geeignet. In umfangreichen Dateien gibt es möglicherweise nicht nur eine Frau mit Namen Elisabeth Schmidt. Eine Elisabeth nennt sich vielleicht Lisa. Wir Menschen können, im Gegensatz zu einem Computer, mit diesen beiden Namensformen umgehen. Wenn wir im Computer Informationen zu Lisa Schmidt suchen, finden wir nichts. Das liegt daran, daß der Computer an seine Vergleichs-Funktion gebunden ist. Er vergleicht das gesuchte Wort mit dem Schlüssel jedes Datensatzes der Datei. Nur wenn er auf eine *exakte* Deckungsgleichheit trifft, holt er den entsprechenden Datensatz auf den Bildschirm. Doch Lisa und Elisabeth sind ganz unterschiedliche Wörter.

Einige Firmen, Organisationen und Schulen verwenden Sozialversicherungsnummern als Schlüssel. Das ist sehr praktisch, da jede Person eine andere Nummer hat, die zudem nur 9 Stellen umfaßt. Das einzige Problem bei diesem Verfahren besteht darin, daß dem Anwender die Sozialversicherungsnummern bekannt sein müssen.

Viele große Firmen richten ein Extra-Feld ein, das als Schlüssel dient. Es besteht aus einer Kombination von Daten aus mehreren anderen Feldern. So kann sich der Schlüssel zum Beispiel aus den ersten fünf Buchstaben Ihres Nachnamens, den ersten drei Buchstaben der Straße und den ersten drei Zahlen der Postleitzahl zusammensetzen. Derartige Kodes sieht man häufig auf den Adressaufklebern von abonnierten Zeitschriften. Die Folge von Buchstaben und Zahlen oben auf dem Etikett, die einen vagen Zusammenhang mit Ihrem Namen und Ihrer Adresse aufweist, ist Ihr Schlüssel. Wenn Sie umziehen, werden Sie meistens von dem Zeitschriftenverlag um Angabe Ihres Schlüssels gebeten. Anhand dieses Schlüssels kann Ihre Adresse unter Millionen anderen Datensätzen gefunden und Ihre neue Anschrift eingetragen werden.

Da jeder Datensatz seinen unverwechselbaren Schlüssel hat, können keine Duplikate auftreten. Angenommen, Sie gehen zum Zahnarzt und werden gefragt, ob Sie schon bei diesem Arzt in Behandlung waren. Vor Schmerz benommen, antworten Sie mit Nein, obwohl Sie schon einmal dort waren. Sobald die Arzthelferin Ihre Daten eingibt, meldet das System, daß bereits ein Datensatz mit demselben Schlüssel existiert.

Mit der Definition des Schlüssels ist die Programmierung des Programms abgeschlossen, und Sie können Ihr elektronisches Ablagesystem benutzen.

Dateneingabe

Als erstes müssen Sie Ihre Daten eingeben, das heißt, die Datensätze in den Computer schreiben. Zu diesem Zweck holen Sie das Menü auf den Bildschirm. Dort wählen Sie die Funktion *Dateneingabe. Jedes System hat hierfür seine eigene Bezeichnung, zum Beispiel **Einfügen, *neue Datensätze** oder **Aktualisieren**.

Die Eingabe der Informationen am Computer ähnelt dem Ausfüllen von Formularen mit der Schreibmaschine. Auf Ihrem Bildschirm erscheint jeweils eine »Karteikarte« mit den von Ihnen gewählten Feldnamen. In unserem Beispiel würde das folgendermaßen aussehen:

```
TITEL              ..................................
AUTOR              ..............................
NAME DER ZEITSCHRIFT ..............................
MONAT              ..
JAHR               ..
KOMMENTAR          ..................................
                   ..................................
                   ..................................
                   ..................................
                   ..................................
```

Die Punkte auf dem Bildschirm entsprechen der Anzahl der Zeichen, die Sie in dem jeweiligen Feld schreiben können. Die Kästchen der Formulare aus Papier haben die gleiche Funktion. Beim Schreiben verschwinden die Punkte und werden durch den geschriebenen Text ersetzt. Mehr ist nicht zu tun! Nachdem eine »Karte« ausgefüllt ist, speichert das Programm sie ab und zeigt eine neue leere »Karte« auf dem Bildschirm, die Sie ebenfalls ausfüllen können.

Software-Anwendungen: Datenbankverwaltung

Die Arbeit mit Ihrer Datenbank

Jetzt können Sie mit Ihrer Datenbank arbeiten. Alles, was ich bisher beschrieben habe, geschieht ein einziges Mal bei der Installation des Systems.

Jedesmal wenn Sie einen neuen Datensatz erstellen wollen, sci es um einen neuen Zeitschriftenartikel, einen neuen Abonennten oder einen neuen Kunden aufzunehmen, gehen Sie ins Menüfeld *Dateneingabe*. Wenn Sie etwas nachsehen wollen, geben Sie den Schlüssel des betreffenden Datensatzes ein und sofort erscheint dieser auf dem Bildschirm.

Das Auswählen einer *Gruppe von Datensätzen* dauert etwas länger. Angenommen, Sie wollen den Vereinsmitgliedern einen Brief zukommen lassen, deren Mitgliedsbeitrag fällig ist. Bei einem manuellen System müssen Sie alle Karteikarten durchsehen. Jede Karteikarte mit einem fälligen Mitgliedsbeitrag wird herausgenommen. Dann wird die Mahnung getippt und abgeschickt.

Das computerisierte System unterscheidet sich von manuellen Systemen dadurch, daß die Datensätze nicht aus der Datei »herausgenommen« werden. Stattdessen wird eine Kopie der Datensätze, auf die die Auswahlkriterien zutreffen, auf Diskette geschrieben und in einer separaten Datei gespeichert (diese Datei wird *Unterdatei genannt). Jetzt können die ausgewählten Datensätze zum Ausdruck von Adressaufklebern, als Adressdatei zum Einmischen in einen Serienbrief (»Dies ist Ihre letzte Gelegenheit, Ihre Mitgliedschaft zu verlängern...«) oder zu ähnlichen Zwecken verwendet werden. Nach Gebrauch müssen die Datensätze auch nicht wieder in die Datei eingeordnet werden, wie es bei einem manuellen System erforderlich ist.

Mit Datenbanksystemen lassen sich sehr leicht *spezielle Übersichten oder *Listen erstellen. Diese können ausgedruckt oder auf dem Bildschirm dargestellt werden. Zum Beispiel lassen Sie sich alle Vereinsmitglieder anzeigen, deren Mitgliedschaft in den nächsten 6 Monaten ausläuft, oder Sie drucken die Namen und Adressen aller Mitglieder aus, die ihren Jahresbeitrag noch nicht gezahlt haben.

Wenn Sie die Namen und Adressen in einem bestimmten Format ausdrucken wollen, müssen Sie ein ***Druckformat** erstellen. Dies geschieht auf ähnliche Weise wie die Definition eines Datensatzes, nur daß Sie bei einem Druckformat angeben, wo ein Feld auf dem Ausdruck erscheinen soll (Feldgrößen wie bei der Datensatz-Definition müssen hier nicht mehr angegeben werden). Für das Adressaufkleber-Format geben Sie zum Beispiel an, daß Stadt und Postleitzahl in einer Zeile gedruckt werden sollen. Außerdem müssen nicht alle Felder eines Datensatzes auf dem Adressenaufkleber erscheinen. Zum Beispiel wird die Telefonnummer weggelassen.

Ein Register spart Zeit

Es ist nicht sonderlich schwer, eine Unterdatei zu erstellen. Doch wie geschieht diese Suche im Computer? Wie kann das Programm einen bestimmten Datensatz fast ohne zeitliche Verzögerung unter tausenden von Datensätzen ausfindig machen? Jeden Datensatz einzeln durchzugehen wäre viel zu zeitaufwendig.

Der Computer verwendet bei seiner Suche einen sogenannten *Index. Einen Index kennen Sie aus Büchern. Dort dient er der Aufschlüsselung des Inhalts. Da der Index nach Sachbegriffen alphabetisch geordnet ist, können Sie die jeweiligen Stellen zu jedem Begriff leicht nachschlagen. Sie müssen nicht das ganze Buch Seite für Seite durchblättern, sondern können direkt zu der gewünschten Stelle gehen (*direkter Zugriff).

Das Datenbankprogramm verwendet einen Index, der sich aus Schlüssel und Datensatznummer zusammensetzt. Das Programm braucht also nicht jeden Datensatz einzeln durchzugehen, sondern kann über den Index und die dort gespeicherte Datensatznummer (ähnlich der Seitenzahl in einem Buch) den gewünschten Datensatz finden. Sobald die Datensatznummer im Index gefunden ist, bewegt das Laufwerk den *Lese/Schreibkopf zu der richtigen Stelle auf der Diskette und liest den Datensatz in den Hauptspeicher.

Das Datenbankprogramm erstellt automatisch einen Index für das von Ihnen gewählte Schlüsselfeld. Doch auch für andere Felder kann ein Index erstellt werden. Alle Indices werden ständig auf dem neuesten Stand gehalten. Bei jeder neuen Eingabe eines Datensatzes werden also *sämtliche* Indices entsprechend aktualisiert.

Diese Möglichkeit, mehrere Indices anzulegen, gehört zu den größten Vorteilen von Computer-Datenbanken. Dadurch können Sie einzelne Datensätze nach den verschiedensten Kriterien aus Ihrer Datei aussortieren. In der Zeitschriftenartikel-Datenbank zum Beispiel lassen sich Datensätze nach Titel, Autor, Erscheinungsdatum und so weiter gruppieren.

Vermutlich sind Ihnen bereits herkömmliche Systeme mit mehreren Indices bekannt. Einige Bücher haben zum Beispiel neben einem Sachregister noch ein Namensregister oder ein Verzeichnis geographischer Namen. Juristische Schriften sind häufig mit einem Register der Gerichtsentscheidungen ausgestattet.

Software-Anwendungen: Datenbankverwaltung

Ein bekanntes Beispiel für mehrfache Indexierung ist ein Bibliothekskatalog. Die Bibliothekarin führt drei verschiedene Kataloge: Einen Sachkatalog, einen Autoren- und einen Titelkatalog. Über jeden dieser drei Kataloge können Sie sich in den Bücherregalen orientieren. Sie werden direkt zu dem gewünschten Buch geführt, ganz gleich ob Sie unter Sachgebiet, Autor oder Titel im Katalog nachschlagen.

Wenn Sie in einem Computer-erfaßten Bibliothekskatalog nach diesem Handbuch suchen und sich nur an meinen Namen erinnern, können Sie vom Terminal aus eine *Anfrage vornehmen. Das System fragt Sie zunächst, in welchem Index Sie suchen möchten. Sie antworten: im Autorenindex. Dann erscheint eine leere Datenmaske auf dem Bildschirm.

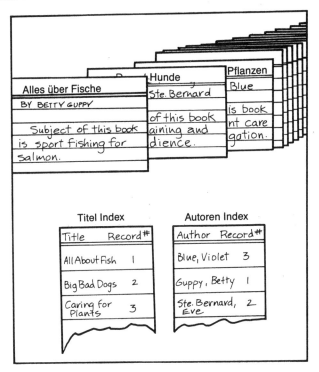

Abbildung 4.2. Dieser computerisierte Katalog hat zwei Indices. Um über den Autor einen Titel zu finden, benutzen Sie den Autorenindex. Anhand der Datensatznummer im Autorenindex findet das Datenbankprogramm die entsprechende „Stelle auf der Diskette mit der Katalog-Datei.

Der Cursor steht in dem Feld für den Namen des Autors. Dort geben sie BRECHER, DEBORAH ein und schon erscheint die elektronische Karte für das *Frauen-Computer-Lehrbuch*. Wählen Sie den Titelindex, steht der Cursor im Titelfeld. Hier müssen Sie DAS FRAUEN-COMPUTER-LEHRBUCH eingeben.

An herkömmlichen Katalogen sind Sie manchmal gezwungen, einen ganzen Karteikasten durchzublättern. Es kommt zum Beispiel vor, daß Sie den genauen Titel eines Buches vergessen haben. Bei diesem Buch würden Sie unter FRAUEN nachsehen und hier alle Karten durchgehen, bis Sie auf das gesuchte Buch stoßen.

Das Gleiche ist am Computer möglich. Um den »elektronischen Karteikasten« zu FRAUEN zu öffnen, geben Sie FRAUEN * ein. Auf dem Bildschirm erscheint daraufhin ein Verweis auf das erste Buch, dessen Titel mit diesem Wort beginnt. Handelt es sich nicht um mein Buch, so können Sie alle »Karten« nacheinander durchgehen. Zu diesem Zweck drücken Sie die Wagenrücklauftaste (RETURN oder ENTER) und holen damit den nächsten Verweis auf den Bildschirm.

Wie schon gesagt, muß bei einer Computer-Anfrage der Schlüssel genau mit dem Suchbegriff übereinstimmen. In unserem Beispiel mußte daher das Sonderzeichen * verwendet werden, um die Kartei zu FRAUEN zugänglich zu machen. Derartige Zeichen heißen *Stellvertretersymbole.

Während die Bibliothekarin für jeden der drei Kataloge eine Verweiskarte schreiben muß (siehe Abb. 4.2.), lassen sich in einem Datenbanksystem zusätzliche Indices automatisch erstellen. Die Daten brauchen daher nur ein einziges Mal eingegeben zu werden.

Achten Sie beim Kauf des Datenbankprogramms auf dessen Grenzen

Bei der Auswahl des für Sie geeigneten Datenbanksystems dürfen Sie nicht vergessen, daß jedes Computerprogramm seine *Grenzen hat. Dies triff auch auf Datenbanksoftware zu. Wichtig ist, daß Ihre Anforderungen nicht über die Grenzen des Programms hinausgehen. Diese betreffen beim Datenbanksystem die *maximale Feldlänge, die *maximale Anzahl an Datensätzen, die *maximale Anzahl an Indices und die *maximale Anzahl an Feldern. Diese Leistungsgrenzen dürfen von Ihren speziellen Bedürfnissen nicht überschritten werden.

Software-Anwendungen: Datenbankverwaltung

Die *maximale Feldlänge

Vor dem Kauf eines Datenbankprogramms gilt es zu klären, ob die zulässige Feldlänge für Ihre Anforderungen ausreicht. Die maximale Feldlänge gibt an, wieviele Zeichen ein Feld maximal aufnehmen kann.
  In meiner Adressendatenbank ist das Namensfeld am längsten. Es umfaßt 30 Zeichen. Bei einer Datenbank für Zeitschriftenartikel muß die Feldgröße sehr viel umfangreicher sein. Hier wird jeweils in ein Feld eine kurze Inhaltsangabe des Artikels aufgenommen. Für diesen Text müssen mehrere Zeilen von je 80 Zeichen Länge veranschlagt werden. Das Programm muß also eine Feldgröße von mindestens 400 Zeichen zulassen, damit Zeilen von dieser Länge eingeplant werden können. Für diese Zeitschriftendatenbank kommt ein Programm mit einer maximalen Feldgröße von 100 Zeichen nicht in Frage, während diese Einschränkung bei meiner Adressendatenbank nicht ins Gewicht fällt.

Die maximale Anzahl an Datensätzen

Jedes Programm ist ferner für eine bestimmte *maximale Anzahl an einzelnen Datensätzen ausgelegt. Für einen kleinen Verein, der eine Mitgliederverwaltung einrichten möchte, ist dies ohne Bedeutung. Doch für landesweite Organisationen mit 50.000 oder mehr Mitgliedern kommen nur bestimmte Datenbankprogramme in Frage, da nicht alle eine derartige Menge an Datensätzen zulassen.
  Selbst wenn die Anzahl der derzeitig benötigten Datensätze relativ klein ist, sollten Sie doch nicht vergessen, daß Ihre Adressenliste oder sonstige Datenbank im Laufe der Jahre vermutlich an Umfang zunimmt. Eine Daumenregel für den Kauf eines Programmes besagt, daß es auch nach fünf Jahren noch nicht zu klein sein darf. Die höchstzulässige Anzahl an Datensätzen sollte selbst bei einer optimalen Entwicklung der Zahl Ihrer Kunden, Vereinsmitglieder, Bücher usw. innerhalb der nächsten fünf Jahre nicht erreicht werden. Es ist ratsam, diese Regel zu befolgen, selbst wenn Sie aus diesem Grund ein teureres Programm erwerben müssen. Sie kommen auf diese Weise letztlich billiger weg. Sollten Sie bereits nach einiger Zeit gezwungen sein, sich ein neues Programm anzuschaffen, bedeutet das eine erneute Geldausgabe — ganz zu schweigen vom Zeit- und Arbeitsaufwand, den die Einarbeitung in ein unbekanntes System erfordert.

Die maximale Anzahl an Indices

Für viele Datenbank-Anwenderinnen ist die Anzahl der möglichen Indices uninteressant. Sie organisieren ihre Daten ohnehin nur nach einem Feld, zum Beispiel nach dem Namen. Für die Autobahnpolizei sind hingegen mehrere Indices unverzichtbar, da sie in der Lage sein muß, die einzelnen Datensätze über mehr als ein Feld aufrufen zu können. Wurden Sie wegen überhöhter Geschwindigkeit angehalten, kann die Polizei Sie anhand Ihres Führerscheins, der Fahrzeugnummer oder Ihres Namens im Computer überprüfen. Ihre Datenbanksoftware muß also nur dann mehrere Indices erstellen können, wenn Sie über verschiedene Felder an die Informationen in Ihrer Datei gelangen möchten.

Maximale Anzahl an Dateien

Bisher wurde über Datenbankverwaltungsprogramme gesprochen, die nur eine Datei verwalten. Tatsächlich können viele Datenbankverwaltungsprogramme nicht mehrere Dateien gleichzeitig verwalten. Es gibt aber auch die sogenannten *relationalen Datenbanken, die in der Lage sind, mit mehreren Dateien gleichzeitig zu arbeiten.

Welchen Vorteil haben relationale Datenbanken? Als Beispiel möchte ich ein Inventarisierungssystem anführen. Die Inventardatei besteht aus einer Liste, in der alle inventarisierten Waren nach Lagerbestand und Lieferantennummer erfaßt sind. In einer zweiten Datei, der Lieferantendatei, sind Namen und Adressen mit der Lieferantennummer (einer Zahl, über die eine Firma identifiziert wird) aller Firmen gespeichert, von denen Waren gekauft wurden.

Diese beiden Dateien sind über die Lieferantennummer verknüpft. Es müssen jetzt für die von einer bestimmten Firma gekauften Waren nicht mehr alle Lieferantendaten eingegeben werden, sondern diese Informationen sind über eine Software-Brücke zwischen den beiden Dateien verfügbar. Wenn zum Beispiel 20 verschiedene Waren von Firma A bezogen werden, müssen Name, Adresse und Telefonnummer der Firma nicht zwanzigmal eingegeben werden. Es genügt die einmalige Eingabe in die Lieferantendatei. Es ist für die Benutzerin der Datenbank nicht erkennbar, daß die Lieferantenadresse in einer separaten Datei abgelegt ist. Bildschirminformationen und vom System erstellte Listen können aus beiden Dateien zugleich Informationen heranziehen, da beide Dateien zugleich geöffnet und ausgewertet werden können.
Natürlich kostet ein solches Programm, das mehr Möglichkeiten bietet,

auch mehr Geld. Andererseits sind die weniger leistungsfähigen, billigeren Programme leichter zu bedienen. Einige Programme zum Beispiel lassen nur einen Index zu, nämlich das erste Feld. In diesem Fall müssen Sie nie das Schlüsselfeld angeben, da es schon festgelegt ist. Das bedeutet einen Befehl weniger, den Sie lernen müssen.

Es ist nicht ratsam, zur Führung Ihrer Weihnachtsgruß-Datei eines der sehr leistungsfähigen relationalen Datenbankverwaltungssysteme zu kaufen. Sie sollten sich als erstes Gedanken über den Umfang Ihrer gewünschten Anwendung machen. In einem nächsten Schritt informieren Sie sich dann über die Leistungsgrenzen der Software.

Unter den relationalen Datenbankprogrammen sollten Sie sich dBase III+, RBase und Paradox näher ansehen. Zu den einfachen Programmen gehören Q&A, PFS File und Rapidfile. Die billigste, einfache Datenbank ist PC-File. Hierbei handelt es sich um ein sogenanntes Shareware-Programm. Das heißt, Sie können das Programm völlig legal kopieren und frei benutzen. Sind Sie mit dem Programm zufrieden, so wird Ihnen gegen Bezahlung eines gewissen Betrags die vollständige Dokumentation zugestellt. Relationale Datenbanksoftware für den Macintosh sind die Programme McMax, 4th Dimension und dBase Mac.

Anwendungen für Datenbanken

Datenbanksysteme gehören zu den vielseitigsten Anwendungen des Computers. Viele für uns selbstverständliche Service-Leistungen beruhen auf Datenbank-Anwendungen. Zum Beispiel werden Bestellungen von Mietwagen, Flugtickets und Theater-Karten meist über Datenbankverwaltungssoftware abgewickelt.

Unsere Gesellschaft entwickelt sich zunehmend zu einer Informations-Gesellschaft. Viele Unternehmen machen sich die Möglichkeit zunutze, beliebige Informationen zu speichern und wieder abzurufen. Eine Firma verfolgt zum Beispiel mit Hilfe eines Datenbankprogramms die Versicherungsraten verschiedener Anbieter. Sie kann Ihnen zu jeder gewünschten Art von Versicherung den billigsten Anbieter nennen. Ein anderes Unternehmen hat freie Mietwohnungen gespeichert. Dem Vermieter entstehen keine Unkosten durch Aufnahme in die Datenbank, doch der neue Mieter muß eine Vermittlungsgebühr bezahlen. Das Wohnungsverzeichnis verfügt über zahlreiche Indices. Die Auswahl kann nach Kriterien wie Höhe der Miete, Lage oder Anzahl der Zimmer getroffen werden, so daß leicht die passenden Angebote gefunden werden.

Ähnlich verfahren Zimmerservice-Dienste. Einige Stellenvermittlungen haben die Stellensuchenden, nach ihrer beruflichen Qualifikation geordnet, in einer Datei erfaßt. In Kalifornien gibt es eine High-Tech-Stellenvermittlung, deren Datenbank mit Stellenangeboten *online abrufbar ist. Das bedeutet, daß Sie über Ihr Terminal und Modem von zu Hause aus diesen Service anwählen und die Datei durchsehen können.

Eine Computer-Datenbank kann so konzipiert sein, daß die Benutzer eine Telefonnummer wählen und sofort Verweise auf den gewünschten Service erhalten. Eine breite Mischung von Feldern könnten auf die Services verweisen; die Vermittlungszentrale wählt den von Ihnen genannten Service an und übermittelt Ihnen die gewünschten Informationen aus der Datenbank. Dieses vielversprechende Verfahren möchte die Telefongesellschaft einführen. Über Telefon/Modem können Sie dann zum Beispiel das Branchenverzeichnis auf Ihren Bildschirm holen. Dort erhalten Sie nicht nur die gesuchte Adresse und Telefonnummer, sondern auch die Preisinformationen und Ankündigungen der Angebote für die nächste Woche. Auch Illustrationen dazu erscheinen auf dem Bildschirm. Sollten diese Vorstellungen in die Wirklichkeit umgesetzt werden, würde das zu einer Umwälzung des gesamten Anzeigenmarkts führen. Da die Zeitungen um ihre Anzeigeneinnahmen fürchten, sind sie schon vor einiger Zeit gegen die Einführung eines elektronischen Branchenverzeichnisses vor Gericht gegangen.

Die Schattenseite der Datenbanksysteme

Natürlich haben auch Datenbanksysteme ihre Nachteile. Erstens besteht ein deutlicher Trend, sich Informationen bezahlen zu lassen, die früher frei erhältlich waren. Zweitens scheinen Verletzungen der Privatsphäre unausweichlich, denn heute können mit einem Mikrocomputer-System umfangreiche Informationen über Personen gespeichert werden. Bisher hatten nur Behörden und eine geringe Anzahl von Unternehmen die nötigen Mittel zum Unterhalt großer Personen-Datenbanken. Doch heute kosten diese Systeme weit weniger und sind sehr leicht zu bedienen.

Bezahlte Informationen

Die Aussicht, für bisher kostenlose Informationen bezahlen zu müssen, ist nicht sehr erfreulich. Nach Meinung vieler Experten wird die Benutzung von Bibliotheken in Zukunft nicht mehr kostenlos sein. Zum

Software-Anwendungen: Datenbankverwaltung

Beispiel werden vermutlich bibliographische Verzeichnisse bald nicht mehr gedruckt, sondern elektronisch in großen Datenbanken gespeichert. Den Bibliotheken werden eine monatliche Anschlußgebühr und die jeweiligen Benutzungskosten berechnet. Ihnen bleibt keine andere Möglichkeit, als diese Kosten auf die Bibliotheksbenutzerinnen umzulegen.

Die Mietangebote in den Zeitungen werden immer spärlicher, da die Vermieter die Anzeigenkosten sparen und stattdessen die kostenlose Aufnahme ihrer Angebote in die Datenbank eines Vermietungsdienstes vorziehen. Wer zahlt, ist die Benutzerin. Statt der 1,50 DM für die Zeitung muß sie jetzt 50,00 DM oder mehr für die Benutzung der Datenbank bezahlen. Auf den ersten Blick scheint dies nicht weiter schlimm zu sein. Doch von dieser Entwicklung der wachsenden Kosten für ursprünglich freie Informationen sind die ärmeren Gesellschaftsschichten am stärksten betroffen.

Das Telefonsystem in den USA ist ein weiteres Beispiel für diesen Trend, Informationen nur gegen Bezahlung zu liefern. Nach der Aufspaltung von AT&T haben die einzelnen Fernsprechdienste begonnen, ihre Auskünfte in Rechnung zu stellen. Es werden Gebühren für die örtliche Telefonauskunft und für die Vermittlung von Ferngesprächen berechnet. Während früher diese Dienste den Kunden kostenlos zur Verfügung standen, sind sie jetzt zu einer profitablen Einkommensquelle geworden. Außerdem werden erweiterte Leistungen gegen Bezahlung angeboten, wie eine Adressenauskunft (mit Postleitzahl) und eine Auskunft, die bei Angabe der Straße und Hausnummer den Namen und die Telefonnummer der Hausbewohner mitteilt.

Seit auf diese Weise Geld verdient werden kann, entstehen laufend weitere, miteinander konkurrierende Dienste. Vermutlich werden bald auch Informationen angeboten, wie die Telefonnummer am Arbeitsplatz und die Geburtstage. Offen gesagt ist mir dabei nicht sehr wohl zumute. Es hört sich sehr praktisch an, daß man nach Angabe der Adresse die Telefonnummer erfahren kann. Doch das ist nicht ganz ungefährlich. Ein Einbrecher zum Beispiel kann sich auf diese Weise eine Telefonnummer beschaffen und dann durch einen Anruf feststellen, ob jemand zu Hause ist. Die Beschaffung dieser Informationen auf anderem Wege ist relativ mühselig. Die neuen Dienste machen Informationen leichter verfügbar und schneller erhältlich.

Go Stop Run

Unser Privatleben wird durchsichtig

Gravierende Probleme ergeben sich aus Datenbankanwendungen wie Auskunfteien. Es gibt bereits Unternehmen, die gegen Bezahlung ein Dossier zu Ihrer Person anlegen. Über ihre an ein Modem angeschlossenen Computer durchsuchen sie zahlreiche öffentlich zugängliche Datenbanken. In den Volkszählungsunterlagen sind Angaben über das durchschnittliche Jahreseinkommen enthalten. Die Kfz-Zulassungsstelle, Grundbucheintragungen und andere harmlos anmutende Informationen können Rückschlüsse auf Ihre Kreditwürdigkeit zulassen. Es kann also ein umfassendes Bild von Ihrer Person erstellt werden.

Ein beängstigender und wenig beachteter Eingriff in die Privatsphäre ist dadurch gegeben, daß viele Vereine, Unternehmen und Zeitschriften ihre Adressenlisten ohne die Erlaubnis ihrer Mitglieder, Abonnenten oder Kunden verkaufen. Auskunfteien und sogar Behörden können diese Listen erwerben. Welche Zeitschriften Sie lesen, sagt sehr viel über Ihre politische Gesinnung aus. Auch Geschäfte, in denen Sie einkaufen, lassen Rückschlüsse auf Ihre Lebenshaltung zu. Das Finanzamt in den USA kommt mit Hilfe dieses Verfahrens Personen auf die Schliche, die keine Steuern zahlen (Für Personen, die ihr Einkommen zu niedrig ansetzen, wurde diese Methode bisher noch nicht verwendet). Es werden Adressenlisten von eleganten und teuren Zeitschriften gekauft. Mit Hilfe von Computern werden daraufhin die Namen überprüft um festzustellen, ob die angeblich wohlhabenden Abonnenten auch Einkommensteuererklärungen eingereicht haben.

Die »Big Brother«-Gesellschaft Orwells ist auf unbehagliche Weise näher gerückt. Es gibt leider keine Gesetze, die den Handel mit Informationen regeln. In einigen Branchen, etwa dem Bankbereich, gibt es glücklicherweise Regelungen. Im allgemeinen jedoch darf jeder Informationen kaufen und verkaufen. Es gibt zwar in den USA den Freedom of Information Act, der den Bürgern jedoch nur das Recht einräumt zu erfahren, welche Informationen eine Behörde über sie gespeichert hat. Es wird hingegen keineswegs geregelt, welche Informationen ein Privatunternehmen oder eine Behörde über eine Einzelperson speichern oder verkaufen darf.

Fast jeder kann irgendwelche Schreckensgeschichten berichten, die ihm im Zusammenhang mit gespeicherten Informationen widerfahren sind. Falsche Daten, die sich in eine Datei eingeschlichen haben, können Sie regelrecht verfolgen. Es kann passieren, daß Sie für kreditunwürdig erklärt werden, die Überweisung einer Kaufhausrechnung verspätet

Software-Anwendungen: Datenbankverwaltung

ankommt oder Sie einen bereits bezahlten Strafzettel noch einmal zahlen sollen. Aufgrund der sich aus falschen Informationen ergebenden Probleme unterliegen die Banken gesetzlichen Regelungen. In fast allen Staaten der USA sind Sie befugt, jederzeit Einsicht in die über Sie angelegte Bankakte zu nehmen. Wenn Ihnen ein Kredit verweigert wurde, muß Ihnen die Bank kostenlos eine Kopie Ihrer Akte zustellen; ansonsten müssen Sie hierfür bezahlen. Aber was ist mit all den anderen Akten, die über Sie angelegt wurden?

Ein bescheidener Vorschlag

Ich persönlich plädiere für die Auflage, daß jedes Unternehmen und jede Behörde, die Daten über Sie gespeichert hat, Ihnen jedes Jahr eine Kopie derselben zuschicken muß. Die Daten befinden sich bereits im Computer und können daher ohne großen Aufwand ausgedruckt und Ihnen zur Verfügung gestellt werden. Bei Banken ist dies bereits üblich. In regelmäßigen Abständen erhalten Sie Kontoauszüge, so daß Sie die Korrektheit der Bankabrechnungen nachprüfen können. Warum sollte ein Privatunternehmen, das sein Geld mit Informationen über Sie verdient, nicht dasselbe tun? Die damit verbundenen Belastungen dürfen allerdings nicht den einzelnen Personen aufgebürdet werden. Sie dürfen nicht gezwungen sein, Ihre Zeit und Mühe darauf zu verwenden, bei jedem Unternehmen Ihre Akte anzufordern, das Informationen über Sie gespeichert hat. In diesem Fall würden nur wenige von ihrem Recht Gebrauch machen und Fehler in den Dateien sowie falsche Informationen meistens unentdeckt bleiben (wie würde man überhaupt von der Existenz der gespeicherten Daten erfahren?).

Eine Datenbank-Ethik — ein positives (feministisches) Modell

Nachdem ich Sie vor den schlimmsten Folgen des Mißbrauchs von Computer-Datenbanken gewarnt habe, möchte ich eine interessante Möglichkeit aufzeigen, wie eine Datenbank unter Einbeziehung moralischer Gesichtspunkte konzipiert sein kann.

Die Einrichtung von Datennetzen gehört zu den positiven neuen Möglichkeiten, die sich durch die Nutzung von Datenbanken ergeben. 1981 machte ich eine interessante Beobachtung. In den USA gab es zahlreiche Fraueninitiativen, die daran gescheitert waren, daß zu wenig Leute von ihrer Existenz wußten. Ihre Aktivitäten waren dringend notwendig; sie umfaßten die Bereiche Frauenhäuser, Krisenintervention bei Vergewaltigungen, Rechtshilfe für besondere Frauengruppen, zum Beispiel Geschäftsfrauen, alte Frauen und Frauen aus Minderheiten; ferner auch Beiträge zur Frauenkultur, wie Kleinverlage für Frauenbücher und Produktion von Kunst, Musik, Theater und Film von Frauen. Leider fehlte selbst den erfolgreichsten Initiativen das Geld, um sich in der Presse oder im Radio, ganz zu schweigen vom Fernsehen, Werbung leisten zu können. Daher blieben ihre Aktivitäten den Frauen, die sie ansprechen wollten, weitgehend unbekannt. Andererseits hatten Frauen, die Kontakt zu diesen Initiativen suchten, keine Möglichkeit, sie zu finden.

Als Unterstützung für diese Gruppen richtete ich unter dem Namen *The National Women's Mailing List* (Landesweites Anschriftenverzeichnis für Frauen) eine elektronische Datenbank ein. Dieses vernetzbare Anschriftenverzeichnis sollte als Beispiel für eine elektronische Datenbank dienen, in der Informationen über Personen nach feministischen (moralischen) Prinzipien gespeichert sind.

Ich bezeichne diese Prinzipien nicht deswegen als feministisch, weil sie auf Frauen beschränkt sind, sondern weil sie am eindringlichsten von Frauen artikuliert wurden, die sich als Feministinnen mit diesem Thema auseinandergesetzt hatten (zum Beispiel Judy Smith vom *Women and Appropriate Technology Network* und Corky Bush von der *American Association of University Women*. Im einzelnen handelt es sich um folgende Prinzipien:

- Anerkennung der Rechte der Einzelnen
- Die Beteiligten haben die Kontrolle über das System
- Die Anwender sind an der Gestaltung des Systems beteiligt
- Im voraus erkennen, was die Folgen eines Systemausfalls sind. Und dieser Ausfall kommt *unvermeidlich*!

Das Anschriftenverzeichnis für Frauen

Ich möchte anhand der *National Women's Mailing List* erklären, was diese Prinzipien in der Praxis bedeuten. Die meisten elektronisch gespeicherten Anschriftenlisten werden einfach dadurch geschaffen, daß Personenverzeichnisse gekauft und in einer Datenbank zusammengefaßt werden. Die Betroffenen wissen nichts davon und werden auch nicht um ihre Zustimmung gebeten. Unser Anschriftenverzeichnis dagegen

Software-Anwendungen: Datenbankverwaltung

beruht auf Freiwilligkeit. Um aufgenommen zu werden, müssen Sie ein spezielles Erfassungsformular unterzeichnen, sei es als Einzelperson oder als Frauenorganisation.

Das Erfassungsformular ist in zahlreiche Felder aufgegliedert. Hier können die Teilnehmerinnen Angaben über Alter, Beruf, ethnische Zugehörigkeit, Familienstand machen oder den Zweck ihrer Organisation beschreiben. Jede Frau gibt an, zu welchen Themenbereichen sie Informationen erhalten möchte. Dazu steht ein breites Feld an Frauenthemen zur Auswahl. Jeder Themenbereich im Datenbanksystem ist einem separaten Feld zugeordnet. Das eingeschickte Formular wird als Datensatz in die Datei eingegeben.

Mit Hilfe der Selektionsmöglichkeiten des Datenbankprogramms lassen sich für eine Vielzahl von Frauenorganisationen und Themen kundenspezifische Listen anlegen. Zu diesem Zweck genügt es anzugeben, welche Felder durchsucht werden sollen. Zum Beispiel können wir den Computer anweisen, die 60.000 Datensätze der Hauptdatei durchzusehen und alle Personen anzugeben, die Interesse an Frauenliteratur haben. Feministische Verlage können dann diesem Personenkreis ihre Buchankündigungen zuschicken. Es lassen sich auch mehrere Felder kombinieren. Wir können zum Beispiel diejenigen herausfiltern, die sich für Frauenliteratur interessieren und in Chicago wohnen. Dieser Personenkreis kann dann über Autorenlesungen in Chicagos Frauenbuchhandlungen informiert werden. Wenn ein Buch den Themenkreis ältere Frauen behandelt, lassen sich alle Personen auffinden, die sich für Frauenliteratur interessieren, in Chicago leben und über 50 Jahre alt sind. Handelt es sich um ein Lehrbuch, so könnten alle Pädagoginnen unter diesen Frauen angesprochen werden. Eine Datenbank kann somit die verschiedensten Anforderungen erfüllen, je nachdem, wie die Suchbedingungen definiert wurden.

Die Aufnahme in die *National Women's Mailing List* ist nicht nur freiwillig, sondern es werden auch die Wünsche der Teilnehmerinnen respektiert. Es können Frauen mit den verschiedensten Interessen in die Datenbank aufgenommen werden. Sie können sicher sein, daß sie nur zu den von ihnen gewählten Themen Informationen erhalten. Eine Frau, die angegeben hat, daß sie sich nur für Fragen der Frauengesundheit interessiert, wird nie in einer Adressenliste auftauchen, in der Personen mit Interesse am Frauensport zusammengefaßt sind. In ihrem Datensatz ist das Feld für Sport freigelassen. Daher ist ausgeschlossen, daß ihr Name auf einer Liste erscheint, die für die Konferenz über Frauen-Leichtathletik bestellt wurde. Da der Computer den Anweisungen blind gehorcht, überspringt er ihren Namen, ohne ihn in die Unterdatei aufzunehmen. Unser Computer kommt voll und ganz den Wünschen der einzelnen Teilnehmerinnen entgegen, und diese müssen sich nicht den Vorgaben des Systems unterordnen.

Das Erfassungsformular

Die Verwendbarkeit einer Datenbank hängt einzig davon ab, wieviele Felder für Informationen vorgesehen sind. Unser Erfassungsformular muß daher so umfassend wie möglich sein. Alle wichtigen Interessengebiete, über die Frauen möglicherweise informiert werden möchten, müssen angegeben sein. Zunächst erstellten wir selbst ein Verzeichnis. Doch bald erkannten wir, daß es nicht vollständig war. Um die Lücken zu füllen, fügten wir unter der Überschrift »Weiteres« am Ende jeder Themengruppe einige Freizeilen ein. Die Antworten wurden sorgfältig ausgewertet und unser anfänglicher Entwurf auf diese Weise um mehr als 20 Kategorien erweitert. Durch die Möglichkeit der Beteiligten, Einfluß auf die Gestaltung des Systems zu nehmen, wurden die Anwendungsmöglichkeiten der Datenbank zum Vorteil aller erweitert.

Mit Hilfe des Computers läßt sich der Aufbau der Datensätze relativ leicht um neue Felder erweitern. Die Altmitglieder haben natürlich Leerstellen anstelle der neuen Felder. Doch vom Zeitpunkt der Neuorganisation an werden für die Zukunft auch die neuen Daten gesammelt. Dieses Verfahren ist nicht mit dem Bild des allwissenden System-Gestalters vereinbar. Doch jedes gute System sollte für zukünftige Veränderungen offen sein.

Es ist uns wohl bewußt, daß wir nicht jedes für Frauen interessante Gebiet erfassen können. Wir erfüllen die Rolle von Informations-Managerinnen oder Datenbank-Bibliothekarinnen. Unsere Aufgabe besteht darin, den Datensatzaufbau im Computer den Bedürfnissen anzupassen. Dieses Verfahren hat den zusätzlichen Vorteil, mit einem »lebenden« System zu arbeiten und auf sich ändernde soziale Bedingungen eingehen zu können. Zum Beispiel war Stop der Atomenergie beim Aufbau des Systems noch kein Thema. Nachdem wiederholt Interesse daran bekundet wurde, haben wir es unter die vorhandenen Interessengebiete aufgenommen.

Software-Anwendungen: Datenbankverwaltung

Systemaufbau und Ausfall

Auch die Möglichkeit eines Systemausfalls wurde einkalkuliert. Es ist realistisch davon auszugehen, daß das System *ausfallen wird*. Entsprechend sollte vorgesorgt werden. Es wird nicht morgen ausfallen. Aber irgendwann wird es sehr wahrscheinlich zu einem Ausfall kommen. Daher wurden wirksame Vorkehrungen zur Sicherung und Wiederherstellung des Systems getroffen.

Außerdem darf das System keine Informationen enthalten, die über eine eventuelle undichte Stelle in falsche Hände geraten könnten. Dieses Kriterium ist von großer Bedeutung. Denn wir dürfen nicht vergessen, daß jedes noch so sicher erscheinende System geknackt werden kann, selbst wenn es durch geheime Zugangskennwörter und Verschlüsselung der Daten gesichert ist.

Aus diesem Grund sammeln wir keine Informationen über die Zugehörigkeit der Frauen zu den verschiedenen Organisationen. Viele Frauengruppen haben uns um Angaben hierüber gebeten. Sie könnten dann ihre Informationen gezielt den Frauen zuschicken, die noch nicht bei ihnen Mitglied sind. Ein Verzeichnis von Mitgliedschaften geht jedoch in Richtung Dossierakte. Genau das wollen wir vermeiden. Unser Service beschränkt sich darauf, Anschriftenlisten mit Name und Adresse zu liefern. Der Inhalt des Erfassungsformulars einzelner Personen wird nicht bekanntgegeben. Außerdem erfragen wir von Interessentinnen keine Informationen, die sich eines Tages für sie als nachteilig erweisen könnten, wenn Informationen irgendwie nach außen dringen sollten.

Ich habe die Kriterien der Systemgestaltung hier sehr ausführlich erklärt, weil die meisten Computerhandbücher auf diesen Punkt überhaupt nicht eingehen. In den meisten Fachtexten wird die Frage, *wie* etwas zu handhaben ist, völlig von der moralischen Frage der *Anwendbarkeit* getrennt. Wenn zum Beispiel die Möglichkeit eines Systemversagens allgemein zugestanden würde, wäre niemand mehr bereit, die Risiken der Atomenergie zu akzeptieren. Wir dürfen unsere Alltagserfahrung nicht vergessen, die uns lehrt: Alles geht früher oder später kaputt. Daher müssen wir uns die Frage stellen, ob wir mit den Folgen eines Systemversagens leben können.

5
Software-Anwendungen: Tabellenkalkulation

Eine dritte, gängige Programm-Gruppe ist Software zur ***Tabellenkalkulation**. Im wesentlichen gestattet Ihnen ein Tabellenkalkulationsprogrammm, Zahlen in Spalten und Zeilen zu ordnen, wie es zum Beispiel in der Buchhaltung und im Hauptbuch erforderlich ist. Die *Tabellenkalkulationsprogramme werden hauptsächlich in der Buchhaltung und der Finanzplanung verwendet. Auch die Tabellenkalkulationssoftware muß vor ihrer Benutzung an Ihre Anforderungen angepaßt werden. Wenn Sie das Programm laden, erscheint zunächst ein leerer Bildschirm (siehe Abb. 5.1.). Vor der Dateneingabe müssen Sie das Programm Ihren Bedürfnissen entsprechend einrichten. Dies geschieht durch die Definition der ***Zeilen** und ***Spalten**.

Abb. 5.2. zeigt ein typisches Anwendungsbeispiel für Tabellenkalkulation. Für die einzelnen Monate und den jährlichen Gesamtbetrag wurden Zeilen definiert. Jede Ausgabengruppe (Miete, Betriebsmittel, Büromaterial und Gehälter) ist unter einer Spaltenüberschrift zusammengefaßt. Die Daten werden in die ***Zellen** (die Schnittpunkte von Spalten und Zeilen) eingegeben. Zu diesem Zweck wird der *Cursor an die entsprechende Stelle bewegt.

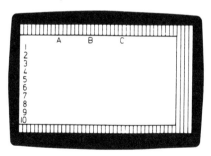

Tabellenkalkulation

Abbildung 5.1. Bevor Sie die Arbeit mit einem Tabellenkalkulationsprogramm beginnen, muß es Ihren Anforderungen angepaßt werden. Zuerst sind die Spalten und Zeilen nur durch Nummern und Buchstaben gekennzeichnet.

Go Stop Run

Ein Tabellenkalkulationsprogramm verwandelt die Bildschirmoberfläche in ein Netz von Zellen. Jede Zelle ist eindeutig definiert und daher leicht anzusprechen. Die einzelnen Programme gehen hier verschieden vor. Meistens werden die Zellen jedoch durch eine Zahl und einen Buchstaben identifiziert. Der Buchstabe gibt die Spalte an. Er befindet sich

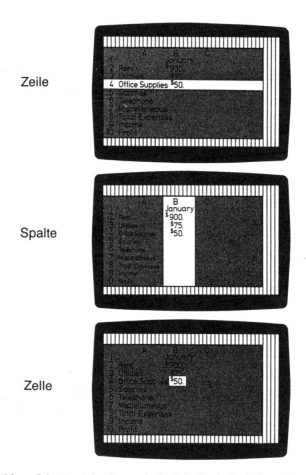

Abbildung 5.2. So sieht eine typische Tabellenkalkulations-Anwendung aus. Sie können die Zeilen und Spalten nach Ihren Erfordernissen benennen, zum Beispiel wie in dieser Tabelle. Bei der Dateneingabe müssen Sie zuerst mit dem Cursor zu der entsprechenden Zelle gehen.

am oberen Rand des Bildschirms. Die Zahlen entsprechen den Zeilen. Sie stehen an den Bildschirmseiten. Wie Abb. 5.2. zeigt, verweist B4 auf den Betrag, der im Januar für Büromaterial ausgegeben wurde.

Das Tabellenkalkulationsprogramm ermöglicht die Anordnung von Zahlen in Spalten und Zeilen. Das gleiche läßt sich mit etwas größerem Aufwand auch mit einem Textverarbeitungsprogramm erreichen. Warum sind Tabellenkalkulationsprogramme dann so beliebt?

Warum werden Tabellenkalkulationsprogramme benutzt?

Wir haben alle schon Zahlenkolonnen addiert und mußten dann feststellen, daß wir eine Zahl vergessen oder uns verrechnet hatten. Dann ging die ganze Arbeit wieder von vorne los. Dieses Problem tritt bei Tabellenkalkulationsprogrammen nicht mehr auf. Sie können das Programm anweisen, alle Zahlen in einer bestimmten Spalte zu addieren (oder in bestimmten Zellen, die Sie angegeben haben). Das Ergebnis soll in einer anderen Zelle ausgegeben werden, zum Beispiel unter der Bezeichnung »Summe«. Sie können addieren, löschen und jede verwendete Zahl verändern, ohne den Rechenvorgang wiederholen zu müssen.

Wenn Tabellenkalkulationsprogramme nur diesen einen Vorteil hätten, könnten Sie auch einen Taschenrechner verwenden und viel Geld sparen. Doch der eigentliche Vorteil dieser Programme liegt in der Möglichkeit, Relationen zwischen einzelnen Zeilen oder Spalten herzustellen. Zum Beispiel lassen sich in der Tabelle für die monatlichen Ausgaben (Abb. 5.2.) die Werte des letzten Jahres und die Etatplanung für das laufende Jahr in Spalten nebeneinander darstellen. Daraufhin können wir dem Programm den Befehl erteilen, die Telefonkosten des laufenden Monats mit den Vorjahreswerten zu vergleichen und die prozentuale Veränderung zu berechnen. Diese Prozentzahl kann automatisch in die Zelle neben den monatlichen Telefonkosten gesetzt werden. In die folgende Spalte lassen wir das Verhältnis zwischen den bisherigen Jahres-Telefonkosten und dem Planwert für das laufende Jahr eintragen. Damit wissen wir, wieviel Prozent des Telefonetats schon ausgegeben wurden.

Das Tabellenkalkulationsprogramm führt beliebige arithmetische Operationen durch. Sie können die Werte aller monatlichen »Summen«-Zellen addieren, durch 12 teilen und das Ergebnis als »monatlichen Durchschnittswert« in einer weiteren Zelle angeben lassen.

Da Tabellenkalkulationsprogramme den Umgang mit Zahlen erleichtern, werden sie häufig für Planungen verwendet, die auf einer Vielzahl von Annahmen beruhen. Bei der Änderung einzelner Zahlenwerte wird das Ergebnis sofort neu berechnet. Das ermöglicht detaillierte Berechnungen nach dem Motto »Was wäre, wenn…«.

Tabellenkalkulation ist äußerst vielseitig

Tabellenkalkulationsprogramme lassen sich jedoch nicht nur zur Etatplanung verwenden. Zum Beispiel kann ein Unternehmen mit Hilfe eines derartigen Programms die Preise für seine Produkte festlegen. Nehmen wir an, eine Bäckerei möchte den Verkaufspreis für ihren Nußkuchen ausrechnen. Sie gibt zu diesem Zweck die verwendeten Mengen der einzelnen Zutaten ein (in Pfund, Kilogramm und so weiter). Daraufhin werden die Preise für ein Pfund Zucker, einen Liter Milch, 250 Gramm Nüsse und die anderen Zutaten in entsprechende Zellen eingetragen. Andere Zellen enthalten die Werte für den Stundenarbeitslohn der Bäcker und die allgemeinen Unkosten. In die Preisberechnung für Nußkuchen geht der Gewichtsanteil der Zutaten, der Lohnanteil und die anteiligen Betriebskosten umgerechnet auf je ein Dutzend Kuchen ein. Mit diesen Werten berechnet das Programm den Kostenaufwand für die Herstellung von Nußkuchen. Dieses System bietet den entscheidenden Vorteil, daß bei jeder Kostenänderung das Programm sofort das Ergebnis neu berechnet. Der Verkaufspreis kann daher stets den Herstellungskosten des Produkts angeglichen werden.

In ähnlicher Weise können Bauunternehmerinnen, Tischlerinnen oder andere Geschäftsfrauen mit Hilfe des Tabellenkalkulationsprogramms Angebote erstellen. Wie in dem Bäckerei-Beispiel werden auch hier die einzelnen Ausgaben vorgegeben. Der Kostenvoranschlag für einen bestimmten Auftrag wird danach berechnet, wieviel Zeit das Subunternehmen oder eine Angestellte bei einem bestimmten Entgelt für die Arbeit benötigt. Hinzu kommen die Materialkosten. Wenn sich einer der Kostenpunkte geändert hat, führt das Programm nach Eingabe des veränderten Preises eine erneute Kalkulation durch. So läßt sich das gesamte Preisgefüge den neuen Gegebenheiten anpassen. Auf die Bäckerei bezogen können, auf diese Weise bei einer Preiserhöhung für Zucker die Herstellungskosten für alle Backwaren neu berechnet werden. Bei der Bauunternehmerin würde jeder zusätzliche Kundenwunsch oder jede Preisänderung für Bauholz eine Änderung der Kalkulation nach sich ziehen.

Auch andere komplizierte »Was wäre, wenn«-Berechnungen lassen sich mit einem derartigen Programm durchführen. Häufig wird mit Hilfe von Tabellenkalkulation berechnet, ob Kauf oder Leasing eines Gerätes günstiger ist. Die Antwort hängt von Faktoren wie Steuerklasse, Abschreibungsmöglichkeiten, Kreditzinsen und monatlicher Rate ab. Wenn Sie im Programm eine Analysemethode definiert haben, können Sie durch die Eingabe verschiedener Werte mehrere Möglichkeiten durchspielen. Einer meiner Freunde ist Arbeitnehmervertreter. Er verwendet Tabellenkalkulation, um verschiedene Verhandlungspositionen durchzurechnen. Das Verhältnis zwischen Zulagen und Gehalt kann analysiert werden. Die Arbeitgeberin oder eine Gewerkschaftsvertreterin kann mit Hilfe des Tabellenkalkulationsprogramms die relativen Vorteile einer Gehaltserhöhung gegen höhere Gesundheitszulagen oder mehr Urlaubstage abwägen.

In all diesen Beispielen muß dem Programm zuerst ein bestimmtes Analyseverfahren »beigebracht« werden, sei es die Formel zur Kostenberechnung für Nußkuchen, der Geldwert einer Krankenversicherungspolice oder die Berechnung von Jahresgesamtbeträgen. Dieser Vorgang wird manchmal *modellieren genannt, da durch Berücksichtigung aller Faktoren ein Modell von einem Unternehmen oder einem Produkt erstellt wird.

Fertige Formeln stehen Ihnen zur Verfügung

Für viele Wirtschaftszweige existieren bereits komplexe Programmraster mit allen Formeln für detaillierte Zahlenanalysen. Bei einigen Tabellenkalkulationsprogrammen werden diese Raster mitgeliefert. Meistens müssen Sie jedoch die speziellen Raster für Ihre Software kaufen.

Diese Raster werden auch *Schablonen oder *Masken genannt. Sie geben auf dem Bildschirm einen Rahmen vor, in den Sie Ihre Daten eintragen. Zum Beispiel gibt es Masken, die ein Einkommenssteuerformular oder andere Finanzamt-Formulare nachbilden. Eine andere Maske wiederum erlaubt die Anlage einer Gewinn- und Verlustrechnung.

Unterschiede der Tabellenkalkulationsprogramme

Wie jede Software haben auch Tabellenkalkulationsprogramme ihre *Grenzen. Diese betreffen die maximale Anzahl an Zellen, die maximale Spaltenbreite und Einschränkungen bezüglich der Bildschirmformate.

Für einige Anwenderinnen ist die grafische Darstellung der Daten als Kreisdiagramme oder Kurven wichtig, während andere Anwenderinnen diese Option nicht benötigen. Bei sorgfältiger Prüfung können Sie ein Programm erwerben, das keine für Sie überflüssigen Leistungsmerkmale aufweist, und damit Geld sparen.

Die maximale Anzahl an Zellen

Alle Tabellenkalkulationsprogramme verfügen nur über eine *begrenzte Anzahl an Zeilen und Spalten*. Die Gesamtzahl an Zellen reicht von 100 bis über 1000. Für die meisten Anwendungen in Buchführung und Finanzplanung reichen auch einfache Programme aus. Doch wenn Sie viele Eintragungen vornehmen müssen, zum Beispiel Ihren Gesamtbestand an Waren, müssen Sie klären, ob das Programm die Datenmenge verarbeiten kann. Das Gleiche gilt für die Spaltenanzahl.

Die Spaltenbreite

Die *maximale Spaltenbreite* kann für Sie ebenfalls von Interesse sein. Bei fast allen Programmen läßt sich die Breite der einzelnen Spalten bestimmen. Doch in der Regel ist die mögliche Spaltenbreite begrenzt. Die Festlegung der Breite ist deshalb wichtig, weil die einzelnen Zahlenreihen unterschiedlichen Platz einnehmen. Nehmen wir an, Sie sind Demographin und wollen mit Hilfe eines Tabellenkalkulationsprogramms die Bevölkerung einzelner Länder aufzeichnen. Eine Spalte muß dann mindestens 13 Zeichen breit sein, damit Sie die Einwohnerzahl Chinas mit 1.000.000.000 eintragen können. Die Spalte daneben ist vielleicht für die durchschnittliche Familiengröße vorgesehen. Hierfür genügt eine Breite von 3 Stellen, zum Beispiel für die Eintragung 3,5. Wenn sich die Breite jeder Spalte einzeln bestimmen läßt, wird viel Platz gespart, und Sie können mehr Informationen gleichzeitig auf den Bildschirm holen.

Die Spaltenbreite der meisten Programme ist auf 8 oder 9 Stellen eingestellt. Bei guten Programmen lassen sich die Spalten bis auf 80 Stellen erweitern. Bei billigeren Programmen ist die Spaltenbreite auf die vorgegebenen 8 oder 9 Stellen beschränkt.

Angenommen, Sie möchten die Gehaltsabrechnung mit einem Tabellenkalkulationsprogramm vornehmen und haben Spalten vorgesehen für den Namen der Angestellten, ihre Sozialversicherungsnummer, Stundensatz, Bruttolohn, Unternehmerbeitrag zur Sozialversicherung, Einkommensteuer, Nettolohn und ganz unten die Summen der einzelnen

Spalten. Hier reicht eine Spaltenbreite von 9 Stellen nicht aus. Allein die Namensspalte muß für Namen wie Anneliese Wilhelmsen schon 20 Stellen breit sein.

Umfangreiche Tabellen

Elektronische Tabellenkalkulation hat den Nachteil, daß umfangreiche Tabellen nicht auf den Bildschirm passen. Wenn Sie viele Spalten oder Zeilen benötigen, sehen Sie auf einem 80-Zeichen-Bildschirm immer nur einen Ausschnitt. Dieses Problem kann auf verschiedene Art gelöst werden.

Einige Hardwarehersteller, unter anderem Digital Equipment Corporation (DEC), verkaufen Bildschirme, die 132 Zeichen pro Zeile darstellen. Das ist bereits eine Hilfe, doch häufig sind die Zeilen noch länger. Sie können zwar mit dem Cursor zu verschiedenen Bereichen der Tabellen wandern, sehen aber immer nur den Ausschnitt, an dem Sie gerade arbeiten.

Dieses Problem stellt sich insbesondere dann, wenn Sie Daten in weit auseinanderliegenden Spalten (oder Zeilen) lesen wollen. Sie möchten zum Beispiel den Nettolohn der Angestellten Wilhelmsen herausfinden. In der ersten Spalte ganz links steht ihr Name, während der Nettolohn in der Spalte ganz rechts eingetragen ist. Wenn dazwischen viele Eintragungen liegen, lassen sich beide Spalten nicht gleichzeitig auf dem Bildschirm darstellen. Sie können die rechte und die linke Spalte nur getrennt betrachten. Es läßt sich jedoch nur schwer feststellen, welche Zeile der Nettolohnspalte ganz rechts die Angestellte Wilhelmsen betrifft.

Gute Tabellenkalkulationsprogramme bieten daher meist die Möglichkeit, *Fenster einzurichten. Sie können den Bildschirm an einem beliebigen Punkt teilen und in den neuen Ausschnitt einen anderen Abschnitt der Tabelle holen. In unserem Beispiel könnten Sie nach der Namensspalte den Bildschirm teilen und sich hier die letzten Spalten ganz rechts zeigen lassen. Auf diese Weise erscheint der Nettolohn neben dem Namen.

Grafiken

Große Unterschiede weisen die Tabellenkalkulationsprogramme in ihren *Grafikeigenschaften auf. Da wir uns nur schwer etwas unter Zahlen vorzustellen können, sind grafische Darstellungen wie Balkengrafiken oder Kreisdiagramme ein ausgezeichnetes Mittel zur Veranschaulichung

Go Stop Run

von Zahlen. In Abb. 5.3. sehen Sie verschiedene, mit Hilfe eines Programmes erstellte Grafiken.

Wie Textverarbeitungssoftware werden auch viele Tabellenkalkulationsprogramme in *Moduln geliefert. Zum Teil muß die Grafikfähigkeit als separates Modul erworben werden. Bei anderen Softwareherstellern ist sie schon in der Basisversion der Tabellenkalkulationsprogramme enthalten. Es gibt auch separate Grafikprogramme, mit denen sich anhand der Daten in Ihrem Tabellenkalkulationsprogramm Grafiken herstellen lassen.

Die Möglichkeit, Grafiken auszudrucken, und die Qualität der Ausgabe hängen ausschließlich von Ihren Peripheriegeräten ab. Für den Ausdruck eines Kreisdiagramms zum Beispiel benötigen Sie einen Matrixdrucker, denn der Kreis wird aus einzelnen Punkten zusammengesetzt. Ebenso-

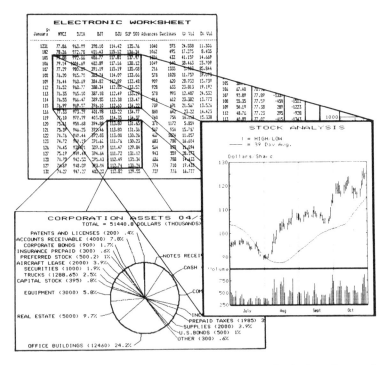

Abbildung 5.3. Die Zahlentabellen lassen sich grafisch als Balkengrafiken, Kreisdiagramme oder Kurven darstellen. (Mit freundlicher Erlaubnis von Micro Software Systems)

wenig wie Sie mit einer elektrischen Schreibmaschine einen Kreis zeichnen können, gelingt dies mit einem Typenraddrucker. Wie »rund« der Kreis auf dem Bildschirm erscheint, wird durch dessen Auflösung bestimmt, also von der Anzahl der Punkte (Pixel) pro Quadratzentimeter. Bei vielen Tabellenkalkulationsprogrammen muß zur Verfeinerung der Auflösung des Schirms eine spezielle Grafik-Karte eingebaut werden, damit der Kreis wirklich wie ein Kreis aussieht.

Es gibt einfarbige und bunte Grafiken. Bei einfarbigen Grafiken werden die einzelnen Flächen in unterschiedlichen Helligkeitsstufen dargestellt. Bei Farbgrafiken werden verschiedene Farben verwendet. Zum Beispiel lassen sich in einem Balkendiagramm die Vorjahreswerte und die diesjährigen Werte in unterschiedlicher Farbe darstellen.

Die Möglichkeit der Darstellung von Farbgrafiken ist wiederum von der Hardware abhängig. Sie benötigen einen Farbbildschirm und eine Farbgrafikkarte. Auch für den Farbausdruck benötigen Sie einen speziellen Drucker. Wenn es um Grafiken geht, reicht die normale Software-Kompatibilität nicht aus.

Ein Programm für alle Zwecke

Die in Kapitel 3, 4 und 5 beschriebenen Softwarearten — Textverarbeitung, Datenbankverwaltung und Tabellenkalkulation — sind die am häufigsten in kleineren Betrieben benötigten Anwendungen der Datenverarbeitung. Doch manchmal ergeben sich Probleme aus der Notwendigkeit, an einer bestimmten Datei mit Programmen verschiedener Hersteller arbeiten zu müssen. Die große Frage lautet, »läßt sich *eine* Datei mit den *verschiedenen* Programmen bearbeiten?«

In der Vergangenheit lautete die Antwort meist Nein. Ein Brief, der mit einem Textverarbeitungsprogramm erstellt worden war, konnte nicht mit einer Adressenliste aus der Datenbank-Datei gemischt werden. Namen und Adressen mußten zweimal eingegeben werden, einmal ins Datenbankprogramm und ein zweites Mal in die Mischdatei des Textverarbeitungsprogramms. Ähnliche Probleme traten bei Geschäftsberichten auf. Die vom Tabellenkalkulationsprogramm erstellten Zahlenreihen konnten nicht in die Textdatei übernommen werden. Entweder mußte die Zahlentabelle erneut in der Textverarbeitung erfaßt werden, oder man war gezwungen, auf die alte Methode mit Schere, Klebstoff und Fotokopie zurückzugreifen. Das hatte häufig nicht den gewünschten Erfolg (siehe Abb. 5.4.).

Go Stop Run

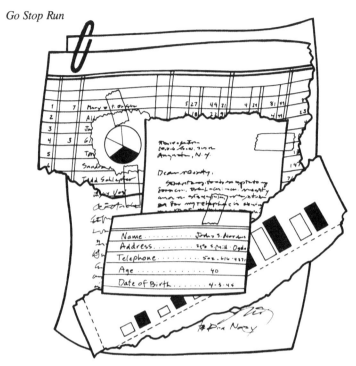

Abbildung 5.4. Bevor es integrierte Programme gab, mußten Sie das Material ausdrucken, zerschneiden, wieder zusammenkleben und schließlich fotokopieren. Das Resultat entsprach, wie hier zu sehen ist, nicht immer den Vorstellungen. Integration heißt, daß von verschiedenen Programmen erstellte Dateien kombiniert werden können. Zum Beispiel kann ein Brieftext mit Anschriften aus einer Datenbank gemischt werden; auch die Zahlen und Grafiken aus einem Tabellenkalkulationsprogramm können in den Brief übernommen werden.

Integration

Die Software-Designer waren sich darin einig, daß Datenstandards geschaffen werden müssen. Es entstand eine neue Programmgeneration, die sogenannte *integrierte Software. Sie ermöglicht die Bearbeitung derselben Datei mit verschiedenen Programmen. Zum Beispiel können die Zahlen aus einer Datenbank-Datei ins Tabellenkalkulationsprogramm übernommen werden. Mit Hilfe der Verschieb-Funktion der Textverarbeitung lassen sich andererseits Zahlenreihen aus der Tabellenkalkulation in das Textverarbeitungsdokument aufnehmen. Ein Brief aus der Text-

Software-Anwendungen: Tabellenkalkulation

verarbeitung kann mit Kundeninformationen aus der Datenbank gemischt werden.

In Software-Anzeigen ist meist angegeben, aus welchen Programmen Daten übernommen werden können. Man liest dort Angaben wie »Mit diesem Programm lassen sich WordStar-Dateien verarbeiten«, oder »Dieses Programm liest SuperCalc-Dateien«. Anhand dieser Informationen können Sie Programme wählen, die aufeinander abgestimmt sind (dieselben Daten verwenden können). Zum Beispiel liest das Datenbank-Programm FMS sowohl WordStar- als auch SuperCalc-Dateien ein.

Das klingt zwar sehr schön, ist aber noch immer nicht der Weisheit letzter Schluß. Der Anwender muß für jedes Programm neue Befehle lernen. Es gibt keine allgemeinen Konventionen, nicht einmal für die elementarsten Funktionen wie die Cursor-Steuerung. Besonders ärgerlich ist, daß erst das eine Programm verlassen werden muß, bevor das andere in den Hauptspeicher geladen werden kann. (Dieser Ladevorgang wird in Kapitel 6 erläutert.)

Bei den jüngsten integrierten Programmen sind diese Probleme gelöst. Die neue Tendenz ist »ein einziges, großes Programm«. In diesem Softwaretyp sind die Funktionen der Textverarbeitung, der Datenbankverwaltung und der Tabellenkalkulation zu einem riesigen Programm zusammengefaßt. Meist ist ein viertes Programm mit einbeschlossen. Es handelt sich um ein Kommunikationsprogramm, mit dem sich Informationen von einem Computer zu einem anderen übertragen lassen.

Doch auch diese Software hat ihre Nachteile. Die Hersteller der neuen integrierten Programmpakete verkaufen auch Einzelprogramme. Der Programmteil aus den Paketen, der auch als Einzelprogramm erhältlich ist, weist die besten Leistungen auf. Zum Beispiel vertreibt Lotus das bekannte Tabellenkalkulationsprogramm Lotus 1-2-3. Es überrascht nicht, daß bei Symphony, dem integrierten Programm von Lotus, das Tabellenkalkulationsprogramm besonders gut ist. Die anderen Funktionen von Symphony sind dagegen nicht so hervorragend.

Ein weiteres Problem dieser Alles-in-einem-Programme ist ihr gewaltiger Speicherbedarf — häufig 384K oder sogar 512K RAM. Daher können diese integrierten Programme nur auf bestimmten Computern eingesetzt werden. Welches Programm auf welchem Computer läuft und wie groß der Speicherbedarf ist, hängt noch von anderen Faktoren ab. Mehr dazu im folgenden Kapitel.

6
Ein Gesamtbild

In Kapitel 1 habe ich die gemeinsamen Merkmale von Computern beschrieben. In diesem Kapitel werde ich auf Unterschiede der einzelnen Baureihen eingehen. Ihnen ist bereits bekannt, daß Sie beim Kauf eines Computers eine Zentraleinheit erwerben. Im Folgenden werden Sie etwas über die verschiedenen Arten von Zentraleinheiten erfahren.

Der Titel dieses Kapitels »ein Gesamtbild« ist als Hinweis auf die enge Beziehung zwischen Hardware und Software zu verstehen. Bei den verschiedenen Typen von Zentraleinheiten stellt sich hauptsächlich die Frage, wie sich deren Unterschiede auf die Verwendbarkeit der Software auswirken. Mit anderen Worten, es geht um die Frage der *Software-Kompatibilität*, also darum, ob ein bestimmtes Programm auf einem bestimmten Computer läuft.

Um diese Frage beantworten zu können, muß man über den Zusammenhang zwischen Zentraleinheit und *Programmiersprache* Bescheid wissen. Sie brauchen als Benutzerin keine Programmiersprache zu lernen und müssen auch keine Programme selbst schreiben. Aber wenn Sie einen Computer oder spezielle Programme kaufen, müssen Sie wissen, was eine Programmiersprache ist. In diesem Kapitel werde ich Programmiersprachen und ihre Bedeutung für den Computer erklären.

Noch eine Lektion über die Zentraleinheit

Die Unterschiede zwischen den einzelnen Computern sind in fast allen Fällen auf die verschiedenen Prozessor-Typen zurückzuführen. Wie Sie wissen, arbeitet die Zentraleinheit oder der Mikroprozessor sehr schnell — jede Sekunde werden Hunderttausende von Instruktionen verarbeitet. Diese hohe Arbeitsgeschwindigkeit kann erreicht werden, weil der Prozessor keine beweglichen Teile hat. Er arbeitet ausschließlich mit Elektrizität, die sich mit großer Geschwindigkeit ausbreitet. Aber wie funktioniert ein Prozessor? Die Beantwortung dieser Frage wird Ihnen auch die Unterschiede zwischen den einzelnen Computer-Baureihen verständlich machen.

Sie werden die Funktionsweise eines Prozessors erheblich leichter verstehen, wenn Sie sich vor Augen halten, daß er wie eine Addiermaschine arbeitet. Früher (vor 1960) gab es noch keine Taschenrechner. Es wurden mechanische Addiermaschinen mit einem elektrischen Zahnradgetriebe verwendet. Im Inneren der Addiermaschine befand sich der gleiche »Kabelsalat« wie zum Beispiel in Telefonen. Durch eine spezielle Verschaltung der Kabel wurde das Getriebe so bewegt, daß die Addiermaschine korrekt arbeitete. Doch diese Maschinen waren sehr unhandlich und teuer.

Der Mikroprozessors arbeitet ähnlich wie Addiermaschinen. Er besteht, wie auch der Hauptspeicher, aus Silizium. Innerhalb des Prozessors befinden sich einige sehr schnelle RAM-Adressen. Sie werden als ***Register** bezeichnet. Diese Register haben eine ähnliche Funktion wie das Getriebe in den veralteten Addiermaschinen. Die Register sind nicht

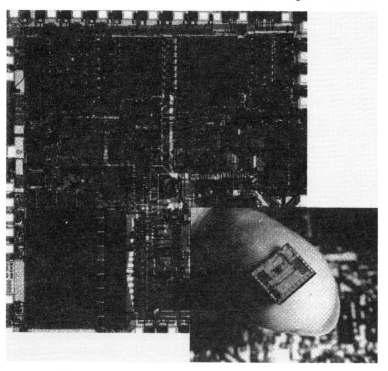

Abbildung 6.1. Der Chip der Zentraleinheit; die Schaltkreise sind fest ins Silizium eingeprägt. Auf dieser elektronenmikroskopischen Aufnahme einer Zentraleinheit können Sie die winzigen Schaltkreise erkennen. (Mit freundlicher Erlaubnis der Intel Corporation).

Ein Gesamtbild

über Kabel, sondern über in den Chip eingearbeitete Bahnen verbunden. Dank dieser Technik können Getriebe und Verkabelung der alten Addiermaschinen durch einen Silizium-Chip von der Größe Ihres Fingernagels ersetzt werden (siehe Abb. 6.1.).

Es gibt verschiedene Mikroprozessoren

Die Computer-Hersteller bemühen sich ständig um die Entwicklung neuer, noch schnellerer Prozessoren, die in noch kürzerer Zeit vergleichen oder addieren. Die Typenbezeichnungen der einzelnen Prozessoren sind nicht sehr aufschlußreich. Computer-Designer lieben Zahlen. Die Chips heißen daher 8088 von Intel, V-20 von NEC, 68020 von Motorola usw.

Jeder Chip ist so angelegt, daß ein bestimmtes Muster an elektrischen Impulsen, ein Binärkode, einen bestimmten Schaltkreis aktiviert. Jeder Prozessor-Typ führt die Rechenoperationen, zum Beispiel Addieren und Vergleichen, nach einem anderen Muster durch. Es gibt keine Standards. Der Binärkode, der bei einem 8088-Chip eine Addition bewirkt, hat möglicherweise bei den Prozessoren anderer Hersteller eine ganz andere Funktion. Wie schon gesagt, werden durch Binärzahlen auch Buchstaben, Zahlen und Sonderzeichen dargestellt. Zur Unterscheidung dieser Zeichenkodes von den zur Aktivierung von Funktionen verwendeten Binärkodes werden die letzteren als ***Funktionskodes** bezeichnet.

Die Arbeitsweise der Funktionskodes läßt sich am Beispiel eines Fotokopiergerätes verdeutlichen. Wenn Sie auf Normal-Papier kopieren möchten, drücken Sie die Taste für Normalpapier. Möchten Sie auf großformatiges Papier kopieren, so wählen Sie DIN-A3-Papier. Jede Taste aktiviert einen bestimmten Schaltkreis im Kopierer. Das gleiche geschieht, wenn ein spezieller Funktionskode an die Zentraleinheit geschickt wird. Beim Empfang des Funktionskodes zum Addieren addiert die Zentraleinheit; ein anderer Funktionskode bewirkt einen Vergleich usw.

Der Maschinenkode

Man kann ein Computer-Programm schreiben, indem man eine Reihe von Funktionskodes aufzeichnet, die die Zentraleinheit eine entsprechende Befehlsfolge verrichten lassen. Sobald die Zentraleinheit einen speziellen Funktionskode empfängt, wird der entsprechende Schaltkreis aktiviert und die gewünschte Aufgabe ausgeführt. Da die Zentraleinheit, also der Prozessor, die Funktionskodes »versteht«, handelt es sich um eine Art »Prozessor-Sprache«. Die eigentliche Bezeichnung lautet jedoch **Maschinenkode**.

Das Schreiben von Programmen in Maschinenkode ist sehr schwierig. Jeder Prozessor-Typ hat seinen speziellen Satz Funktionskodes. Da es keine Standards gibt, muß eine mit Maschinencode arbeitende Programmiererin für jeden Prozessor-Typ, für den sie ein Programm schreibt, eine neue Befehlssprache lernen. Ein noch gravierenderes Problem ist der Mangel an einfachen Befehlen für die häufigen Operationen wie multiplizieren und dividieren[11]. Wenn der Computer zum Beispiel zwei Zahlen multiplizieren soll, so läßt sich dies nicht in einem einzigen Befehl ausdrücken, etwa als »multipliziere 32 mit 4«. Stattdessen müssen Sie ganz genau jeden einzelnen Schritt einer Multiplikation formulieren, wie wir es in unserem Multiplikationsprogramm in Kapitel 1 getan haben. Jeder dieser Schritte wird als **Befehlszeile** bezeichnet. Wie Sie sich vorstellen können, läßt sich bereits eine einfache Multiplikation in einem Maschinenkode-Programm nur mit sehr vielen Befehlszeilen beschreiben.

Die Vermittlerfunktion der Programmiersprachen

Da das Verfassen von Programmen im Maschinenkode sehr zeitaufwendig ist, wurden zur Vermittlung Computersprachen erfunden. Dadurch wird vermieden, daß die Programmiererin eines Anwendungsprogrammes (zum Beispiel eines Kalkulationsprogrammes) bei jeder gewöhnlichen Operation, wie einer Multiplikation, sämtliche Instruktionen einzeln angeben muß.

Erinnern Sie sich noch an unser Multiplikationsprogramm aus Kapitel 1? Wir mußten die erste Zahl mit sich selbst addieren, den Zähler um 1 erhöhen, den Zähler mit dem Multplikator vergleichen und, je nach Resultat des Vergleichs, zur ersten Anweisung zurückgehen und erneut addieren, oder den Vorgang abbrechen. Nehmen wir an, wir speichern diese Befehlsfolge unter dem Namen MULT. Dann braucht die Programmiererin nur noch MULT einzugeben, und schon läuft unser Multiplikationsprogramm ab.

Für andere häufige Operationen lassen sich ähnliche vereinfachende Programme schreiben. Ein Programm dividiert, ein anderes berechnet die Quadratwurzel usw. Und genau darin besteht die Arbeit der Software-Designer. Sie beschreiben zahlreiche komplexe Funktionen und speichern sie unter einem bestimmten Namen. Die Bezeichnungen der einzelnen Funktionen bilden die »Wörter« der Programmiersprache.

Ein Gesamtbild

Sicher ist die Vorstellung etwas verwirrend, daß mit einem Programm andere Programme geschrieben werden. Lassen Sie mich zur Erläuterung auf den Koch-Bereich zurückgreifen. Es gibt eine ganz spezielle Sprache zur Beschreibung von Rezepten. In Kochbüchern erscheint zum Beispiel häufig das Verb »rösten«. Damit ist gemeint, eine Bratpfanne auf den Herd setzen, Fett hineingeben und die betreffenden Zutaten bei leichter Hitze darin braten. All diese Anweisungen sind in einem einzigen Wort enthalten. Wenn Sie dieses eine Wort lesen, wissen Sie, was Sie zu tun haben.

Eine Computersprache ist nichts weiter, als ein Reihe von Verben. Wenn eine Programmierin in einer Programmiersprache eine Anweisung schreibt, zum Beispiel »MULT 23, 4«, so verrichtet die Zentraleinheit alle zur Multiplikation von 23 mit 4 erforderlichen Schritte. Die Programmiersprache übersetzt die Anweisung der Programmiererin automatisch in all die kleinen, der Zentraleinheit verständlichen Schritte. So wie Sie beim Kochen die Anweisung »rösten« in einzelne Schritte zerlegen, so wird jedes »Verb« der Programmiersprache in seine elementaren Befehle übersetzt, die dann von der Zentraleinheit ausgeführt werden.

Spezielle Programmiersprachen

Die verschiedenen Programmiersprachen dienen jeweils einem ganz speziellen Zweck. Mit jedem von ihnen werden Programme zu einem ganz bestimmten Themenbereich geschrieben. Auch die menschliche Sprache arbeitet in gleicher Weise. Kochen, Nähen, Fußball — jeder Bereich hat seine eigenen Ausdrücke. Wenn Sie in der Koch-Sprache nicht bewandert sind, können Sie beim Verfassen eines Rezeptes die Begriffe »rösten«, »vorkochen« oder »frittieren« nicht verwenden, sondern müssen jeden Schritt einzeln angeben.

Die Sprache der Eskimos ist in einem bestimmten Bereich hochspezialisiert und verfügt über zahlreiche Bezeichnungen für Schnee. Es gibt spezielle Begriffe für nassen Schnee, für Pulverschnee und viele andere Schneearten. Da Schnee im Leben der Eskimos eine sehr wichtige Rolle spielt, ist ihre Sprache mit präzisen Ausdrücken für alle möglichen Schneeverhältnisse ausgestattet. Für ein präzises Gespräch über Schnee eignet sich folglich am besten die Eskimo-Sprache.

Auch eine Programmiererin wählt die Sprache, die ihren Zwecken am meisten entgegenkommt. Viele Programme befassen sich mit dem Umgang von Geld. In diesem Fall sollte die Programmiersprache über einen Befehl verfügen, der die Zahlen nach ihren Dezimalstellen ordnet.

Auf diese Weise wird zum Beispiel der Ausdruck von Bankauszügen ermöglicht, bei denen die Zahlen nach dem Komma ausgerichtet untereinanderstehen müssen[12].

Die Programmiersprache *COBOL ist mit einer solchen Funktion ausgestattet. Die meisten Programme im Bankbereich sind in COBOL geschrieben. COBOL steht für *CO*mmon *B*usiness *O*riented *L*anguage. Die Sprache ist nichts als eine Reihe kleiner, im Maschinenkode geschriebener Programme. COBOL wurde in den frühen 60er Jahren von der Marineangestellten Grace Hopper entwickelt. Die Programmiersprache wird den Anforderungen der Wirtschaft in so hervorragender Weise gerecht, daß sie noch heute in Gebrauch ist.

Bei Anwendungen im wissenschaftlichen Bereich sind häufig langwierige Berechnungen notwendig, um zu einem Ergebnis zu gelangen. Bei einem Raumfahrt-Projekt zum Beispiel sind komplizierte Berechnungen des für eine Fahrt zum Mond benötigten Treibstoffs ganz entscheidend. Das Ergebnis derartiger Berechnungen ist häufig eine einzige Zahl. Daher ist der Befehl »nach der Kommastelle ausrichten«, gar nicht erforderlich. Notwendig ist hingegen eine Sprache mit speziellen Rechenfunktionen, wie die Quadratwurzel oder trigonometrische Funktionen wie Tangens, Sinus und Kosinus. Eine Programmiersprache, die diesen Anforderungen gerecht wird, heißt FORTRAN, abgekürzt für *FOR*mula *TRAN*slator.

BASIC, eine weitere Sprache, wurde von zwei Dozenten am Dartmouth College geschaffen. Sie wollten eine Reihe von Befehlen definieren, die für Schüler leicht erlernbar sind, und entwarfen zu diesem Zweck BASIC. Diese Sprache ist mit einem einfachen Vokabular ausgestattet, aber dennoch so komplex, daß Schüler mit ihrer Hilfe die Funktionsweise von Computern erlernen können. Sie verfügt nicht über Spezialbefehle wie andere Programmiersprachen. Daher können Schüler auch ohne die Kenntnis eines großen Vokabulars mit dieser Sprache Programmieren lernen.

Die Entwicklung einer Programmiersprache ist relativ leicht. Aus diesem Grund werden immer wieder neue Sprachen erfunden. Wer den Maschinenkode kennt, kann auch eine Programmiersprache verfassen. Es werden eine Reihe kleiner Programme geschrieben, von denen jedes eine bestimmte Funktion ausübt. Diese Programme werden dann zu einem Vokabular zusammengefaßt, mit dessen Hilfe Programmiererinnen Anwendungsprogramme schreiben können.

Ein Gesamtbild

Brauchen Sie eine Programmiersprache?

Welche Bedeutung kann für Sie eine Programmiersprache haben? Vielleicht befassen Sie sich mit Programmiersprachen, um den Gesprächen Ihrer Kinder folgen zu können. Wie in den 70er Jahren die Schüler des Dartmouth College, erhalten heute viele Grundschüler Unterricht in BASIC. In einigen Schulen wird auch LOGO gelehrt, eine Programmiersprache mit besseren Grafikeigenschaften. LOGO meldet sich mit dem ansprechenden Bild einer Schildkröte auf dem Monitor. Kinder lernen, wie sie die Schildkröte durch einfache Programmierbefehle bewegen können. Auch wenn Sie keine Kinder haben, sind Kenntnisse in diesem Bereich sinnvoll, da Computer in unserer Zeit immer wichtiger werden.

Man sollte sich auch deshalb mit Programmiersprachen auskennen, um nicht für Programmiersprachen-Software zu bezahlen, die man gar nicht braucht. Oft wird zusammen mit dem Computer auch gleich BASIC mitverkauft. Aber warum sollten Sie für BASIC bezahlen, wenn sie nicht selbst programmieren möchten?

Viele Leute sind der Meinung, für die Arbeit mit dem Computer sei die Kenntnis einer Programmiersprache unbedingt notwendig. Sie glauben herausfinden zu müssen, in welcher Programmiersprache ihr Programm verfaßt ist. Daraufhin kaufen sie diese Sprach-Software, um sicherzustellen, daß ihr Programm auch läuft. *Doch das ist nicht notwendig!*

Sie brauchen keine Programmiersprache zu kaufen. Die Anwendungssoftware ist zwar in einer bestimmten Sprache, zum Beispiel in COBOL, geschrieben. Aber Sie kaufen das Programm nicht mehr in der ursprünglichen Sprache. Ihr Programm wurde in COBOL geschrieben und dann in die Befehle des Maschinenkode übersetzt. Diese Befehle sind auf der von Ihnen erworbenen Diskette gespeichert.

Die Übersetzung der Programmiersprache in den Maschinenkode

Nachdem ein Programm in der jeweiligen Programmiersprache geschrieben wurde, wird es in den Maschinenkode der Zentraleinheit konvertiert und auf Diskette gespeichert. Zum besseren Verständnis des Konvertierungsprozesses stellen Sie sich vor, die Zentraleinheit spricht Italienisch. Italienisch ist also der Maschinenkode des Gerätes. Wenn Sie Italienisch beherrschen, können Sie Befehle formulieren, die die Zentraleinheit versteht. Aber Sie sprechen nur Deutsch. In unserem Beispiel steht Deutsch für die Programmiersprache, also für COBOL, BASIC oder FORTRAN.

Beim Übersetzen der Programmiersprache (Deutsch) in die Sprache der Zentraleinheit (Italienisch) treten etwa die gleichen Probleme wie bei der Übersetzung eines Vortrags auf, den Sie gebeten werden in Italien zu halten.

Die Probleme können auf zwei verschiedene Arten gelöst werden. Sie können einmal eine Italienisch-Dolmetscherin nach Italien mitnehmen. In diesem Fall wird während des Vortrags jeder von Ihnen auf Deutsch formulierte Satz von der Dolmetscherin ins Italienische übersetzt. Sie können aber auch in Deutschland eine Dolmetscherin damit beauftragen, Ihren Vortrag in italienischer Übersetzung auf Kassette zu sprechen. Die vorbereitete Kassette nehmen Sie dann mit nach Italien und spielen sie dort ab.

Welche Vor- und Nachteile haben beide Verfahren? Im ersten Fall können Sie in Begleitung Ihrer Dolmetscherin frei mit den Italienern kommunizieren — Fragen stellen, Essen bestellen und sich unterhalten. Da Ihre Dolmetscherin anwesend ist, können Sie Ihren Vortrag halten und aus dem Stegreif so viel hinzufügen, wie Sie möchten. Wenn Sie, wie im zweiten Fall angenommen, Ihre übersetzte Rede auf Kassette mitbringen, können Sie nur Ihre Kassette abspielen. Änderungen oder ein zusätzlicher Kommentar zum Thema sind nicht möglich.

Simultanübersetzung

Dasselbe gilt grundsätzlich für den Computer. Sie können zum Beispiel ein Programm in einer Programmiersprache erwerben, die Ihnen geläufig ist (nehmen wir an, dies sei BASIC). Die Zentraleinheit hingegen versteht die BASIC-Befehle nicht. Sie »spricht« nur den Maschinenkode. Um Ihr Programm benutzen zu können, müssen Sie eine Kopie der BASIC-Programmiersprache in den Hauptspeicher laden. Wenn Sie jetzt Ihr Programm laufen lassen, wird jeder Befehl simultan in den Maschinenkode übersetzt, so daß die Zentraleinheit ihn versteht und ausführen kann. Ein Programm, das in der jeweiligen Programmiersprache (BASIC, COBOL, FORTRAN oder PASCAL) gespeichert wurde, wird als ***Quellkode** bezeichnet (Siehe Abb. 6.2.).

Wenn Sie ein Programm im Quellkode kaufen, sind Sie damit sehr flexibel — so, als hätten Sie Ihre Dolmetscherin mit in Italien. Sie können zum Beispiel an dem Programm, an dem andere jahrelang geschrieben und es ausgetestet haben, Veränderungen vornehmen. Sie können weitere Befehlszeilen hinzuschreiben, und damit das Programm mit zusätzlichen Funktionen ausstatten. Schließlich können Sie das veränderte

Ein Gesamtbild

Abbildung 6.2. Ein Programm, das in einer Computersprache geschrieben wurde, muß erst in die Maschinensprache übersetzt werden, bevor es an die Zentraleinheit übergeben werden kann. Dies kann so vor sich gehen, daß das Programm während seines Ablaufs simultan übersetzt wird. Ähnlich ist es, wenn Sie nach Italien Ihren Dolmetscher mitbringen. Doch in den meisten Fällen werden Programme schon im Maschinenkode verkauft. Das Progamm auf der Diskette wurde also schon in die Maschinensprache übersetzt (kompiliert).

Programm unter Ihrem Namen auf den Markt bringen und mit dem ursprünglichen Software-Entwickler in Konkurrenz treten.

Aus diesem Grund geben die meisten Software-Hersteller ihre Programme nicht im Quellkode aus der Hand. Sie tun dies auch deshalb nicht, weil Sie durch Modifikationen am Programm unbeabsichtigt einen Fehler einbauen können. Wenn Sie sich dann beim Software-Hersteller beschweren, kann es zu langwierigen Auseinandersetzungen kommen.

Kompilieren ist keine Simultanübersetzung

Eine andere Möglichkeit besteht darin, die in Maschinenkode (Italienisch) übersetzte Software auf Diskette zu speichern und das Programm nur in dieser Version zu verkaufen. In diesem Fall hilft ihnen BASIC nichts, selbst wenn das Programm ursprünglich in dieser Sprache geschrieben wurde. Die Zentraleinheit erhält außerdem die Befehle sofort in »ihrer« Sprache.

Dieses Verfahren hat einige Nachteile. Sie können keine Veränderungen am Programm vornehmen, ebensowenig wie Sie etwas an der italienischen Bandaufnahme Ihres Vortrags etwas ändern können. Wenn Sie ein bereits in Maschinenkode übersetztes Programm erwerben, so spricht man von der *kompilierten Programmversion. Der Vorgang des Übersetzens wird als *kompilieren bezeichnet[13]. Dieses kompilierte (schon übersetzte) Programm läuft unter der Bezeichnung *Zielkode oder *Maschinenkode.

Fast alle Software-Hersteller liefern ihre Programme im Maschinenkode aus, um auf diese Weise den Programmaufbau geheim zu halten. Sie wollen vermeiden, daß durch das Hinzufügen einiger Befehlszeilen eine neue Version ihres Programms verfaßt wird. Da es fast unmöglich ist, die Befehle im Maschinenkode zu entziffern, ist das Geheimnis der Software-Hersteller gut geschützt.

Im Computer eingebaute Programme

Es gibt aber einen noch besseren Programmschutz für die Software-Hersteller. Angenommen, die Firma lädt ihr Buchführungsprogramm (im Maschinenkode) in den Hauptspeicher und »friert« dann die Siliziumatome in dem Zustand ein, in dem sie sich gerade befinden. Die Anjas, die gerade stehen, müssen dann immer stehenbleiben, und die sitzenden Anjas bleiben sitzen. Man kann den Computer gefahrlos ausschalten. Das Programm ist fest im Speicherchip gespeichert. Ganz anders verhält es sich mit dem RAM-Speicher. Die Speichereinheiten wurden nicht »eingefroren« und können sich weiterhin bewegen. Wenn der Strom ausgeschaltet wird, wird der gesamte Speicherinhalt gelöscht.

Wenn Ihnen die Vorstellung von »eingefrorenem« Silizium merkwürdig erscheint, so denken Sie an die Ihnen bekannte Elemente Wasserstoff und Sauerstoff, die sich zu Wasser verbinden. Wasser ist eine Flüssigkeit. Seine Moleküle können sich frei bewegen. Doch wenn Wasser

Ein Gesamtbild

unter 0 Grad abgekühlt wird, so gefriert es zu Eis. Der Vorgang des »Einfrierens« ist bei Wasser und Silizium nicht sehr unterschiedlich; nur kann bei Silizium die Veränderung nicht rückgängig gemacht werden[14].
Das Buchführungsprogramm ist in dem »eingefrorenen« Silizium permanent gespeichert. Doch dieses Speicherverfahren hat einen Nachteil. Da die Speichereinheiten jetzt fixiert sind, können sie nicht mehr anderweitig benutzt werden. Es kann kein anderes Programm in den Speicher geladen werden. Der Vorteil liegt bei diesem Verfahren darin, daß kein Diskettenlaufwerk mehr benötigt wird. Sobald der Computer angeschaltet wird, befindet sich das Buchführungsprogramm bereits im Arbeitsspeicher.
Natürlich werden diese Speicherstellen von Fachleuten nicht als »eingefrorene Anjas« bezeichnet. Ein derartiger Speicher heißt ***Festspeicher** oder ***ROM**; diese Abkürzung steht für **Nur-Lese-Speicher** (Read Only Memory). Der Speicher läuft unter dieser Bezeichnung, weil seine Speicherzellen nicht mehr beschrieben werden können, sondern hier nur Befehle gespeichert sind, die die Zentraleinheit lesen und ausführen kann.
Warum wählen einige Software-Firmen dieses Verfahren? Wie bereits erwähnt, kann der Computer auf diese Weise ohne Laufwerk benutzt werden. Bei einem Personal Computer müssen Sie das Programm, mit dem Sie arbeiten möchten, zuerst von Diskette in den Arbeitsspeicher (RAM) laden. Laufwerke sind jedoch nicht billig. Ein ROM-Chip ermöglicht der Zentraleinheit die Arbeit mit einem Programm, ohne es zuerst von Diskette in den Arbeitsspeicher laden zu müssen.
Einige elektronische Schreibmaschinen verfügen über bestimmte Textverarbeitungsfunktionen. Bei diesen Schreibmaschinen handelt es sich eigentlich um einen Computer — es ist eine Zentraleinheit und ein kleiner Arbeitsspeicher vorhanden. Diese Geräte haben vielleicht nur 100 oder 200 Speicherstellen (RAM für ein oder zwei Textzeilen) oder auch 3000 oder sogar 6000 Speicherstellen (was für eine oder zwei Textseiten reicht). Sie besitzen einen ROM-Chip, auf dem ein einfaches Textverarbeitungsprogramm gespeichert ist. Eine Schreibkraft kann im Speicher Tippfehler korrigieren, Buchstaben einfügen oder löschen und das Ergebnis ausdrucken. Da die elektronische Schreibmaschine kein Laufwerk hat, kann der geschriebene Text, ein Formbrief oder ein Geschäftsbericht, nicht gespeichert werden. Beim Ausschalten des Gerätes wird der Text aus dem Arbeitsspeicher gelöscht. Doch die Befehle, aus denen sich das Textverarbeitungsprogramm zusammensetzt, bleiben erhalten, da sie in ROM gespeichert sind. Diese Befehle sind beim Anschalten des Gerätes sofort wieder verfügbar.

Go Stop Run

Viele Kinder lernen an Heimcomputern das Programmieren in BASIC. Die für diesen Zweck geeigneten Computer sind deshalb relativ billig, weil sie keine Diskettenlaufwerke enthalten (obwohl sie meist auf Wunsch eingebaut werden können). Da zum Programmieren ein Sprachprogramm notwendig ist, sind viele Heimcomputer mit einem ROM-Chip ausgestattet, auf dem BASIC gespeichert ist. Um auf einem Heimcomputer in BASIC zu programmieren, braucht man daher kein Laufwerk. Das Programm, an dem das Kind gerade schreibt, wird in einigen RAM-Speicherstellen gespeichert. Doch beim Ausschalten des Computers wird das geschriebene Programm aus dem Arbeitsspeicher gelöscht (Ohne Laufwerk kann es nirgends permanent gespeichert werden, um beim erneuten Anschalten wieder zur Verfügung zu stehen). Natürlich bleibt das BASIC-Sprachprogramm erhalten, da es im ROM-Chip »eingefroren« wurde.

Es gibt immer mehr Computer mit in Form eines ROM-Chips fest »eingebauten« Anwendungsprogrammen. Der Commodore Plus/4 Heimcomputer zum Beispiel ist mit einer Schaltplatine ausgestattet, die mit vier ROM-Chips bestückt ist. Die vier Chips enthalten ein Textverarbeitungsprogramm, eine Tabellenkalkulation, eine Datenbank und die BASIC-Programmiersprache, mit der die Anwenderinnen ihre eigenen Programme schreiben können. Die gleiche Strategie wird bei den sogenannten Laptop-Computern verfolgt. Diese Geräte sind so klein, daß sie auf Ihren Schoß (oder in Ihre Aktentasche) passen. Sie sind bequem tragbar, da sie keine schweren Laufwerke haben. Gängige Standardanwendungen wie Lotus 1-2-3 oder WordStar sind in Form von ROM-Chips in die Geräte eingebaut.

Spezielle ROM-Chips werden mehr und mehr in den verschiedensten Produkten eingesetzt. Bei den neuen Automodellen, die Sie auf den fälligen Ölwechsel aufmerksam machen, ist dafür eine Zentraleinheit verantwortlich, die durch ein Programm von einem ROM-Chip gesteuert wird. Das Programm weist die Zentraleinheit an, den aktuellen Kilometerstand mit dem eingegebenen Richtwert für einen Ölwechsel zu vergleichen.

Spiele

Ein Programm auf Band oder Diskette kann kopiert werden. Ein Programm auf Band läßt sich ebenso wie alle Musikkassetten mit Hilfe von zwei Kassettenrecordern kopieren. Ein Programm auf Diskette kann auf eine andere Diskette übertragen werden. Wenn Sie ein Gerät mit zwei

Laufwerken besitzen, genügt ein einfaches Kopierprogramm, um das Programm von der einen Diskette abzulesen und auf die andere Diskette zu schreiben. Doch wenn das Programm in ROM gespeichert ist, läßt es sich nicht kopieren.

Obwohl die im Handel erhältlichen Programme unter Copyright-Schutz stehen und das Anfertigen von Kopien verboten ist, werden sie dennoch häufig kopiert. Da Drittkläßler, die von Computerspielen illegal Kopien anfertigen, nicht vor Gericht gebracht werden können, bieten viele Hersteller von Computerspielen ihre Programme in Form von speziellen Moduln an. In dem Modul befindet sich ein ROM-Chip mit dem Spielprogramm. Um das Spiel auf dem Computer laufen zu lassen, wird der Chip (das Spielmodul) in einen dafür vorgesehenen Steckplatz im Heimcomputer eingesetzt (ähnlich den Einschubschlitzen in Acht-Spur-Bandgeräten). Durch dieses Verfahren wird einerseits das Spielprogramm gegen Kopieren geschützt, andererseits kann mit Hilfe von ROM-Chips auf ein Laufwerk verzichtet werden, denn die Anwendungsprogramme oder Spiele müssen nicht erst von Diskette geladen werden.

Warum werden ROM-Chips nicht in größerem Umfang eingesetzt?

Die meisten Standardanwendungen sind nicht als ROM-Chips erhältlich. Die Programme werden weiterhin nur auf Diskette angeboten. Dafür gibt es mehrere Gründe. Zunächst haben viele Personal Computer keine entsprechenden Steckplätze, sondern Laufwerke. Die tragbaren Laptop-Computer arbeiten jedoch mit Programmen auf ROM-Chips. Diese Geräte sollen so leicht wie möglich sein, und Laufwerke, selbst die kleinen für 3-Zoll-Disketten haben doch ihr Gewicht. Laptop-Computer können auch mit Batterien betrieben werden. Diskettenlaufwerke verbrauchen viel mehr Strom als ROM-Chips. Aus diesem Grund sind einige Laptop-Computer nicht mit Laufwerken ausgestattet. Stattdessen befindet sich die Software zur Textverarbeitung, Tabellenkalkulation und Datenbankverarbeitung im ROM.

Standardprogramme auf ROM-Chips haben jedoch auch ihre Nachteile. Zum Beispiel ist, im Gegensatz zu Programmen auf Diskette, eine neue Version eines Programms sehr teuer. Die Software-Hersteller überarbeiten ständig ihre Programme, um Fehler zu beseitigen oder um mit der Konkurrenz mithalten zu können. Beim Kauf eines Programms erhalten Sie die jeweils letzte Version. Die Nummer der Version wird immer mit dem Programmnamen zusammen angegeben. Diese Nummer besteht aus einer Zahl, einem Punkt und einer weiteren Zahl. Die Zahl vor dem Punkt bezieht sich auf größere Veränderungen am Programm. Die Zahl hinter dem Punkt betrifft kleinere Veränderungen. Zum Beispiel arbeite ich mit WordPerfect 4.2 (ausgesprochen als »Vier Punkt Zwei«). Ursprünglich hatte ich die Version 4.1 gekauft. Kurz danach kam eine erweiterte Version 4.2 heraus. Seither wurde WordPerfect stark erweitert, um das Programm mit Desktop Publishing-Eigenschaften auszustatten. Nun habe ich die Möglichkeit, von diesen Weiterentwicklungen zu profitieren, indem ich die Version 5.0 als sogenanntes Update erwerbe. Zu diesem Zweck entrichte ich an den Software-Hersteller eine Gebühr und schicke meine Original-Programmdisketten an ihn zurück. Daraufhin erhalte ich die neueste Programmversion.

Bei der derzeitigen Bauweise von Computern lassen sich Updates der Programmsoftware am leichtesten auswechseln, wenn sie auf Diskette geliefert werden. Einige tragbare Computer haben »eingebaute« Programme. Bei ihnen sind die Programme auf ROM-Chips gespeichert. Möchte man bei diesen Programmen Updates verwenden, müssen die alten ROM-Chips aus der Schaltplatine entfernt und die neuen Chips eingesetzt werden. Da bei einigen Geräten die Chips festgelötet sind, muß der Computer unter Umständen in ein Fachgeschäft gebracht werden, wo ein Techniker den neuen Chip einbaut — natürlich nur gegen Bezahlung!

Software-Kompatibilität hängt vom Mikroprozessor ab

Wenn Sie einen Personal Computer besitzen, so heißt das noch lange nicht, daß Sie alle auf dem Markt befindlichen Programme verwenden können. Sie können auch nicht einfach ein beliebiges Spielmodul in den dafür vorgesehenen Steckplatz stecken und erwarten, daß es funktioniert. Ob eine bestimmte Software auf Ihrem Computer läuft, also Hardware-kompatibel ist, hängt davon ab, ob die Software mit einem Compiler (Übersetzungsprogramm) für den Prozessor Ihres Computers kompiliert wurde.

Wie schon erwähnt, gibt es verschiedene Mikroprozessoren. Jeder hat seinen eigenen Maschinenkode. Das von Ihnen erworbene Anwendungsprogramm, etwa eine Textverarbeitung oder Tabellenkalkulation, ist meist schon in einen bestimmten Maschinenkode (Zielkode) kompiliert worden. Wenn der Maschinenkode Ihres Computers mit dem von der Software-Firma verwendeten Maschinenkode nicht identisch ist,

Ein Gesamtbild

schickt das Programm Befehle an die Zentraleinheit, die diese nicht verstehen kann. Es ist das gleiche, als würden Sie das Tonband mit dem ins Italienische übersetzten Vortrag vor einem französischen Publikum abspielen.

Kompatibilität hängt auch vom Betriebssystem ab

Leider genügt es nicht, daß der Prozessor Ihres Computers und Ihre Software nach demselben Maschinenkode arbeiten. Es muß auch berücksichtigt werden, wie die Peripheriegeräte von der Software angesprochen werden.

Programme enthalten nicht nur Befehle für die Zentraleinheit, sondern auch für die Peripheriegeräte. Zum Beispiel muß das Textverarbeitungsprogramm das Diskettenlaufwerk anweisen, zu einem bestimmten Abschnitt der Diskette zu gehen und dort Informationen entweder zu schreiben oder abzulesen. Auch der Bildschirm muß den Befehl für die Darstellung des Textes erhalten, und der Ausdruck über den Drucker muß ebenfalls durch das Programm gesteuert werden. Die Zusammenarbeit von Zentraleinheit und Peripherie geschieht über eine Vielzahl von Befehlen; diese Zusammenarbeit wird auch als ***Quittungsbetrieb** bezeichnet. Als Beispiel soll der Druckvorgang näher betrachtet werden. Bevor die ersten Zeichen an den Drucker geschickt werden, muß das Programm prüfen, ob der Drucker angeschaltet ist und Informationen vom Computer empfangen kann. Dieser Prüfvorgang geschieht in Form eines kleinen Dialogs. Die Zentraleinheit schickt an den Drucker das Signal »Ich möchte dir Zeichen schicken. Bist du bereit?« Wenn der Drucker druckbereit ist, antwortet er mit dem Signal »Ja, ich bin bereit«. Wenn dieses Signal nicht innerhalb einer gewissen Zeit im Computer ankommt, wird eine Fehlermeldung an den Bildschirm geschickt, die der Benutzerin mitteilt, daß sie vergessen hat, den Drucker anzuschalten. Jedesmal, wenn eine Zeichengruppe an den Drucker geschickt wird, findet ein ähnlicher Prozess statt. Es muß sichergestellt werden, daß sich das Papier nicht staut, das Farbband noch nicht zu Ende ist oder im Druckerpuffer noch Platz ist. Und dies alles betrifft nur den Drucker. Für die anderen Peripheriegeräte, wie das Laufwerk und den Bildschirm, sind andere Befehlssätze, sogenannte ***Protokolle**, erforderlich. Wieder andere Befehle müssen verhindern, daß es zu einem Chaos kommt, wenn zwei Peripheriegeräte gleichzeitig mit der Zentraleinheit zu kommunizieren versuchen. Diese Situation tritt auf, wenn Sie über die Tastatur etwas eingeben und gleichzeitig vom Laufwerk Zeichen an die Zentraleinheit geschickt werden, oder wenn in zwei Reisebüros genau zur gleichen Zeit über Terminal ein Flug gebucht werden soll. Das *Betriebssystem ist für die Regelung des Flusses an elektronischen Signalen verantwortlich, die zwischen Zentraleinheit und Peripheriegeräten hin- und herwandern.

Die Programmiersprachen wurden geschaffen, um der Programmiererin die Formulierung der Befehle an die Zentraleinheit zu erleichtern. Das Betriebssystem ist ein übergeordnetes Steuerungssystem, das der Programmiererin ebenfalls Arbeit abnimmt. Denn ohne Betriebssystem müßte sie den gesamten Quittungsbetrieb, der zur Koordination von Zentraleinheit und Peripheriegeräten notwendig ist, in das Programm mit aufnehmen.

Das Betriebssystem setzt sich aus zahlreichen **Systemprogrammen** zusammen. Jedes dieser Programme ist in Maschinenkode geschrieben und enthält die Anweisungen zur Steuerung der Peripheriegeräte[15]. In unserem Beispiel werden durch den Befehl »MULT« alle Anweisungen in Maschinenkode aktiviert, die zu unserem Multiplikationsprogramm gehören. In gleicher Weise werden die Systemprogramme des Betriebssystems aktiviert, wenn ein Anwendungsprogramm auf die Peripheriegeräte zugreift. Die Programmiererin muß nur einen einzigen Befehl in ihr Programm aufnehmen, um das Peripheriegerät zu aktivieren. Zum Beispiel lautet der BASIC-Befehl zum Drucken LPRINT. Dieser einfache Befehl wird vom Betriebssystem in eine lange Reihe von Anweisungen konvertiert. Sie überprüfen, ob der Drucker angeschaltet ist, ob das Papier eingelegt wurde und das Farbband nicht abgelaufen ist, ob im Druckerpuffer noch Platz ist usw.

Das Betriebssystem gestattet es der Programmiererin, sich beim Programmieren nur auf die Abfolge von Befehlen zu konzentrieren, die für eine bestimmte Anwendung, etwa ein Buchführungsprogramm, erforderlich ist. Auch um die Kommunikation zwischen Programm und Hardware muß sie sich nicht kümmern, da die Lösung dieses Problems zum Aufgabenbereich einer Spezialistin, nämlich der ***Systemprogrammiererin** gehört.

Es gibt verschiedene Prozessortypen und auch verschiedene Betriebssysteme. Ein Programm läuft nur dann auf Ihrem Gerät, wenn Programm und Computer nach dem gleichen Betriebssystem arbeiten. Wie schon gesagt, wird ein Programm in einer Programmiersprache eingegeben und dann in den Maschinenkode kompiliert (übersetzt). Bei diesem

Ein Gesamtbild

Vorgang werden spezifische Befehle des jeweiligen Betriebssystems in den Maschinenkode integriert.

Das Betriebssystem ist das Nervensystem des Computers

Wenn Sie sich vor Ihren Computer setzen und ihn anschalten, passiert zunächst gar nichts. Sie können eine beliebige Taste drücken — der Bildschirm bleibt dunkel. Nichts funktioniert, solange Sie nicht das Betriebssystem in den Hauptspeicher geladen haben[16].

Mich erinnert dieser Zustand an eine Frau mit einer Verletzung am zentralen Nervensystem. Sie sieht gesund aus, doch wenn die Ärztin sie ins Bein kneift, spürt sie nichts. Die Nervenbahnen, die »Botschaften« von den Füßen zum Gehirn übermitteln, sind beschädigt. Auch ein Computer hat ein zentrales Nervensystem, nämlich das Betriebssystem. Wenn es beschädigt ist oder nicht in den Hauptspeicher geladen wurde, können die Peripheriegeräte nicht mit der Zentraleinheit (dem Gehirn des Computers) kommunizieren.

Da das Betriebssystem zwischen Zentraleinheit und Peripherie vermittelt, muß in jeden Computer, sei es ein billiger Atari oder ein teurer IBM, vor der Benutzung ein Betriebssystem in den Hauptspeicher geladen werden. Keine Hardware kommt ohne dieses Programm aus.

Daher ist das Betriebssystem beim Erwerb eines Computers immer im Kaufpreis inbegriffen — oder besser gesagt *fast* immer. Einige skrupellose Händler bieten Computer billig an und erwähnen erst im Kleingedruckten, daß das Betriebssystem extra bezahlt werden muß.

Das Betriebssystem wird geladen

Vor dem Einschalten des Computers muß die Diskette mit dem Betriebssystem in ein Laufwerk geschoben werden[17]. Nach Einschalten des Gerätes wird der Lese/Schreibkopf des Laufwerks zu dem Sektor der Diskette bewegt, wo sich das Betriebssystem befindet[18]. Dort liest er das Betriebssystem von Diskette in den Hauptspeicher (Abb. 6.3.). Das dauert einige Sekunden. Während dieser Zeit kann über die Tastatur nichts eingegeben werden und der Bildschirm bleibt dunkel.

Dieser Ladevorgang des Betriebssystems wird als ***starten des Systems** bezeichnet. Solange dies nicht geschehen ist, kann man mit der ganzen teuren Hardware nichts anfangen.

Go Stop Run

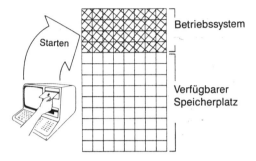

Abbildung 6.3. Das Betriebssystem muß in den Arbeitsspeicher geladen werden, bevor der Computer benutzt werden kann. Hierzu wird die Diskette mit dem Betriebssystem in das Laufwerk geschoben. Das Betriebssystem wird daraufhin automatisch in den Arbeitsspeicher eingelesen.

Das Bereitschaftszeichen des Betriebssystems

Sobald das Betriebssystem in den Hauptspeicher geladen ist, meldet es sich auf dem Bildschirm und teilt Ihnen dadurch mit, daß das Gerät jetzt benutzt werden kann. Während Fehlermeldungen bedeuten, daß irgend etwas nicht funktioniert, ist das jetzt auf dem Bildschirm erscheinende Symbol Zeichen dafür, daß Sie mit der Arbeit beginnen können. Daher wird diese Meldung als *Bereitschaftszeichen bezeichnet. Nach dem Laden des Betriebssystems, meldet es sich bei IBM-Computern zum Beispiel mit dem Symbol A >. Andere Betriebssysteme sind anwenderfreundlicher. Das Betriebssystem FINDER vom Macintosh zum Beispiel meldet sich nach dem Starten des Gerätes mit einem Menü auf dem Bildschirm.

Das Betriebssystem bedient Sie

Das Betriebssystem übernimmt nicht nur die Verkehrsregelung, sondern auch die Rolle einer Bedienung in einem Restaurant, die neue Gäste an freie Tische führt. Im Fall des Computers sind die »Gäste« neue Programme, die von Diskette in den Hauptspeicher geladen werden. Das Bereitschaftszeichen auf dem Bildschirm bedeutet »Ich bin bereit. Was soll ich machen?« Daraufhin geben Sie den Namen des Anwendungsprogramms ein, mit dem Sie arbeiten möchten. Wenn Sie mit dem Programm WordPerfect arbeiten möchten, geben Sie zum Beispiel WP ein.

Ein Gesamtbild

Dann weiß das Betriebssystem, es muß zum Laufwerk gehen, auf der dortigen Diskette nach der Datei mit dem Namen WP (die WordPerfect-Programmdatei) suchen und sie in den Hauptspeicher (RAM) laden. Dann können Sie mit dem Programm arbeiten.

Alle Komponenten arbeiten zusammen. Das Anwendungsprogramm kommuniziert mit dem Betriebssystem und das Betriebssystem »sagt« der Hardware, was sie zu tun hat. Wie aus Abbildung 6.4. ersichtlich, müssen sich Betriebssystem und Anwendungsprogramm gleichzeitig im Hauptspeicher befinden, damit die Arbeit mit dem Anwendungsprogramm möglich ist.

Zuerst die Software kaufen

Die verschiedenen Computertypen arbeiten mit verschiedenen Betriebssystemen. Was bedeutet das für Sie? Beim Kauf eines Programms müssen Sie darauf achten, für welches Betriebssystem es vorgesehen ist. Wenn es für den Apple II kompiliert wurde, der mit AppleDOS (Apple Disk Operating System) arbeitet, so ist es nur mit diesem Betriebssystem verwendbar. Wurde es hingegen in den Maschinenkode des Apple Macintosh übersetzt, der mit dem Betriebssystem FINDER arbeitet, so läuft das Programm nur auf einem Macintosh.

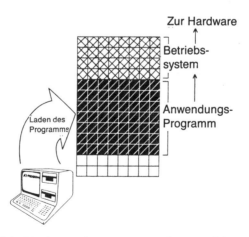

Abbildung 6.4. Ein Anwendungsprogramm kommuniziert nicht direkt mit der Hardware, sondern mit dem Betriebssystem, das seinerseits mit der Hardware kommuniziert.

Go Stop Run

Aus diesem Grund sollten Sie sich zuerst um die Software bemühen. Wenn Sie ein Programm gefunden haben, daß Ihren speziellen Bedürfnissen entspricht, zum Beispiel eine Buchführung mit Provisionsabrechnung für Vertreterinnen, so kommen nur ganz bestimmte Computer für Sie in Frage. Ihr Programm läuft ausschließlich auf Geräten, mit deren Betriebssystem es übereinstimmt. Doch auch nach dem Kauf der Software stehen Ihnen noch verschiedene Möglichkeiten bei der Wahl der Hardware offen. Zur Verdeutlichung des bisher Gesagten möchte ich nun erklären, wie Computer gebaut werden.

Ein Computer ist mehr als die Summe seiner Teile

Es herrscht allgemein die Meinung, die Einzelteile in einem IBM-Computer stammen von IBM und die eines Sharp-Computers stammen von Sharp. In Wirklichkeit stellt jedoch keine Computerfirma alle Teile des Computers selbst her. Sie kaufen vielmehr zahlreiche Standardteile von anderen Herstellern. Es gibt zum Beispiel nur wenige Chip-Hersteller, unter anderen Intel, Motorola, NEC und National Semiconductors, die Mikroprozessoren entwerfen und produzieren. Laufwerke stammen meist von den Firmen Seagate, MiniScribe und CDC. Die bekanntesten Hersteller von RAM-Chips sind Advanced Micro Devices, Hitachi und Toshiba. Wiederum andere Firmen sind auf den Bau von Bildschirmen und Tastaturen spezialisiert.

Der Computer-Hersteller beschränkt sich auf den Zusammenbau der einzelnen Komponenten. Sie werden so miteinander verschaltet, daß die Zentraleinheit mit den Peripheriegeräten zusammenarbeiten kann. Noch vor gar nicht langer Zeit mußte man sich die Bauteile einzeln kaufen und selbst zusammensetzen, wenn man einen Mikrocomputer haben wollte. Apple hat als einer der ersten Hersteller fertige Computer angeboten. Seitdem mußte man nicht mehr Ingenieur sein, um einen Computer besitzen zu können.

Auch für die Käuferin ist es von Vorteil, daß nicht jeder Computerhersteller seine Teile selbst produziert. Wenn ein Hersteller bankrott geht oder die Produktion einer Baureihe einstellt, sind die Folgen nicht so katastrophal. Die Einzelteile sind immer noch erhältlich, da die Produzenten der einzelnen Bauteile weiterhin existieren. Zum Beispiel befindet sich im Sharp PC7000, der nicht mehr gebaut wird, derselbe Prozessor Intel 8086 wie im IBM PS/2 Modell 30. Der Mikroprozessor in

Ein Gesamtbild

einem Sharp PC7000 kann also weiterhin ausgewechselt werden, da derselbe Prozessor in vielen anderen Modellen ebenfalls verwendet wird.

Der Computer-Hersteller setzt »nur« die einzelnen Komponenten zusammen. Das hört sich relativ leicht an, ist es aber nicht. Die einzelnen Hersteller verbinden die Zentraleinheit mit den Peripheriegeräten nach ganz verschiedenen Verfahren. Selbst wenn zwei Hersteller genau die gleichen Bauteile verwenden würden, käme es dennoch zu ganz unterschiedlichen Resultaten — ebenso wie zwei Kinder aus den gleichen Bauklötzern zwei völlig verschiedene Häuser bauen.

Typenspezifische Betriebssysteme

Noch bis vor zehn Jahren statteten die Hersteller ihre Computer zur Koordinierung der Zentraleinheit und der Peripheriegeräte mit einem eigenen Betriebssystem aus. Jede Computermarke arbeitete folglich mit einem anderen Betriebssystem. Selbst Geräte zweier Hersteller mit dem gleichen Prozessor waren mit verschiedenen Betriebssystemen versehen.

Damals waren in den Computerfirmen zahlreiche Programmiererinnen damit beschäftigt, Betriebssysteme zu schreiben. Apple produzierte AppleDOS, Tandy-Computer liefen unter TRSDOS usw. Diese von den einzelnen Computer-Herstellern verfaßten Betriebssysteme fallen unter ***typenspezifische Betriebssysteme**.

Dieses Verfahren erwies sich jedoch als sehr nachteilig. Wie schon gesagt, arbeiten die Anwendungsprogramme nur unter einem bestimmten Betriebssystem. Das bedeutet, daß die Programme nur auf Computern eines einzigen Herstellers laufen konnten. Für TRSDOS geschriebene Programme arbeiten nur, wenn TRSDOS im Hauptspeicher geladen ist. Da das Copyright für TRSDOS bei Tandy lag, konnten diese Programme nur auf Tandy-Computern eingesetzt werden. Andere Programme liefen nur auf Northstar-Computern, und wieder andere auf Geräten von Apple usw.

Diese Entwicklung war kein Zufall. Die Situation entsprach vielmehr genau den Wünschen der Hersteller. Sobald sie einen Computer verkauft hatten, war die Kundin gezwungen, sich auch *ihrer* Software zu bedienen. Und das lag zweifellos in ihrem Interesse, da die Gewinnspanne bei Software weit höher liegt als bei Hardware. Bei der Herstellung eines Computers fallen für Materialien und Arbeitszeit feste Kosten an. Ein Exemplar eines Programms hingegen wird einfach auf eine Leerdiskette kopiert. Das kostet nur wenige Mark. Sobald die Kosten für die Programmentwicklung und Werbung zurückverdient sind, ist jeder weitere Programmverkauf fast reiner Gewinn.

Durch typenspezifische Betriebssysteme wurde außerdem verhindert, daß die Kundinnen zu einem anderen Hersteller wechseln konnten. Angenommen, eine Firma hatte viel Geld und Zeit in Programme investiert, die nur auf einem Gerätetyp liefen. Dann bedeutete der Wechsel zu einer anderen Computermarke mit einem anderen Betriebssystem erneut gewaltige Ausgaben. Die alten Programme mußten **konvertiert**, d.h. so umgeschrieben werden, daß sie unter dem neuen Betriebssystem liefen. Damit waren die Kunden gezwungen, stets bei dem gleichen Hersteller zu kaufen. In Bezug auf Autos würde das bedeuten, daß Sie immer bei Ihrem VW bleiben müßten und nicht auf einen Toyota umsteigen könnten.

Für Programmiererinnen von Anwendungsprogrammen war diese Situation alles andere als angenehm. Schließlich hätten sie zum Beispiel ihr Textverarbeitungsprogramm gern auch all den Besitzerinnen von Computern angeboten, die auf anderen Computern arbeiteten. Doch typenspezifische Betriebsprogramme machten das unmöglich. Das Textverarbeitungsprogramm AppleWriter zum Beispiel läuft nur unter dem Betriebssystem AppleDOS. Es kann daher nur auf Apple II-Computern eingesetzt werden.

Die typenspezifischen Betriebssysteme stießen nicht nur bei den Programmiererinnen, sondern auch bei den Anwenderinnen auf Ablehnung. Stellen Sie sich vor, Sie arbeiten mit einem Apple II und sind mit AppleWriter vertraut. Dann wechseln Sie den Arbeitsplatz, wo Ihnen ein IBM PS/2 zur Verfügung steht. Damit sind Sie gezwungen, sich von AppleWriter auf das neue Textverarbeitungssystem für IBM-Computer umzustellen.

Bei der heutigen Vielfalt von Computern würden typenspezifische Betriebssysteme zu beträchtlichen Problemen führen. Wenn eine Programmiererin ihr Textverarbeitungsprogrmm für alle Computer lauffähig machen will, so müßte sie hunderte von verschiedenen Computermodellen kaufen und hunderte von Programmversionen schreiben — für jedes spezielle Betriebssystem eine Version.

Fast universelle Betriebssysteme

Mit der Entwicklung von standardisierten Betriebssystemen änderte sich diese Situation. Das erste derartige System war CP/M. Es wurde nicht mehr von einer Hardware-Firma, sondern von dem Software-Hersteller

Ein Gesamtbild

Digital Research entwickelt. Digital Research hat mit CP/M ein Betriebssystem geschaffen, das an die verschiedensten Computer angepaßt werden konnte und daher auf zahlreichen Computermodellen lief[19]. Als CP/M auf den Markt kam, brauchten die Software-Hersteller nur noch eine Programmversion für dieses Betriebssystem zu schreiben. Die Anwenderinnen waren nicht mehr an die Software eines Herstellers gebunden. Sie konnten aus einer breiten Palette von Programmen wählen, wenn sie statt des typenspezifischen Betriebssystems ihres Gerätes CP/M verwendeten.

Als IBM mit der Produktion von Mikrocomputern begann, wählte es ein zu CP/M nicht kompatibles Betriebssystem. Statt von Digital Research eine CP/M-Version für die IBM-Computer zu erwerben, wurde bei dem Software-Hersteller Microsoft ein neues Betriebssystem in Auftrag gegeben. Es erhielt den Namen **PC-DOS**. Da IBM auf dem Computer-Markt bald eine führende Position innehatte, beeilten sich die einzelnen Software-Hersteller, ihre CP/M-Programme auch in einer PC-DOS-Version anzubieten. Wenn Sie zum Beispiel WordStar kaufen, müssen Sie angeben, welche Version Sie möchten, für CP/M oder für PC-DOS.

Der IBM-PC fand große Verbreitung. Daher wurden für CP/M keine weiteren Programme mehr geschrieben, sondern nur noch für PC-DOS.

Das führte dazu, daß die Computer-Hersteller die Produktion ihrer alten CP/M-kompatiblen Geräte einstellten. Jetzt wurden nur noch Computer mit derselben Zentraleinheit wie der IBM-PC gebaut. Die Hersteller entwickelten keine weiteren Betriebssysteme mehr, sondern erwarben bei Microsoft eine Lizenz für das neue Betriebssystem. Da Microsoft weiterhin das Copyright für PC-DOS behalten wollte, verkaufte die Firma ihr Betriebssystem unter dem Namen **MS-DOS**, wobei MS für Microsoft steht.

Inzwischen hatten die Computer-Hersteller endlich begriffen, daß Computer gekauft werden, um darauf Programme laufen zu lassen. Selbst der beste Computer hat keinen Wert, wenn es für ihn keine Software gibt. Daher bestand kein Anlaß, neue typenspezifische Betriebssysteme zu entwickeln. Neue Hersteller begannen **IBM-kompatible Computer** zu bauen. Sie produzieren also Computer mit derselben Zentraleinheit wie IBM, denselben Laufwerken und demselben Betriebssystem wie IBM. In Anzeigen wird damit geworben, daß es für diese Computer tausende von Programmen gibt.

Heute ist MS-DOS oder PC-DOS, häufig einfach als DOS bezeichnet, ein mehr oder weniger universelles Betriebssystem. Fast alle Mikrocomputer arbeiten unter DOS, außer Apple, die noch immer ihr typenspezifisches Betriebssystem verwenden. Apple setzt FINDER auf dem Macintosh und AppleDOS auf dem Apple II ein[20].

Das ist die derzeitige Situation. Doch die Entwicklung im PC-Bereich hält an. MS-DOS hat CP/M als Standard-Betriebssystem abgelöst. Doch dieser Standard wird durch neuentwickelte Betriebssysteme in Frage gestellt. Zum besseren Verständnis der Vorzüge der neueren Betriebssysteme müssen wir erst noch etwas tiefer in das Innenleben von Computern eindringen und der Frage nachgehen, warum das eine Gerät schneller und das andere langsamer arbeitet.

Was macht einen Computer schnell / schneller / am schnellsten?

Um mit den neuen, sehr schnellen Computern vertraut zu werden, müssen wir uns nochmals der Zentraleinheit zuwenden. Alle Programmbefehle werden durch die Zentraleinheit ausgeführt. Wenn ein Programm die Addition von Zahlen oder den Vergleich zweier Zahlen verlangt, so müssen die Zeichen zuerst in die Zentraleinheit übermittelt werden.

Angenommen, wir möchten von einem sich in RAM (im Hauptspeicher) befindlichen Zeichen (einem Byte) feststellen, ob es sich um eine 4 handelt (dieses Problem tauchte in unserem Multiplikationsprogramm auf). Damit dieser Vergleich möglich ist, muß das entsprechende Byte zuerst in die Zentraleinheit gebracht werden.

Im 1. Kapitel haben wir diesen Vorgang mit Hilfe des Telegrafen näher erläutert. Hierbei wurde stillschweigend vorausgesetzt, daß die elektrischen Impulse (Bits), die ein Zeichen repräsentieren, einer nach dem anderen durch eine Art Kabel reisen, um vom Hauptspeicher zur Zentraleinheit zu gelangen. Doch dieses Verfahren wäre sehr zeitaufwendig. Im Folgenden werden mehrere Möglichkeiten der Steigerung der Arbeitsgeschwindigkeit von Computern beschrieben. Zu Vergleichszwecken werden die Geschwindigkeiten auf die Taktschläge eines imaginären Metronoms bezogen.

Ich möchte mit dem Telegramm-Verfahren beginnen. Wenn zwischen Zentraleinheit und RAM eine Telegrafenleitung gezogen wäre, müßte jedes Bit des zur Darstellung der Zeichen verwendeten 8-Bit Morse-Kodes einzeln eingetippt werden. D.h., um eines dieser Zeichen von RAM zur Zentraleinheit zu schicken, müßte jedes Bit nacheinander durch das Kabel geleitet werden. Das würde pro Zeichen 8 Schläge des

Ein Gesamtbild

Metronoms dauern. Dieses Verfahren wird in der Fachsprache als ***serielle Übertragung** bezeichnet. Wenn sich das 8-Bit-Zeichen dann in der Zentraleinheit befindet (in ihrem ***Register**), dauert der Vergleich mit der 4 einen weiteren Taktschlag.

Eine Möglichkeit zur Beschleunigung dieses Vorgangs besteht in der Verwendung von acht Kabeln zwischen Zentraleinheit und Arbeitsspeicher. Dieses Verfahren wird als ***parallele Übertragung** bezeichnet. Jetzt dauert die Übertragung eines Zeichen aus dem Speicher zur Zentraleinheit nur noch einen Taktschlag. In einem weiteren Takt wird das Zeichen mit der 4 verglichen. Insgesamt dauert dieses Verfahren zwei Taktschläge. Wie Sie sehen, bedeutet dies eine erhebliche Beschleunigung gegenüber dem Telegramm-Modell, denn dort sind für den gleichen Arbeitsvorgang neun Taktschläge erforderlich.

Bis 1981 kam in allen Computern dieses System mit 8 Verbindungen zur Anwendung. Das Register der Zentraleinheit hatte eine Kapazität von 1 Byte. Das bedeutet, es konnte nur jeweils 1 Byte (8 Bits) verglichen oder addiert werden. Diese Geräte werden daher als 8-Bit-Computer bezeichnet. Der Fachausdruck für die Leitungen, über die Zeichen transportiert werden, lautet ***Bus**. Wenn 8 Bit gleichzeitig übertragen werden, so handelt es sich um einen 8-Bit Bus. Denken Sie an einen Schulbus

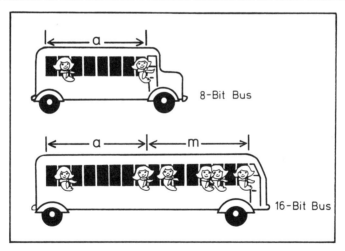

Abbildung 6.5. Die Zeichenrepräsentationen bewegen sich auf einem Bus zwischen Zentraleinheit und Hauptspeicher. Wenn der Bus 8 »Sitze« hat, kann nur jeweils 1 Byte transportiert werden. Verfügt der Bus über 16 »Sitze«, können 2 Bytes gleichzeitig übertragen werden.

mit acht Sitzen. Je nachdem, welches Zeichen übertragen werden soll, werden die Sitze besetzt oder freigelassen. Zum Beispiel wird zur Übertragung eines »A« (das im Binärkode als 01000001 dargestellt wird) der zweite und achte Sitz besetzt (Abbildung 6.5.).

Dieser 8-Bit Prozessor mit 8-Bit Bus wurde in den veralteten CP/M-Computern verwendet. Seither wurden sowohl Bus als auch Prozessor weiterentwickelt. Zuerst wurden ein 16-Bit Prozessor mit 8-Bit Bus gebaut — der alte IBM PC. Dann wurde ein 16-Bit Prozessor mit 16-Bit Bus entwickelt — der alte IBM AT. Dann kamen 32-Bit Prozessoren mit 16-Bit Bus auf den Markt. Die neueste Entwicklung bilden Computer mit 32-Bit Prozessor und 32-Bit Bus.

16-Bit Computer

Es gibt Computer, die zwei Bytes zugleich verarbeiten können. Die Register der Zentraleinheit sind hier groß genug, um 2 Byte aufnehmen zu können. Diese Geräte sind auch mit einem größeren Bus ausgestattet — er hat 16 Sitze, d.h. RAM und Zentraleinheit sind durch 16 Leitungen verbunden. Diese Geräte können pro Taktschlag zwei Zeichen übertragen. Früher wurden solche Computer, also Geräte mit 16-Bit Prozessor und 16-Bit Bus, als **Minicomputer** bezeichnet. Doch die Technik ist vorangeschritten und heute sind 16-Bit Mikrocomputer weit verbreitet. Die alte Unterscheidung zwischen Minicomputern und Mikrocomputern verschwindet mehr und mehr.

Der Unterschied zwischen einem 8-Bit und einem 16-Bit Gerät wird deutlich, wenn man beiden Computern dieselbe Aufgabe stellt. Nehmen wir an, wir arbeiten mit einem Textverarbeitungsprogramm und möchten durch den ganzen Text das Wort »american« durch »American« ersetzen (siehe Abbildung 6.6.). Zu diesem Zweck muß jedes Byte der Textdatei aus dem RAM in das Register der Zentraleinheit geholt werden, wo geprüft wird, ob es sich um die Zeichenfolge »american« handelt. Für diesen Vorgang benötigen die beiden Computer unterschiedliche Zeiten.

Zuerst wollen wir den 8-Bit Prozessor mit 8-Bit Bus betrachten. Im ersten Takt werden die 8 Bit, aus denen der erste Buchstabe besteht, gleichzeitig aus RAM in die Zentraleinheit übertragen. Während des zweiten Taktes wird das Byte mit dem Buchstaben »a« verglichen. Handelt es sich um ein »a«, so wird das nächste Byte des Wortes aus RAM zur Zentraleinheit übertragen. Während des nächsten Taktes wird geprüft, ob es sich um ein »m« handelt. Diese beiden Schritte, erst übertragen und dann vergleichen, müssen mit allen acht Buchstaben, aus

Ein Gesamtbild

denen das Wort »american« besteht, vorgenommen werden. Zur Festellung, daß es sich bei der Zeichenfolge im Arbeitsspeicher tatsächlich um das Wort »american« handelt, sind 16 Taktschläge notwendig.

Wie sieht dieser Vorgang bie einem Computer mit 16-Bit Prozessor und 16-Bit Bus aus? Da der Bus 16 Bit (Sitze) hat, können wir in einem Takt 2 Byte (16 Bit) übertragen. Da im Prozessor Platz für alle 16 Bit ist, kann in einem weiteren Takt festgestellt werden, ob es sich in den zwei Byte um die Folge »am« handelt. Für die Überprüfung der nächsten zwei

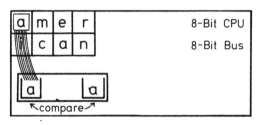

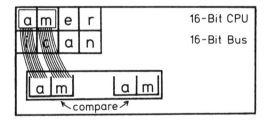

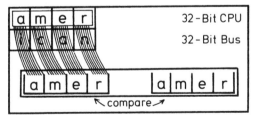

Abbildung 6.6. Die Architektur eines Computers bestimmt, wie schnell ein Befehl ausgeführt wird. Hier läuft die Funktion Suchen-und-Ersetzen. Im Text soll durchgängig »american« durch »American« ersetzt werden. In einem Zyklus transportiert der Bus ein oder mehrere Zeichen aus dem Hauptspeicher zur Zentraleinheit. in einem weiteren Zyklus vergleicht die Zentraleinheit die Zeichen.

Zeichen sind zwei weitere Takte notwendig. Insgesamt werden zum Übertragen und Prüfen aller acht Buchstaben des Wortes »american« acht Takte benötigt, also nur halb so viel wie bei dem anderen Computer.

32-Bit Computer

Es gibt auch Computer mit einem 32-Bit Prozessor und 32-Bit Bus. Früher wurden solche Geräte, zum Beispiel der IBM 370, als *Großrechner (*Mainframe) bezeichnet. Diese Computer brauchen für die gleiche Aufgabe nur 4 Takte, da sie gleichzeitig 4 Byte überprüfen können.

Vor noch gar nicht langer Zeit unterschied man anhand der Kapazität der Prozessor-Register und der Busgröße zwischen Mikrocomputern (Personal Computern), Minicomputern und Großrechnern (Mainframe). Mikrocomputer hatten einen 8-Bit Prozessor und 8-Bit Bus, Minicomputer einen 16-Bit Prozessor und einen 16-Bit Bus und Mainframes einen 32-Bit Prozessor mit 32-Bit Bus. Heute hingegen sind Personal Computer mit allen drei Konfigurationen erhältlich. Im folgenden möchte ich auf einige bekannte Baureihen eingehen.

Der Z 80

In den Mikrocomputern vor 1981 wurde als Zentraleinheit der Z80 verwendet. Für diesen Chip wurde CP/M geschrieben. Die Geräte hatten einen 8-Bit Prozessor und 8-Bit Bus. Die maximale Hauptspeichergröße betrug 64K (64.000 RAM).

Der Intel 8088

Der (heute nicht mehr gebaute) IBM PC ist mit einem Intel 8088 als Zentraleinheit ausgestattet. Dieser Chip ist ein 16 Bit Prozessor mit jedoch nur einem 8-Bit Bus. Die maximale Hauptspeichergröße beträgt 640K (640.000 RAM).

Anhand unseres Vergleichstests mit dem Wort »berliner« wollen wir sehen, wie schnell ein 16-Bit Prozessor mit 8-Bit Bus arbeitet. Zuerst geht der Bus in den Hauptspeicher, holt das erste Byte, bringt es in die Zentraleinheit (ein Taktschlag), geht erneut in den Hauptspeicher und holt das zweite Byte (ein weiterer Taktschlag). Wenn sich 2 Bytes in der Zentraleinheit befinden, kann sie beide in einem Takt mit den Buchstaben »be« vergleichen. Insgesamt werden für die Prüfung der ersten zwei Zeichen also 3 Takte benötigt. Für alle acht Zeichen dauert die Überprüfung

Ein Gesamtbild

also 12 Takte. Damit ist das Gerät zwar schneller als die älteren Modelle, jedoch immer noch langsamer als Computer mit 16-Bit Bus.

Computer verfügen über eine interne ***Systemuhr**, die die Taktfrequenz der Zentraleinheit regelt und Zentraleinheit und Peripheriegeräte synchronisiert. Die Uhr im IBM PC schlägt mit 4,77 Millionen Takten in der Sekunde oder 4,77 MHz. M ist die Abkürzung für Mega. Hz steht für Hertz, eine Maßeinheit zur Messung der Frequenz. Viele Hersteller von IBM PC kompatiblen Computern haben sich genau an den Aufbau des IBM PC gehalten. Der Bondwell 8 Laptop und der Epson Equity I zum Beispiel, die beide noch hergestellt werden, verwenden einen 8088-Chip, der auf 4,77 MHz getaktet ist. IBM hat 1981 seinen PC auf den Markt gebracht. Seither wurden andere Chips entwickelt, die mit dem 8088-Chip kompatibel sind und ebenfalls unter MS-DOS laufen, jedoch schneller getaktet sind. Zum Beispiel läuft der 8088-2 sowohl mit einer Taktfrequenz von 4,77 MHz, als auch mit 8 MHz, also fast doppelt so schnell. In vielen IBM-Nachbauten, sowie in Geräten wie Leading Edge, Modell D, wird dieser Chip verwendet. Andere Computer wie der Datavue Spark laufen mit dem schnelleren V20 von NEC. Auch dieser Prozessor ist kompatibel mit dem 8088, läuft jedoch mit 9,54 MHz.

Der Intel 80286

1984 brachte IBM den AT mit dem Intel 80286 als Prozessor heraus. Dieses Gerät hat eine 16 Bit Zentraleinheit mit 16 Bit Bus.

Wie schon der IBM PC, wurde der IBM AT ebenfalls von anderen Herstellern mit diesem Chip nachgebaut. Diese Geräte werden auch als 286er Computer bezeichnet. Der erste AT von IBM war mit 6 MHz getaktet. Die neuesten 286er Maschinen laufen mit 12 MHz oder mehr.

Heute wird der 80286 von IBM in den Geräten PS/2 Modell 50 und 60 verwendet. Andere bekannte, mit diesem Chip ausgestattete Geräte sind der Compaq Deskpro 286, der Toshiba 3100 und der NEC PowerMate 2.

Der Intel 80386

Ende 1986 wurden die ersten Computer mit einem 80386er Chip vorgestellt. Diese Geräte von Compaq hatten einen 32-Bit Prozessor und einen 32-Bit Bus. Auch IBM bietet einen 386er Computer an, den IBM PS/2 Modell 80. Andere Hersteller folgen nach, zum Beispiel mit dem NEC 386 und dem Tandy 4000. Die Taktfrequenz dieser Geräte reicht von 12 MHz bis zu über 20 MHz.

Tabelle 1: Computer-Baureihen

Architektur	8-bit Prozessor 8-bit Bus	16-bit Prozessor 8-bit Bus	16-bit-Prozessor 16-bit Bus	32-bit Prozessor 16-bit Bus	32-bit Prozessor 32-bit Bus
Typenbezeichnung*	Mikrocomputer		Minicomputer*		Mainframe*
Zeit**	16 Takte	12 Takte	8 Takte	6 Takte	4 Takte
Fabrikate	KayPro 2 Epson QX-10 Apple IIe, IIc Osborne 1	IBM XT Compaq Portable Sanyo Zenith Z150 Tandon XPC	Compaq Desk Pro 286 IBM PS/2 Modell 30 und 60 Victor V286 Commodore PC-AT	Apple Macintosh	Macintosh II IBM Personal System/2 Modell 80 Compaq Desk Pro 386 Hewlett-Packard Vectra
Betriebssystem	CP/M***	MS-DOS (oder PC-DOS)	MS-DOS, OS 2	Finder, UNIX (oder XENIX)	Finder, MS-DOS, UNIX, OS/2
Prozessorbezeichnung	Z80, Z80A***, 8080	8088	8086, 80286	68000, 28000	80386, 68020

* Diese Bezeichnungen sind nicht mehr gültig. Früher galten Computer mit einer gewissen Architektur – mit 8-Bit Prozessor und 8-Bit Bus – als Mikrocomputer. Doch mit der Entwicklung von Computern mit hochentwickelten Prozessoren wurden die alten Definitionen von Minicomputern und Mainframes hinfällig.

** Die Zeitangaben betreffen die Aufgabe, ein Wort von 8 Buchstaben mit einem anderen gleichlangen Wort zu vergleichen. Wie lange braucht das Gerät z. B. um festzustellen, ob die 8 Zeichen im Hauptspeicher wirklich das Wort »american« darstellen? Die Angaben dienen nur Vergleichszwecken.

*** CP/M arbeitet nur mit der Prozessorfamilie Z80, einschließlich dem 8080, Z80 und dem Z80A. Um CP/M auf einem Apple II laufen zu lassen, wird ein zweiter Prozessor benötigt.

Ein Gesamtbild

Die 68000er Baureihe

All diese Entwicklungen betreffen die Welt der IBM-Computer und Kompatiblen. Inzwischen brachte Apple seinen Macintosh heraus. Der Prozessor dieser Baureihe ist der 68000 von National Semiconductors. Da dieser Chip sich vollständig von den Intel-Chips unterscheidet, konnten die Computer von Apple nicht unter MS-DOS laufen. Für den Macintosh wurde ein eigenes Betriebssystem entwickelt, das den Namen FINDER führt.

Zuerst kam der Macintosh 128 auf den Markt, der von dem Macintosh Plus abgelöst wurde. Diese Computer verwendeten den 68000 als Prozessor. Dieser 32-Bit Chip hat einen 16-Bit Bus. Von Apple stammt auch der Macintosh SE. Das ist bis auf einen zusätzlichen Erweiterungssteckplatz dasselbe Gerät wie der Macintosh Plus.

Der Macintosh II verwendet einen 68020 Chip. Dieser Prozessor hat 32 Bit und einen 32-Bit Bus. Da das Gerät auf 16 MHz getaktet ist, läuft es viel schneller als der Macintosh Plus.

Neuere Betriebssysteme

CP/M war für 8-Bit Computer das Standard-Betriebssystem. Es wurde von MS-DOS für 16 Bit Computer abgelöst. Heute konkurrieren neue Betriebssysteme darum, Standard für die neuen 32 Bit Maschinen zu werden. Ein wichtiger Kandidat im Rennen ist OS/2, das Betriebssystem für die PS/2 Computer von IBM. Ob sich dieses System durchsetzt, ist heute noch nicht entschieden.

Sehen Sie sich in diesem Zusammenhang die in Tabelle 1 zusammengefaßte Entwicklung der Computer-Bauhreihen an. Wie oben beschrieben, wird der Prozessor immer schneller und mächtiger, der Bus wird immer größer und die mögliche Hauptspeicherkapazität wächst ständig.

Bei den älteren Geräten handelt es sich ausnahmslos um *Einplatz-Systeme. D.h. an die Zentraleinheit kann nur eine Tastatur und ein Bildschirm angeschlossen werden. Es können nicht mehrere Personen gleichzeitig an einem Computer arbeiten — daher auch die Bezeichnung ***Personal Computer**. Doch auf den neuen, leistungsfähigeren 386er Geräten können mehrere Programme gleichzeitig laufen. Mit einem ***Multi-User**-Betriebssystem (*Mehrplatz-System) können mehrere Benutzer gleichzeitig einen Computer benutzen.

Multi-Tasking

Auf Personal Computern liefen bisher nicht mehrere Programme gleichzeitig. Wenn das Gerät mit einer zeitaufwendigen Aufgabe beschäftigt war, etwa alle Kunden aus einer Datei herauszusuchen, die noch eine Rechnung offenstehen haben, so konnte es erst nach Beendigung oder Abbruch der Suche wieder benutzt werden.

An einem *Einplatzsystem, das **multi-tasking**-fähig ist, kann zwar nur eine Person arbeiten, es können jedoch mehrere Programme gleichzeitig auf dem Computer laufen. Wenn zum Beispiel eine Kundin anruft und wissen möchte, wieviel sie zu zahlen hat, während der Computer Formbriefe ausdruckt, können Sie den Betrag im Computer nachsehen, ohne den Druckvorgang unterbrechen zu müssen. Nach außen sieht es so aus, als erledige der Computer zwei Dinge gleichzeitig. Doch hierzu ist der Prozessor nicht in der Lage. In unserem Beispiel ist der Drucker so langsam, daß der Prozessor zwischendurch die in der Datenbank gespeicherte Information heraussuchen kann. Nach diesem Verfahren arbeitet OS/2 für die IBM-Geräte und Multi-Finder für den Macintosh II.

Der Vorteil eines multitasking-fähigen Computers liegt darin, daß sich der Computer Ihrem normalen Arbeitsstil anpaßt. Denn wie oft unterbrechen Sie am Tag Ihre Tätigkeit, um etwas anderes zu erledigen — sei es um ein Telefongespräch entgegenzunehmen, etwas nachzusehen oder sich einer anderen Arbeit zuzuwenden. Weil mit dem gleichzeitigen Ablauf mehrerer Programme sehr komplexe Probleme in der Befehlsstruktur auftreten, sind multitasking-fähige Betriebssysteme weit umfangreicher als die älteren Systeme. Sie benötigen daher weit mehr Hauptspeicher. Um zum Beispiel OS/2 und ein Anwendungsprogramm in den Hauptspeicher zu laden, benötigen Sie 2M (Mega, also Millionen) RAM! Multitasking-Betriebssysteme müssen mit einem sehr starken Prozessor ausgerüstet sein. Daher laufen die PC-Kompatiblen oder auch das PS/2 Modell 30 nicht unter OS/2. Es ist mindestens ein AT-Kompatibler erforderlich, zum Beispiel ein Compaq DeskPro 286 oder ein IBM PS/2 Modell 50. Auch Multi-Finder läuft nicht auf einem Macintosh Plus oder Macintosh SE, sondern nur auf dem Macintosh II.

Fenster

Bei multitasking-fähigen Computern stellt sich ein neues Problem. Auf dem Bildschirm müssen Informationen aus mehreren, gleichzeitig laufenden Programmen dargestellt werden. Es muß die Möglichkeit bestehen,

Ein Gesamtbild

gleichzeitig einen Datenbankausschnitt und den Brief, an dem Sie gerade schreiben, auf dem Bildschirm zu sehen.

Dieses Problem löste Apple für den Macintosh mit der Verwendung separater *Fenster. Jede Arbeit wird in einem kleinen Bildschirmausschnitt, dem sogenannten Fenster gezeigt. Der Bildschirm entspricht sozusagen der *Schreibtischfläche. Jedes Fenster ist einem Blatt Papier auf dem Schreibtisch vergleichbar. Texte, Tabellen und Datensätze können alle gleichzeitig dargestellt werden. Auch Überlappungen sind möglich, wenn es auf dem Bildschirm zu eng wird.

Eine gute Idee ruft Nachahmer auf den Plan. Digital Research hat **GEM** herausgebracht, ein Programm für IBM-kompatible Geräte, das ganz ähnlich wie der Macintosh mit Fenstern arbeitet. MicroSoft bietet sein Programm **Windows** an. Abbildung 6.7. zeigt dessen Programmoberfläche. Im linken oberen Bildschirmausschnitt läuft Textverarbeitung und rechts ein Tabellenkalkulationsprogramm. Zusätzlich wird ein Kalender eingeblendet. Leider ist keines dieser Fensterprogramme zum Standard geworden. Vermutlich wird sich jetzt, nachdem OS/2 von IBM herausgekommen ist, ein Standard für Fenster auf IBM-Geräten und Kompatiblen herausbilden.

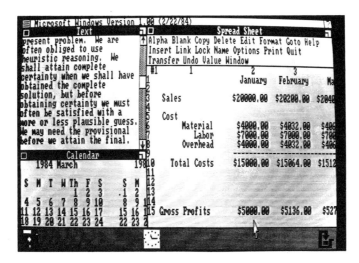

Abbildung 6.7. Die Fenstertechnik ermöglicht es, gleichzeitig mehrere Anwendungen auf dem Bildschirm zu zeigen. Hier zeigt der Bildschirm ein Textverarbeitungsfenster, einen Tabellenkalkulationsausschnitt und einen Kalender. (Mit freundlicher Genehmigung der Microsoft Corporation.)

Mehrplatzsysteme

Es gibt noch eine weitere Art von Betriebssystemen, die sogenannten ***Mehrplatzsysteme** (Multi-User Systeme). Diese Mehrplatzsysteme haben den großen Vorteil, daß mehrere Benutzerinnen Zugang zu den Dateien haben. Denken Sie an unser Beispiel eines Flugbuchungssystems. Sobald Sie einen Platz im Flugzeug reserviert haben, wird die Datei aktualisiert und zeigt an, daß dieser Platz vergeben ist. Es wäre sinnlos, diese Reservierung auf einem Einplatzsystem vorzunehmen, da dann den anderen Buchungsstellen die Übersicht über die freien Plätze fehlen würde. Auch im Büroalltag benötigen häufig mehrere Benutzerinnen gleichzeitig Informationen aus einer bestimmten Datei. Die Verkaufsabteilung zum Beispiel entnimmt der Inventardatei, ob eine bestimmte Ware noch auf Lager ist. Diese Datei wird von der Warenlagerverwaltung entsprechend den ein- und ausgelieferten Waren ständig aktualisiert.

Weil komplexe Probleme in der Befehlsstruktur auftreten, wenn mehrere Benutzer gleichzeitig an einem Computer arbeiten, sind Mehrplatz-Betriebssysteme weit umfangreicher als Einplatz-Betriebssysteme. Daher benötigen sie einen weit größeren Hauptspeicher. Mehrplatzsysteme sind auch multitasking-fähig. Jede Benutzerin kann mit einem anderen Programm arbeiten. Je größer der Hauptspeicher, um so mehr Programme können gleichzeitig aktiviert werden.

Da Mehrplatzsysteme einen erheblich größeren Hauptspeicher als Einplatzsysteme benötigen, bietet es sich an, jede Benutzerin an ihrem eigenen Computer arbeiten zu lassen. Die separaten Computer werden dann zusammengeschaltet und an ein gemeinsames Laufwerk angeschlossen. Diesen Weg haben bereits zahlreiche Unternehmen gewählt und ein ***Netzwerk** eingerichtet. Da sich alle vernetzten Computer an einem Ort befinden, wird ein derartiges Netzwerk als ***LAN** (Local Area Network, auf deutsch Lokales Netz) bezeichnet. Doch beim Installieren eines LANs treten einige neue Probleme auf.

Netzwerke

Die häufigste Anwendung eines Netzwerks besteht darin, daß sich mehrere Computer ein Peripheriegerät teilen. Dies kann eine Datenbank auf einem Magnetspeicher (wie bei der Flugbuchung) oder auch ein teurer Laserdrucker sein.

Ein Computer des Netzwerks ist direkt mit dem gemeinsamen Laufwerk verbunden. Dieser Computer wird als ***Dateiserver** bezeichnet.

Ein Gesamtbild

Er übernimmt die Verkehrssteuerung, indem er den Zugang der separaten Computer des Netzwerks reguliert.

In der Theorie hört sich das alles ganz großartig an. Doch die Praxis sieht anders aus. Die ersten Probleme treten auf, wenn Sie für Einzelplatzsysteme geschriebene Software im Netz verwenden möchten. Denken Sie an eine Sparkasse. Nehmen wir an, Sie haben mit Ihrem Ehemann ein gemeinsames Konto, auf dem sich 1000,- DM befinden. Sie heben in der Bank 100,- DM ab und im gleichen Augenblick hebt Ihr Mann von einem Kassenautomaten ebenfalls 100,- DM ab. Wenn die Bank ein Netzwerk betreibt, kann folgendes passieren. Ihr Konto steht auf 1000,- DM. Der Kassierer bucht 100,- DM ab. Der neue Kontostand ist 900,- DM. Doch noch ist der Kontostand im Computer nicht aktualisiert. Der Kassenautomat, an dem Ihr Ehemann abhebt, stellt also einen Kontostand von 1000,- DM fest. Nachdem der Kassenautomat 100,- DM ausgezahlt hat, aktualisiert er den Kontostand auf 900,- DM. Sie haben folglich noch 900,- DM auf dem Konto, obwohl 200,- DM abgehoben wurden. Das mag zwar für Sie sehr angenehm sein, doch die Bank wird Ihre Freude gewiß nicht teilen!

Das soeben beschriebene Problem wird durch den *Satzschutz** gelöst. Er bewirkt, daß zwar mehrere Benutzerinnen gleichzeitig Zugang zu den Informationen in den Datensätzen einer Datei haben, jedoch nur eine Benutzerin den Datensatz aktualisieren kann. Während des Aktualisierungsvorgangs haben andere Benutzerinnen keine Zugriffsberechtigung auf den betreffenden Datensatz. Die anderen Benutzerinnen sind sozusagen »ausgeschlossen«, bis die Aktualisierung beendet ist. Sie können währenddessen zwar andere Datensätze, nicht jedoch gleichzeitig denselben Datensatz aktualisieren.

Leider sieht die meiste Software keinen Satzschutz vor, da sie für Einplatzsysteme geschrieben wurde. Hier ist Abhilfe nur durch einen *Dateischutz möglich. Das bedeutet, daß nur jeweils eine Benutzerin Zugang zu einer Datei hat. Doch das widerspricht vollständig dem Konzept einer vernetzten Datenbank.

Unix

Anstatt von den Programmiererinnen zu verlangen, im nachhinein einen Satzschutz in ihre Programme einzubauen, wurden spezielle Mehrplatz-Betriebssysteme geschaffen, die für alle Programme auf den Mehrplatz-Geräten diese Kontrollfunktion übernehmen. Wirkliche Mehrplatz-Computer sind daher den Netzwerken vorzuziehen. Leider wurden Mehrplatz-Betriebssysteme hauptsächlich für die sehr viel teureren Minicomputer und Mainframes entwickelt. Doch mit den jetzt auf dem Markt befindlichen Mikrocomputern mit 32-Bit Prozessor und 32-Bit Bus können auch reine Mehrplatz-Betriebssysteme installiert werden.

Zu den bekanntesten dieser Betriebssysteme für Minicomputer gehört UNIX. Mittlerweile sind auch für 386er Mikrocomputer UNIX-Versionen erhältlich. Leider gibt es noch keinen UNIX-Standard. Es gibt von AT&T eine Version UNIX V; IBM vertreibt PC/IX, Microsoft verkauft XENIX, und Apple bietet für den Macintosh II unter der Bezeichnung AUX eine UNIX-Version an.

Niemand weiß zur Zeit, welche UNIX-Version sich bei den Software-Herstellern durchsetzen wird. Bis sich eine klare Entscheidung abzeichnet, wird jede Software-Firma für eine andere UNIX-Version Programme anbieten. Dies ist die gegenwärtige Situation. Es gibt bisher ohnehin nur wenige Programme, die unter UNIX oder anderen Mehrplatz-Betriebssystemen auf Mikrocomputern laufen.

Entscheidungen über Entscheidungen

Bei all diesen Möglichkeiten stellt sich die Frage, wie Sie beim Kauf eines Computers vorgehen sollen. Zunächst müssen Sie sich darüber im Klaren sein, daß das Warten auf den »besten« Computer sinnlos ist. Die technologische Entwicklung schreitet so schnell voran, daß kein Computer sehr lange der Beste bleibt. Ob Sie jetzt einen Computer kaufen oder erst später, hängt ausschließlich davon ab, wieviel Zeit und Geld Sie durch den Einsatz eines Computers bei Ihrer Arbeit sparen können, die Sie bisher per Hand erledigt haben. Ein gutes Beispiel sind Taschenrechner. Die ersten Taschenrechner, die auf den Markt kamen, waren noch sehr teuer. Aber sie waren immer noch billiger als die alten, unhandlichen Addiermaschinen. Ein Taschenrechner, den ich in den 70er Jahren kaufte, kostete ca. 70,- DM. Lange Zeit leistete er mir wertvolle Dienste. Als die Batterien leer waren, mußte ich feststellen, daß neue Batterien zum Auswechseln 20,- DM kosteten — doch für diesen Betrag bekam ich bereits einen neuen, besseren Taschenrechner! Ich warf also mein altes Gerät fort und kaufte mir ein neues. Dennoch bereute ich nicht den Kauf des ersten Taschenrechners. Ohne ihn hätte ich alle Rechnungen mit der Hand vornehmen müssen, was viel zeitaufwendiger gewesen wäre. Die Anschaffung hatte sich gelohnt.

Ein Gesamtbild

Ebenso müssen Sie sich überlegen, welche Vorteile Ihnen der Einsatz eines Computers bringt. Für die meisten kleineren Betriebe macht sich ein Computer innerhalb von ein oder zwei Jahren bezahlt. Wenn Sie zum Beispiel in Ihrem Büro ein Adressenverzeichnis führen, sollten Sie prüfen, wieviel Zeit für Korrekturen und Sortierarbeiten per Hand benötigt wird. Vergleichen Sie diesen Wert mit dem Zeitaufwand, der mit Hilfe eines Computers für die gleiche Arbeit notwendig ist. Möglicherweise rentiert sich die Anschaffung eines Computers bereits für die Adressenverwaltung. Überlegen Sie einmal, wie hoch die Antwortenquote auf persönlich gehaltene Werbebriefe ist. Nur ein Verkauf im Monat zusätzlich bringt unter Umständen schon so viel ein, daß sich der Kauf des Computers und das Versenden von Werbebriefen amortisiert.

Ich vertrete nicht die Auffassung, daß Sie Ihren Computer nach einigen Jahren fortwerfen sollten, weil er veraltet ist. Im Gegenteil, wenn Sie sich vor dem Kauf sorgfältig überlegen, welche Rechnerkapazität Sie benötigen, wird Ihnen Ihr »veralteter« Computer noch gute Dienst leisten, selbst wenn dann weit leistungsfähigere Geräte auf dem Markt sind. Ich verwende zum Beispiel zur Textverarbeitung in meinem Büro noch immer einen CP/M-Computer. Viele Leute halten CP/M-Computer für überholt; sie werden nicht mehr hergestellt und es gibt keine neue Software mehr für sie. Aber was macht das! Für die tägliche Korrespondenz reicht ein CP/M-Computer vollständig aus. Damit meine ich aber nicht, Sie sollten sich einen CP/M-Computer kaufen. Vielmehr wird ein nicht zu teurer IBM-kompatibler Computer vermutlich am ehesten Ihren Bedürfnissen entsprechen. Sie brauchen noch nicht einmal ein teures AT-kompatibles Gerät oder einen 386er Computer, es sei denn, Sie benötigen die größere Rechnerleistung aus einem bestimmten Grund. Für das Tabellenkalkulationsprogramm EXCEL zum Beispiel bietet sich ein 286er Computer, wie der Compaq DeskPro 286 an. Auf den preiswerten IBM-PC-Nachbauten läuft dieses Programm nicht. Auch für Desktop Publishing benötigen Sie einen schnellen AT-Kompatiblen.

Lassen Sie sich nicht vom Kaufpreis eines Computers abschrecken, sondern rechnen Sie ihn in monatliche Kosten um. Wenn Sie sich Ihre jährlichen Mietkosten betrachten, so handelt es sich wahrscheinlich ebenfalls um einen erschreckend hohen Betrag. Die monatlichen Beträge wirken bereits weitaus erträglicher. So betrachtet, ist vielleicht auch ein Computer nicht zu teuer. Ein kleiner Computer für das Geschäft kostet sicher nicht mehr als 100$ im Monat. Wenn er nach 2 oder 3 Jahren abgeschrieben ist, wird Ihnen das Gerät noch lange Zeit weiterhin gute Dienste leisten — und das praktisch umsonst.

Go Stop Run

Nun zur Frage, welche Computer-Marken Sie kaufen sollen. Nach all den technischen Erörterungen meinen Sie vielleicht, ich rate Ihnen zur Anschaffung eines Macintosh II oder eines IBM PS/2 Modell 80. Doch ganz und gar nicht. Ich meine, es hängt von Ihren jeweiligen Anforderungen ab. Mein Rat lautet, kaufen Sie einen Computer, der Ihre Arbeit in einer noch erträglichen Zeit erledigt, und zwar so billig wie möglich.

Selbstverständlich sollten Sie möglichst billig kaufen. Durch Vergleiche verschaffen Sie sich einen Eindruck von den Preisen. Doch vergessen Sie nicht — selbst wenn Sie heute günstig kaufen, wird Ihnen der Preis in einem Jahr hoch vorkommen. Die Preise bewegen sich stetig abwärts. Wenn Sie warten, bis die Preise noch weiter gefallen sind, werden Sie nie zu einem Computer kommen. Andererseits ist der Kauf eines erst vor kurzem auf dem Markt erschienen Modells nicht sehr wirtschaftlich. Meist kommen bei neuen Geräten die Preise nach einem Jahr stark ins Rutschen.

Ich rate Ihnen dringend davon ab, einen Computer über Versand zu kaufen. Im Falle eines Schadens benötigen Sie den Kundendienst eines ortsansässigen Händlers. Diese Hilfe wird Ihnen von Versandfirmen nicht geboten. Was Sie sparen, wird Sie teuer zu stehen kommen, wenn Ihr System nicht funktioniert und Ihnen niemand helfen kann. Sie müssen dann das Gerät einschicken und unter Umständen tagelang auf die Reparatur warten. Ein Fachhändler dagegen könnte Ihnen sehr schnell den Fehler beheben.

Der Preis eines Computers hängt stark von seiner Geschwindigkeit ab. Die billigste Lösung ist natürlich ein gebrauchter 8-Bit Computer. Unter den MS-DOS-Computern kostet ein PC-Kompatibler weniger als ein AT. Am teuersten sind die 386er Computer. Ein Macintosh Plus kostet halb so viel wie ein Macintosh II. Ist jedoch der Geschwindigkeitszuwachs diesen Preisunterschied wert? Auch dies hängt von dem Einzelfall ab.

Wenn Sie den Computer zur Textverarbeitung einsetzen, werden Sie von den Geschwindigkeitsunterschieden der einzelnen Geräte nur wenig merken. Ihre Tippgeschwindigkeit ist so langsam, daß ein schnellerer Computer kaum einen Vorteil bringt.

Möchten Sie hingegen komplizierte Datenbank-Anwendungen oder sehr umfangreiche Tabellenkalkulationen laufen lassen, so werden Sie deutlich die unterschiedlichen Arbeitsgeschwindigkeiten der verschiedenen Computer-Typen zu spüren bekommen. Aber auch hier gilt, wieviel ist Ihnen die erhöhte Geschwindigkeit wert? Wenn eine bestimmte Arbeit 30 Minuten in Anspruch nimmt, ist eine doppelt so hohe Ausgabe für einen Computer, der dieselbe Arbeit in 15 Minuten erledigt, kaum

Ein Gesamtbild

gerechtfertigt. Wenn hingegen der Computer 2 Stunden für eine Aufgabe braucht, für die ein doppelt so teures Gerät nur 15 Minuten benötigt, lohnt sich die Ausgabe schon eher. Ihre Entscheidung wird auch davon abhängen, wie wichtig der Computer für Ihre Arbeit ist und wie lange er täglich benutzt wird. Ich werde zum Beispiel manchmal mit meinem alten Compaq Portable ungeduldig. Er braucht ungefähr eine Stunde, um Adressen für meinen Adressenservice herauszusuchen und auszudrucken. Oft möchte ich einen neues, schnelleres Gerät anschaffen. Doch diese Investition lohnt sich für mich nicht, da der Computer ungefähr den halben Tag nicht benutzt wird.

Das wichtigste Kriterium bei der Entscheidung für einen bestimmten Computer ist die Software, mit der Sie arbeiten möchten — denn dafür kaufen Sie schließlich das Gerät. Wenn Ihre Software, zum Beispiel ein Musik-Synthesizer-Programm, nur auf dem Macintosh läuft, so müssen Sie sich zwischen den verschiedenen Macintosh-Modellen entscheiden. Möchten Sie Desktop Publishing betreiben, so sind die preiswerten PC-Kompatiblen einfach zu langsam. Vielleicht wollen Sie aber auch mit Ihrem Computer einen Teil der Büroarbeit zu Hause erledigen. Dann brauchen Sie ein Gerät, das mit dem Büro-Computer kompatibel ist.

Beim Kauf eines Computers müssen Sie eines immer im Sinn behalten: Entscheidend ist die Software. Suchen Sie zuerst das geeignete Programm. Zu diesem Zweck sollten Sie Computer-Zeitschriften lesen, mit Mitarbeitern reden und sich in Fachgeschäften beraten lassen. Wenn Sie bei einem Programm den Eindruck haben, endlich das richtige gefunden zu haben, dann wird Ihnen auch die Entscheidung für einen Computer leichter fallen.

Informieren Sie sich genau

Wenn Sie das gewünschte Programm gefunden haben, kommen nicht mehr alle Computer für Sie in Frage. Sie können nur ein Gerät kaufen, das unter dem von Ihrer Software benötigen Betriebssystem läuft. Doch darüberhinaus gibt es noch weitere Einschränkungen bezüglich der Peripheriegeräte. Der Toshiba 1000 zum Beispiel ist ein IBM-kompatibler Laptop. Obwohl es sich um einen IBM-Nachbau handelt, kann keine Festplatte angeschlossen werden. Ein solches Gerät kommt natürlich nicht in Frage, wenn Sie eine umfangreiche Datenbank einrichten möchten.

Besondere Vorsicht ist bei Computern geboten, die als IBM-kompatibel angepriesen werden. Die meisten dieser Geräte sind zwar 100%

kompatibel, doch nicht für alle trifft dies zu. Sie benutzen zwar MS-DOS, weisen aber in ihrer Arbeitsweise gewisse Unterschiede zum IBM-PC auf.

Kann auf zwei Computern, bei denen Prozessor und Betriebssystem identisch sind, auch die gleiche Software laufen? Die Antwort ist in den meisten Fällen Ja. Doch einige Programme umgehen das Betriebssystem. Wie schon gesagt, wurden Betriebssysteme geschaffen, damit Anwendungsprogrammiererinnen in ihre Software keine detaillierten Befehle zur Steuerung der Peripheriegeräte aufnehmen müssen. Die Programmiererin befiehlt stattdessen dem Betriebssystem, an gewissen Punkten die Kommunikation mit den Peripheriegeräten zu übernehmen. Dieses Verfahren erleichtert der Programmiererin zwar die Arbeit, bedeutet andererseits jedoch eine Geschwindigkeitseinbuße. Wenn die Steuerung zwischen Betriebssystem und Anwendungsprogramm hin- und hergeht, so tritt jedesmal eine winzige Verzögerung auf. Die Einschaltung des Betriebssystems für gewisse Routinen ist gewissermaßen ein Umweg.

Bei den meisten Anwendungsprogrammen spielt diese Verzögerung keine große Rolle. Doch bei Grafikprogrammen wird sie spürbar. Diese Programme senden zur Steuerung der unzähligen Punkte (Pixel) ständig Informationen zum Bildschirm. Daher haben es viele Programmiererinnen vorgezogen, das Betriebssystem zu umgehen und den Bildschirm direkt anzusprechen, um damit den Programmablauf zu beschleunigen. Sie schreiben sozusagen ihr eigenes, kleines Betriebssystem zur Bildschirmsteuerung als Teil ihres Anwendungsprogramms. Dieses Verfahren hat in der Regel zur Folge, daß das Programm nur auf dem Gerät läuft, für das es geschrieben wurde. Solche Programme nennt man **hardware-abhängig**.

Sie müssen also vor dem Kauf eines Computers feststellen, ob das Programm, das Sie verwenden möchten, hardware-abhängig ist. Angenommen, Sie möchten mit dem Tabellenkalkulationsprogramm Lotus 1-2-3 arbeiten, dann sind Sie gezwungen, einen 100% IBM-kompatiblen Computer zu kaufen. Ein solches Gerät wird machmal auch als **Lotus-kompatibel** bezeichnet, da Lotus ein hardware-abhängiges Programm ist. Mit Lotus haben Sie somit die Möglichkeit, die 100%ige IBM-Kompatibilität eines Computers zu prüfen[21].

Heute muß man nicht mehr so sehr auf 100%ige Kompatibilität achten wie früher, da immer weniger Hersteller nicht kompatible Geräte bauen. Doch ein Schuß Vorsicht schadet nicht, zumal Sie Ihren Computer lange behalten möchten.

Ein Gesamtbild

Generell rate ich Ihnen, sich über die Leistungsgrenzen eines Gerätes zu informieren und sich zu überlegen, ob damit die von Ihnen vorgesehene Verwendung eine Einschränkung erfährt. Fragen Sie, welche Peripheriegeräte sich anschließen lassen und welche Erweiterungen möglich sind. Und vergessen Sie nicht, den Speicherbedarf vorausschauend für die nächsten fünf Jahre zu planen.

Welche Hauptspeichergröße brauchen Sie?

Bei der Arbeit am Computer befinden sich Betriebssystem und Anwendungsprogramm im Hauptspeicher. Die einzelnen Betriebssysteme haben einen unterschiedlichen Speicherbedarf.

Bei den alten CP/M-Computern sollte die Hauptspeichergröße 64K betragen (CP/M selbst benötigt nur 20K). Bei den preiswerten IBM-PC-Kompatiblen beträgt die maximale Hauptspeichergröße 640K. Mehr kann MS-DOS nicht bewältigen. Da viele Programme schon 512K RAM benötigen, sollten diese Computer mindestens 513K Speichergröße haben. Besser sind jedoch 640K.

Für die meisten anderen IBM-Kompatiblen reichen 640K aus, es sei denn, Sie möchten OS/2 als Betriebssystem verwenden. In diesem Fall sind 2M RAM das äußerste Minimum.

Wer sich für einen Macintosh entscheidet, sollte mindestens 1M RAM vorsehen. Viele neue Programme setzen diese Hauptspeichergröße voraus. Möchten Sie das Betriebssystem Multi-Finder verwenden, so benötigen Sie aufgrund des Programmumfangs mindestens 2M.

7
Computer-Praxis

Mit Computern arbeiten ist nicht schwer. Vieles ist Ihnen im Prinzip bereits bekannt: Ein Programm ähnelt einem Rezept, Daten sind sozusagen die Zutaten und eine Diskette erinnert an ein elektronisches Ablagesystem. Doch der Umgang mit elektronisch aufgezeichneten Informationen verlangt eine grundlegende Umstellung Ihrer Arbeitsweise. Einige Arbeitsverfahren sind, unabhängig von der Marke, bei allen Computern gleich.

Ich staune immer wieder darüber, daß die Computerhersteller zwar stets ein Anwender-Handbuch mit Hinweisen zum Betriebssystem des Gerätes mitliefern, jedoch in keiner Form darüber informieren, wie Datenverluste oder ähnliche Katastrophen vermieden werden können.

Dienstprogramme

Die grundlegenden Dateiverwaltungsfunktionen werden über das Betriebssystem ausgeführt. Dieses System regelt in erster Linie die Kommunikation zwischen der Zentraleinheit und den peripheren Einheiten. Einige sehr nützliche Funktionen des Betriebssystems sind allerdings auch für den Gebrauch durch den Anwender vorgesehen. Diese Funktionen werden *Dienstprogramme oder auf englisch *System Utilities genannt (da sie Bestandteil des Betriebs*systems* sind). Sie bestehen aus zahlreichen Einzelprogrammen, die Ihnen den Inhalt einer Diskette und den Umfang einer Datei zeigen, Dateien kopieren, löschen und umbenennen.

Die meisten Dienstprogramme werden beim Starten des Systems (beim Einschalten) automatisch in den Hauptspeicher geladen. Im Inhaltsverzeichnis der Systemdiskette werden sie nicht angeführt, da sie Teil des Betriebssystems sind. Aus diesem Grund werden diese Funktionen in einigen Handbüchern als *interne Funktionen bezeichnet.

Bei einigen Hilfsprogrammen handelt es sich um *externe Funktionen. Das heißt, sie befinden sich auf der Betriebssystemdiskette, werden aber nicht automatisch in den Hauptspeicher übertragen. Externe Hilfsprogramme werden erst bei Aufruf geladen. Hierzu gehören zum Beispiel das Formatierungsprogramm und ein Programm zur Anfertigung identischer Kopien von ganzen Disketten. Diese Hilfsprogramme erscheinen auch im Inhaltsverzeichnis der Systemdiskette.

Ohne Hilfsprogramme können Sie nicht mit dem Computer arbeiten. Meist verrichten sie Funktionen, die Ihnen bei einer manuellen Aktenablage gar nicht bewußt werden. Wenn Sie zum Beispiel wissen möchten, ob in einem Fach Platz für eine weitere Akte ist, genügt ein Blick in den Schrank. Doch auf Diskette gespeicherte Informationen sind ebensowenig wie Musik auf einem Tonband sichtbar. Sie können nur mit Hilfe eines Dienstprogrammes feststellen, wieviel Platz noch auf Ihrer Diskette ist.

Alle Betriebssysteme verfügen über Dienstprogramme, die einige notwendige Dateiverwaltungsaufgaben erledigen. Unterschiede bestehen jedoch hinsichtlich der beim Aufrufen eines bestimmten Programmes einzugebenden Befehle. Zum Beispiel werden in einem Betriebssystem mit dem Befehl DEL (»delete«) Dateien gelöscht, während ein anderes Betriebssystem den Befehl ERA (für »erase«) verwendet; ein drittes kennt nur den Befehl KILL. Doch alle diese Befehle führen zu dem gleichen Ergebnis — es wird eine Datei gelöscht und dadurch Platz auf der Diskette geschaffen.

Jedes Betriebssystem kennt Befehle zum Kopieren, Umbenennen usw. von Dateien. Im Handbuch zum Betriebssystem sind diese Funtionen genau beschrieben. Im Register finden Sie zu den einzelnen Funktionen Verweise auf die entsprechenden Befehle (meist auf Englisch). Wenn Sie zum Beispiel in einem IBM PC-Handbuch unter »Datei kopieren« nachsehen, stoßen Sie auf den COPY-Befehl. In einem Osborne-Handbuch finden Sie unter demselben Stichwort den Befehl »PIP«.

Die Befehle der Dienstprogramme lassen sich leicht erlernen. Die meisten Handbücher setzen jedoch voraus, daß Sie bereits wissen, wozu die einzelnen Funktionen dienen. Es wird zwar erklärt, *wie* die Befehle für die einzelnen Programme lauten, doch fehlen meist Erläuterungen darüber, *warum* oder *wann* sie benötigt werden. Daher möchte ich in diesem Kapitel die Aufgabe dieser Funktionen im einzelnen besprechen.

Sie suchen eine Datei

Wenn das Etikett fehlt, wissen wir nicht, welche Lieder sich auf einer Schallplatte befinden. Ebensowenig läßt sich an einer Diskette von außen erkennen, welche Programme oder Dateien darauf gespeichert sind. Jede Diskette sollte daher mit einem Etikett versehen sein, auf dem die

Computer-Praxis

darauf befindlichen Dateien angegeben sind. Doch das wird häufig versäumt (insbesondere wenn alte Dateien gelöscht und neue auf der Diskette gespeichert werden). Auch bei Musik-Kassetten werden oft die Angaben auf dem Etikett vergessen, einfach weil gerade kein Stift zur Hand ist. Bei Disketten ist die Situation besonders kompliziert, weil die Etiketten nur mit einem Filzstift beschrieben werden dürfen. Der Kugelschreiber zerkratzt die Magnetscheibe und die *Diskette wird damit unbrauchbar gemacht. Ist ein Filzstift gerade nicht zur Stelle, wird der Eintrag der neuen Dateinamen häufig unterlassen.

Die neuesten Computer, wie der Macintosh und die IBM PS/2-Modelle, sind mit Laufwerken für 3-Zoll-Disketten ausgestattet. Diese Disketten sind in Hartplastik eingeschlossen und können problemlos mit Kugelschreibern und anderen Stiften beschrieben werden. Doch auch hier werden die Angaben auf den Etiketten häufig vergessen und die Anwender wissen dann nicht mehr, auf welcher Diskette eine bestimmte Datei gespeichert ist.

Viele Computer sind mit einem *Festplattenlaufwerk ausgerüstet. Da auf der *Festplatte in der Regel alle Dateien Platz haben, werden die vielen einzelnen Disketten nicht mehr benötigt. Festplatten können nicht entfernt werden und tragen auch kein Etikett. Hier wissen Sie zwar, wo sich Ihre Datei befindet, doch stellt sich ein weiteres Problem. Sie müssen sich an den Namen der Datei erinnern, um sie aufrufen zu können.

Dieses Problem lösen Sie mit dem ***Directory** oder ***Inhaltsverzeichnis** einer Diskette. Das ist eine Art elektronisches Etikett. Im Directory ist jede Datei angeführt, die sich auf der Diskette befindet. Das Directory ähnelt dem Inhaltsverzeichnis einer Schallplatte. Da die Diskette jedoch eher einer Aktenablage gleicht, kann man sich das Directory auch als die Beschriftung einer Aktenschublade vorstellen (siehe Abb. 7.1.).

Das Programm, das den Disketteninhalt auf dem Bildschirm anzeigt, läuft in der Regel unter der Bezeichnung DIR (von »directory«). Um zu erfahren, welche Dateien sich auf einer Diskette befinden, geben Sie also den Befehl DIR ein. Bei Apple II lautet der entsprechende Befehl CATALOG, während Sie beim Macintosh im Menü am oberen Rand des Bildschirms die Anweisung VIEW BY NAME wählen müssen.

Das Disketten-Directory ist wie das Firmenverzeichnis im Eingang großer Bürohäuser aufgebaut. Hier sind das Stockwerk und die Zimmernummern aller im Haus befindlichen Unternehmen angegeben. Besucher können an der Tafel ablesen, in welchen Stock sie mit dem Fahrstuhl fahren müssen. Ein Disketten-Directory enthält den Namen jeder Datei und Angaben über ihren Ort auf der Diskette (Spur und Sektor).

Go Stop Run

Abbildung 7.1. Stellen Sie sich Ihre Diskette wie eine Ablage vor. Das Dateiverzeichnis der Diskette zeigt die vorhandenen Dateien an. In gleicher Weise ist auf dem Etikett der Inhalt des Kastens angeführt. Die meisten Betriebssysteme von Personal Computern lassen nur Dateinamen bis zu einer bestimmten Länge zu. Daher mußte der eine Dateiname als WARENBEST abgekürzt werden.

Auf diese Weise kann das Betriebssystem die gewünschte Datei finden. Wenn Sie mit einem Programm arbeiten möchten, geben Sie seinen Dateinamen ein. Dann sucht das Betriebssystem in dem Directory nach der angegebenen Datei. Nachdem das Betriebssystem die Datei im Directory gefunden hat, stellt es fest, wo sich die Datei auf der Diskette befindet. Dann wird der Lesekopf des Laufwerks zu der angegebenen Spur und dem angegebenen Sektor gesteuert und die Datei in den Hauptspeicher eingelesen. Sie als Anwenderin erfahren aus dem Directory nicht, wo die Datei auf der Diskette gespeichert ist. Da Sie keinen Einfluß auf den Speicherort nehmen können, erteilt Ihnen das Betriebssystem hierzu auch keine Informationen. Auf dem Bildschirm erscheinen nur der Dateiname, das Datum der letzten Bearbeitung der Datei und die Dateigröße. Nur diese Informationen sind für Sie wichtig.

Nach Eingabe des DIR-Befehls erscheint in der Regel eine einfache Liste auf Ihrem Bildschirm. Beim Macintosh können Sie zwischen der Ausgabe dieser Liste und der Ausgabe kleiner Zeichnungen wählen, die die Dateien symbolisieren (sie werden *Ikone genannt; die Dateinamen stehen darunter). Die Funktion VIEW BY ICON zeigt jedoch nicht die Dateigröße, sondern nur den freien Platz auf der Diskette an.

Dateien können entweder ein Programm (zum Beispiel Word Perfect) oder Daten (zum Beispiel einen Text oder einen Brief) enthalten. Daten und Programm können sich nie in derselben Datei befinden, da das Programm immer mit den von Ihnen eingegebenen neuen Daten arbeiten muß. Nach Abschluß der Arbeit an einer Datei werden die Daten separat gespeichert, so daß das Programm für die Verarbeitung neuer Daten zur Verfügung steht. Wenn ich zum Beispiel mein Manuskript als Teil meines Word Perfect-Programms gespeichert hätte, könnte ich mit der Textverarbeitung kein anderes Dokument eröffnen. Da mein Manuskript jedoch in einer separaten Datei gespeichert ist, kann ich mit dem gleichen Textverarbeitungs-Programm nach Beendigung der Arbeit an meinem Manuskript einen Brief an meine Schwägerin schreiben und danach eventuell an einem anderen Buch arbeiten. Sobald ich die Arbeit an einem Dokument beende, wird es als separate Datei gespeichert. Daraufhin lassen sich mit dem Programm andere Texte erstellen und bearbeiten.

Dateien benennen

Sie wissen jetzt, wie Sie im Directory die Namen der auf Diskette befindlichen Dateien lesen können. Doch wie erhalten die Dateien ihren Namen? Der Dateiname darf eine vom Betriebssystem vorgeschriebene Länge nicht überschreiten. Das ist ähnlich wie bei den verschiedenen Aktenordnern. Einige sind mit Etiketten versehen, auf denen Sie längere Bezeichnungen eintragen können. Andere Etiketten sind so klein, daß Sie Abkürzungen verwenden müssen.

Die meisten Betriebssysteme (MS-DOS, AppleDOS, CP/M) verwenden die gleichen Benennungsregeln. Die Dateien haben einen Vornamen und einen Nachnamen. Der Vorname darf nicht mehr als 8 Zeichen umfassen. Fast alle Zeichen sind erlaubt. Gewisse Sonderzeichen wie * / : . , = ?, und die Leertaste sind jedoch nicht gestattet. LHR V2 zum Beispiel ist als Dateiname möglich. Er umfaßt nur fünf Zeichen. LEHRBUCH/REVISION 2 hingegen ist nicht erlaubt, da ein Schrägstrich und eine Leertaste vorkommen und der Name länger als acht Zeichen ist. Ich persönlich versuche nicht, mir die erlaubten Sonderzeichen zu merken, sondern benutze nur Zahlen und Buchstaben zur Benennung meiner Dateien.

Das Betriebssystem des Macintosh arbeitet anders. Hier ist nur ein Name ohne Ergänzung zulässig, doch dieser Name darf bis zu 31 Zeichen lang sein. Alle Zeichen außer Punkt (.) und Doppelpunkt (:) sind erlaubt. In einem Macintosh wäre der Dateiname LEHRBUCH/REVISION 2 also zulässig.

Bei Menschen bezeichnet der Nachname die Familienzugehörigkeit. Personen mit gleichem Nachnamen sind häufig verwandt. Beim Computer dient der Nachname zur Beschreibung einer bestimmten Art von Datei. Zum Beispiel führen in BASIC geschriebene Programme den Nachnamen BAS. Ein anderer häufiger Nachname ist COM. Er besagt, daß die Datei ein kompiliertes Programm enthält. Ein TXT ist der Zusatz für ein Dokument (einen Text). Bei Computer-Dateien werden die Nachnamen meist als **Ergänzungen** bezeichnet.

Eine Ergänzung kann bis zu drei Buchstaben umfassen. Bei Personen sind Vorname und Nachname durch einen Freiraum getrennt. Bei Dateibezeichnungen befindet sich zwischen Namen und Ergänzung ein Punkt (.). WP.COM zum Beispiel ist der Name der Datei mit dem Word Perfect-Programm. WP ist der Vorname und COM der Nachname. Leider zeigt der DIR-Befehl im DOS-Betriebssystem (MS-DOS oder PC-DOS) den Dateinamen nicht mit einem Punkt als Trennzeichen sondern mit einem Freiraum, d.h. es erscheint WP COM auf dem Bildschirm. Wenn Sie eine Datei kopieren, löschen oder unbenennen wollen, dürfen Sie beim Eingeben der Befehle jedoch nicht den Punkt (.) zwischen dem Namen und der Ergänzung vergessen. Bei Eingabe von DEL WP COM erhalten Sie von dem Gerät eine Fehlermeldung. Erst wenn Sie DEL WP.COM schreiben, wird das WordStar-Programm gelöscht.

Die Dateinamenergänzung muß in einigen Fällen eingegeben werden, während sie in anderen Fällen weggelassen werden kann, da die Software die Ergänzung selbst an den Namen hängt. Wenn Sie zum Beispiel mit Lotus 1-2-3 ein Budget erstellen und die Daten in einer Datei unter dem Namen BUDGET88 abspeichern, so wird diese Datei im Directory als BUDGET88.WKS geführt. Das Programm fügt die Ergänzung WKS an alle mit Lotus 1-2-3 erstellten Dateien an. Wenn Sie mit DBase eine Datenbank aufbauen und die Datei POSTADR nennen, so kennzeichnet das Programm die Datei mit der Erweiterung DBF als Datenbankdatei. Im Directory erscheint die Datei als POSTADR.DBF.

Dem Laien ist häufig nicht klar, wozu auch im »papierlosen« computerisierten Büro Papier und Bleistift nötig sind. Sie werden jedoch bald selbst feststellen, daß es aufgrund der begrenzten Buchstabenzahl zur Benennung der Dateien häufig schwer ist, sich an den Inhalt der Datei

Computer-Praxis

zu erinnern. Es ist daher zweckmäßig, ein kleines Notizheft neben den Computer zu legen, in dem Sie sich Angaben über Ihre Dateien machen.
Bei sorgfältiger Namensgebung können Notizen weitgehend wegfallen. Als ich an diesem Buch schrieb, hieß zum Beispiel eine Datei KAPITEL 7, eine andere KAPITEL 7.RV1 und eine dritte KAPITEL 7.RV2. Ich wußte daher stets, welche Datei ich erst einmal und welche ich schon zweimal überarbeitet hatte. Bei IBM-kompatiblen Computern und beim Macintosh wird auch das letzte Bearbeitungsdatum einer Datei angegeben. Auch das kann Ihrem Gedächtnis auf die Sprünge helfen. Der Macintosh ist sogar mit einem elektronischen Notizbuch ausgestattet. Sie können Ihre Aufzeichnungen direkt mit dem Inhaltsverzeichnis verbinden. Zur Eingabe und zum Lesen von Notizen müssen Sie im Menü die Funktion GET INFO wählen.

Aktualisierung des Inhaltsverzeichnisses

Was würde geschehen, wenn beim Kopieren einer Datei auf eine Diskette der Name dieser Datei nicht ins Directory eingetragen wird? Die Datei wäre nicht mehr auffindbar. Dieses Problem ist uns aus unserer Aktenablage gut bekannt. Wir heften etwas weg und vergessen, es auf dem Etikett des Ordners einzutragen. Um die Akte wiederzufinden, müssen wir alle Akten einzeln durchgehen. Mit elektronisch auf Diskette gespeicherten Informationen können wir dieses Verfahren natürlich nicht anwenden.
   Glücklicherweise sorgt das Betriebssystem dafür, daß keine Datei ohne Eintrag des Namens im Directory auf Diskette gelangt. Sobald eine neue Datei gespeichert wird, aktualisiert das Betriebssystem das Directory. Damit kann nie eine Datei gespeichert werden, ohne daß der Name ins Directory aufgenommen wird!

Überprüfung des freien Speicherplatzes auf Diskette

Da Sie nicht sehen können, wieviel freier Speicherplatz noch auf der Diskette ist, erhalten Sie diese Auskunft vom Betriebssystem. Auf IBM-kompatiblen Computern wird der freie Platz (in Byte) nach Eingabe von DIR unter dem Directory angegeben. Bei älteren CP/M-Computern müssen Sie ein spezielles Programm mit dem Namen STAT aufrufen. Auch der Macintosh zeigt, wie die IBM-Kompatiblen, bei Anwählen der Funktion VIEW BY ICON automatisch den freien Platz auf der Diskette an. Kein System teilt Ihnen allerdings mit, wenn eine Diskette voll ist. Stattdessen erscheint auf dem Bildschirm die Meldung, daß 0 Byte frei sind.

Sie sollten sich daran gewöhnen, vor Beginn der Arbeit am Computer stets den freien Platz auf der Diskette zu prüfen. Wenn Sie dies vergessen und die Diskette schon fast voll ist, verbleibt möglicherweise nach Abschluß der Arbeit nicht mehr genügend Platz zum Speichern der gesamten Datei. Angenommen, der Platz auf der Diskette reicht nicht aus, verlieren Sie unter Umständen einen Großteil der zuletzt eingegebenen Daten. Dieses Mißgeschick passiert, wie es scheint, jedem mindestens einmal — danach vergißt man nicht mehr, den freien Speicherplatz zu kontrollieren. Leider ist dieser Lernprozeß sehr schmerzhaft.

Was geschieht, wenn es auf diese Weise zu Datenverlust kommt? Angenommen, Sie schreiben einen Bericht. Im Hauptspeicher (RAM) befinden sich das Betriebssystem, das Textverarbeitungsprogramm und der Textabschnitt des Berichts, an dem Sie gerade arbeiten. An einem bestimmten Punkt ist der Hauptspeicher mit dem neu eingegebenen Text gefüllt. Jetzt versucht das Textverarbeitungsprogramm, den Text auf Diskette zu speichern. Doch dort reicht der Platz nicht. Erst jetzt erhalten Sie eine Fehlermeldung, zum Beispiel »DISKETTE IST VOLL«.

In vielen Systemen ist die Meldung »Diskette ist voll« mit dem roten Licht im Auto vergleichbar, das Ihnen eine Überhitzung des Motors anzeigt. Wenn das rote Licht aufleuchtet, ist schon alles zu spät — Ihr Motor hat bereits einen Schaden. Wenn die Meldung »Diskette ist voll« auf dem Bildschirm erscheint, haben Sie schon mehr geschrieben, als Sie speichern können. Möglicherweise gestattet das Programm nicht einmal einen Diskettenwechsel. Häufig bleibt Ihnen nichts anderes übrig, als die Arbeit abzubrechen, ohne den gerade geschriebenen Text speichern zu können. (Einige Programme sind umgänglicher. Hier können Sie andere Dateien von der Diskette löschen, ohne das Programm, mit dem Sie gerade arbeiten, verlassen zu müssen.)

Die Größe einer Datei kontrollieren

Über den DIR-Befehl bei IBM-kompatiblen Computern, im Menü VIEW BY NAME des Macintosh und über den STAT-Befehl der CP/M-Computer erfahren Sie sowohl den Dateinamen, als auch die Dateigröße. Elektronisch gespeicherte Daten werden nicht in Seiten oder in Zentimeter gemessen, sondern in Zeichen. Der Macintosh und die CP/M-Computer geben die Größe in Kilobyte an (1000 Zeichen sind 1 Kilobyte). Eine

Computer-Praxis

Datei von 2000 Zeichen wird in diesen Geräten als 2K angezeigt, während IBM-kompatible Computer die Größe in Zeichen (Byte) angeben, also in diesem Fall als 2000 Byte.

Warum ist es wichtig zu wissen, wie groß eine Datei ist? Es kommt häufig vor, daß Sie eine Datei von einer Diskette auf eine andere kopieren möchten. Um festzustellen, ob dies möglich ist, müssen Sie die Größe der zu kopierenden Datei und den verfügbaren Platz auf der Zieldiskette kennen. Wenn nicht genügend Platz vorhanden ist, können Sie einige alte Dateien löschen. Auch hierzu müssen Sie die Dateigröße wissen, um entscheiden zu können, welche Dateien gelöscht werden sollen.

Dateien löschen

Auch für das Löschen von Dateien gibt es ein Dienstprogramm. Bei IBM-kompatiblen Computern müssen Sie den Befehl DEL eingeben, bei CP/M-Geräten lautet der entsprechende Befehl ERA. Alle Betriebssysteme verfügen über diese Funktion. Nur die Bezeichnung der Befehle ist unterschiedlich.

Außer dem Löschbefehl (DEL oder ERA) müssen Sie auch den Namen der zu löschenden Datei eingeben (zum Beispiel DEL BUDGET. WKS). Dies geschieht zu Ihrem Schutz. Da genau angegeben werden muß, welche Datei gelöscht werden soll, kann keine Datei versehentlich »überspielt« werden, wie dies bei einem Tonband möglich ist. Der eingegebene Dateiname muß genau stimmen. Wenn Sie sich verschreiben, wird die Datei nicht gelöscht. Stattdessen erscheint eine Fehlermeldung auf dem Bildschirm, etwa »DATEI NICHT GEFUNDEN«.

Der Macintosh arbeitet anders. Wenn Sie hier eine Datei löschen wollen, gehen Sie im Directory mit der Maus zu dieser Datei und bringen sie in den Papierkorb (Ein Bildchen von einem Mülleimer). Dann gehen Sie zurück ins SPECIAL-Menü und wählen EMPTY TRASH. Solange Sie diesen letzten Befehl nicht ausgeführt oder das Programm verlassen haben, bleibt die Datei auf Ihrer Diskette erhalten, auch wenn sie sich bereits im Papierkorb befindet. Auf diese Weise haben sie die Möglichkeit, Ihre Entscheidung rückgängig zu machen und die Datei zu erhalten. Sie kann problemlos wieder ins Directory aufgenommen werden.

Auf IBM-Kompatiblen ist die Wiederherstellung einer Datei komplizierter. Nach dem Löschen einer Datei (mit dem DEL-Befehl) ist die Datei noch immer auf der Diskette vorhanden. Das Betriebssystem hat nur den Dateinamen aus dem Directory gelöscht. Obwohl die Datei noch existiert, kann das Betriebssystem jedoch nicht mehr auf sie zugreifen.

Es gibt Programme, mit deren Hilfe die gelöschten Dateinamen wieder ins Directory eingefügt werden können. Die bekanntesten Programme dieser Art sind Norton Utilities, Mace Utilities und PC Tools. Sie sind allerdings nur dann wirksam, wenn nach dem Löschen keine neuen Dateien gespeichert wurden. Der Löschbefehl erlaubt nämlich dem Betriebssystem, die alten Dateien zu überschreiben und den Platz für neue Dateien zu verwenden.

Neben der Wiederherstellung gelöschter Dateien unterstützen diese Programme auch die optimale Nutzung der Festplatte. Nach monatelanger Arbeit fällt Ihnen vielleicht auf, daß der Computer langsamer zu arbeiten scheint. Das Laufwerk braucht mehr Zeit, um die in viele kleine Stücke aufgespaltenen Dateien zu lesen.

Warum wird die Datei nicht zusammenhängend gespeichert? Wenn Sie drei Dateien von je 2000 Byte löschen, werden insgesamt 6000 Byte frei. Kopieren Sie jetzt eine Datei von 6000 Byte auf diese Diskette, so wird sie in drei Segmenten abgelegt. Wird die Datei bearbeitet, so muß der Lese/Schreibkopf des Laufwerks von Segment zu Segment springen. Beim Zeitungslesen müssen Sie ähnlich vorgehen. Wenn ein Artikel von Seite 1 auf Seite 12 fortgesetzt wird, dauert es einige Zeit, bis Sie diese Seite aufgeschlagen haben.

Dateien umbenennen

Oft möchte man den Namen einer Datei ändern. Bei einem Aktenordner brauchen Sie nur das alte Etikett zu überkleben und einen neuen Namen einzutragen. Angenommen, Sie haben einen Ordner, in dem Sie die monatlichen Rechnungen aufbewahren. Er ist mit »Buchführung Ausgaben« beschriftet. Da Sie sich die Bezeichnung »Rechnungen« eingeprägt haben, suchen Sie den Ordner daher stets am falschen Ort. Zweckmäßigerweise kleben Sie ein neues Etikett auf den Ordner und beschriften ihn mit »Rechnungen«.

Alle Betriebssysteme bieten Ihnen die Möglichkeit, die Namen Ihrer Computer-Dateien zu ändern. Meistens heißt dieses Dienstprogramm REN (für »rename«, umbenennen). Um in einem DOS-Computer den Dateinamen zu ändern, geben Sie zuerst REN ein; es folgt der alte Dateiname, eine Freitaste und dann der neue Dateiname (zum Beispiel REN BUCHAUS RECHN). Beim Macintosh müssen Sie nur die Datei anklicken und den Mauszeiger zum Dateinamen führen. Sie können den alten Namen einfach überschreiben.

Dateien kopieren

Ein weiteres Dienstprogramm erlaubt Ihnen das Kopieren von Dateien. Kopieren bedeutet, das eine Laufwerk liest (spielt ab), während das andere schreibt (aufnimmt). Dieser Vorgang ähnelt sehr dem »Kopieren« eines Liedes von einer Schallplatte auf eine Kassette. Bei einem Computer können Sie eine Datei entweder auf eine andere Diskette oder auf die gleiche Diskette kopieren. Zum Beispiel habe ich die Datei KAPITEL7.RV1 in eine Datei KAPITEL7.RV2 kopiert und dann mit der Überarbeitung der zweiten Datei begonnen. Beide Versionen des Kapitels wurden auf demselben Laufwerk gespeichert — nämlich auf der Festplatte des Computers, wo sich meine sämtlichen Dateien befinden.

Bei den IBM-kompatiblen Computern lautet der Kopier-Befehl COPY. Bei den CP/M-Geräten muß zum Kopieren der Befehl PIP eingegeben werden. Jedes Betriebssystem verfügt über ein spezielles Kopierprogramm. Es können jedoch starke Unterschiede in der Anwendung der jeweiligen Kopierprogramme auftreten. Bei IBM-kompatiblen Computern zum Beispiel geben Sie den Namen der zu kopierenden Datei (der ***Quelldatei**) und ihr Laufwerk an. Dann teilen Sie dem Betriebssystem mit, auf welches Laufwerk Sie kopieren möchten (das ***Ziellaufwerk**) sowie den Namen der Zieldatei. Beim Macintosh wird anders verfahren. Hier wählen Sie die zu kopierende Datei im Directory mit dem Mauszeiger an. Dann gehen Sie ins Dateimenü und wählen »DUPLICATE«. Es erscheint dann ein neues Zeichen, das Sie zum Directory Ihrer Zieldiskette führen.

Die beiden Verfahren sind zwar sehr unterschiedlich, Sie finden jedoch die Beschreibungen des Kopiervorgangs im Handbuch stets unter dem Eintrag »Kopieren«. Wenn Sie gezwungen sind, mit einem Ihnen unbekannten Computer zu arbeiten, sollten Sie die Dienstprogramme jeweils im Handbuch nachschlagen. Dort wird ihre Anwendung erklärt.

Kein Betriebssystem bietet die Möglichkeit, auf einer Diskette zwei Dateien unter dem gleichen Namen zu speichern. Das ist leicht zu erklären. Angenommen ich gehe zu meiner Zahnärztin Dr. Pink im Sutter-Hochhaus. Wie ich am Schild im Eingang des Hauses feststellen kann, befindet sich die Praxis von Dr. Pink in Zimmer 302. Also muß ich in den dritten Stock. Sicher wäre ich sehr verblüfft, wenn ich im gleichen Haus auf zwei Namensschilder von Dr. Pink stoßen würde. Ich wüßte nicht, wohin ich zu gehen hätte. Dem Betriebssystem geht es genauso. Bei zwei gleichen Dateibezeichnungen wüßte es nicht, welche der beiden die gewünschte ist.

Wenn in anderen Gebäuden ebenfalls Dr. Pinks ihre Praxis haben, stört mich das nicht. Erst wenn sich mehrere Dr. Pinks im gleichen Gebäude befinden, wird die Sache kritisch. Ähnlich ist es mit Dateien. Auf verschiedenen Disketten können Dateien ohne weiteres denselben Namen führen. Wenn Sie eine Datei ansprechen, geben Sie dem Betriebssystem das Laufwerk (das Gebäude) der Datei *und* den Dateinamen an. Das Betriebssystem geht daraufhin in dem angegebenen Laufwerk zu der gewünschten Datei. Die Tatsache, daß möglicherweise auf anderen Disketten Dateien mit demselben Namen existieren, stört in diesem Fall nicht.

Angenommen, Sie vergessen diese Regel und wollen eine Datei auf eine Diskette kopieren, auf der sich bereits eine Datei mit gleichem Namen befindet. Das Macintosh-Betriebssystem fragt daraufhin nach, ob Sie wirklich die alte Datei durch die neue ersetzen möchten. IBM-kompatible Computer fragen nicht. Sie ersetzen beim Kopieren die bestehende durch die neue Datei.

Dieses Verfahren mag grausam anmuten. Aber denken Sie an Ihre eigene Arbeitspraxis. Angenommen, Sie haben einen Text mit dem Titel KAPITEL 7. Sie fotokopieren ihn und geben dann Änderungen ein. Nachdem Sie KAPITEL 7 überarbeitet haben, werfen Sie vermutlich die alte Version fort. Warum sollten beide Fassungen aufbewahrt werden? Natürlich besteht auch die Möglichkeit, beide Versionen zu erhalten. Sie können auch auf der gleichen Diskette gespeichert werden — unter der Voraussetzung, daß Sie ihnen verschiedene Dateinamen geben.

Erst wenn Sie alle Ihre Dateien zusammen auf der Festplatte gespeichert haben, wird es lästig, daß jeder Dateiname nur einmal vorkommen darf. Aus diesem Grund ist bei fast allen Betriebssystemen die Aufteilung der Festplatte in separate Abschnitte, die sogenannten ***Unterverzeichnisse**, möglich. Mit ihrer Hilfe wird die Festplatte in mehrere kleine Disketten unterteilt. Jede von ihnen hat ihr eigenes Verzeichnis. Die IBM-kompatiblen Computer erstellen mit dem Befehl MKDIR (»make directory«) ein separates Verzeichnis der Dateien. Beim Macintosh heißen diese separaten Abschnitte **Folder**. Zur Erstellung eines neuen Folder wählen Sie im Menü die Funktion »NEW FOLDER«.

Sicherheit durch Sicherungskopien

Eine der wichtigsten Regeln bei der Arbeit mit einem Computer verlangt, daß Sie stets ***Sicherungskopien** anlegen. Eine Sicherungskopie ist eine Kopie Ihrer Daten auf einer Diskette, die Sie nicht für Ihre Arbeit verwenden. Diese Kopie sollte an einem sicheren Ort aufbewahrt werden. Sie dient ausschließlich der Sicherung Ihrer Daten und wird nur verwendet, wenn Ihre Originaldatei aus Versehen gelöscht oder beschädigt wurde. Für den Fall, daß Sie versehentlich dem Betriebssystem den Befehl geben, eine wichtige Datei zu löschen, oder wenn Ihre Arbeitsdiskette kaputtgeht, haben Sie immer noch die Sicherungskopie und können weiterarbeiten. Ich gehe sogar so weit, daß ich eine Sicherungskopie meiner wichtigsten Dateien an einem anderen Ort aufbewahre. Damit bleiben meine Dateien auch bei einem Brand erhalten, oder wenn mir mein Computer samt Festplatte gestohlen wird.

Sicherungskopien sind leicht herzustellen. Doch viele Anwenderinnen lassen diese wichtige Vorsichtsmaßnahme leider außer acht. Oftmals werden auch nur gelegentlich Sicherungskopien erstellt. Am besten legen Sie nach jeder Veränderung an einer Datei eine Sicherungskopie an. Dateien wie Adressenlisten, die nur einmal im Monat auf den neuesten Stand gebracht werden, müssen nur einmal monatlich kopiert werden. Von anderen Dateien, zum Beispiel der Buchführung, müssen täglich Sicherungskopien erstellt werden.

Diese Sicherheitsvorkehrungen werden häufig nicht ernst genommen, bis es schließlich zu einer Katastrophe kommt. Danach werden Sie das Anlegen von Sicherungskopien nicht mehr auf die leichte Schulter nehmen. Ich selbst habe mehrere solcher Katastrophen erlebt. Seitdem lege ich konsequent Sicherungskopien an. Von besonders wichtigen Dateien habe ich zwei Kopien. Eine davon bewahre ich an einem anderen Ort auf, um vor Feuer oder einem ähnlichen Unglück geschützt zu sein.

Beim Erstellen von Sicherungskopien wechsle ich zwischen zwei Disketten ab. Die erste Kopie kommt auf Diskette »1«. Beim nächsten Mal verwende ich die Diskette »2«. Das dritte Mal kopiere ich wieder auf Diskette »1«, und so weiter. Wenn der Computer während des Kopierens kaputtgeht, können nämlich möglicherweise beide Dateien, die Originaldatei und die Sicherungskopie, zerstört werden. Die Methode, mit wechselnden Disketten zu arbeiten, bewahrt selbst in diesem Fall vor einem größeren Schaden, denn ich habe noch immer eine Kopie der Originaldatei auf einer anderen Diskette. Bei der Verwendung nur einer Sicherungskopie wäre ich bei einem Computerschaden nicht geschützt. Natürlich tritt ein derartiges Versagen des Systems sehr selten auf. Doch man muß mit dem Schlimmsten rechnen.

Bei aller Vorsicht wird Ihnen doch irgendwann aus Versehen ein Datenschaden unterlaufen. Dann werden Sie glücklich sein, eine Sicherungskopie zu besitzen. Wenn Sie jedoch keine Kopie haben, werden

Sie es schwer bereuen, sich nicht die wenigen Minuten Zeit genommen zu haben, die zur Sicherung Ihrer Daten erforderlich sind. Denn selbst wenn Sie sich für perfekt halten und einen Fehler Ihrerseits ausschließen, dürfen Sie nicht vergessen, daß auch Disketten dann und wann kaputtgehen.

Von Programmdateien müssen ebenfalls Sicherungskopien angelegt werden, da auch diese Disketten kaputtgehen können. Die Programmdisketten müssen nur einmal kopiert werden, da sich das Programm selbst nicht verändert, wenn Sie damit arbeiten. Sie sollten daher das Programm gleich nach dem Kauf auf Sicherungsdisketten kopieren. Einige Programme sind jedoch mit einem *Kopierschutz versehen und lassen sich nicht kopieren. Doch das ist die Ausnahme.

Programme dürfen nicht kopiert und dann an andere Personen weitergegeben oder verkauft werden. Doch gegen Kopien für eigenen Gebrauch haben die Hersteller nichts einzuwenden, im Gegenteil, sie raten Ihnen sogar, unverzüglich eine Kopie anzulegen. Sie wissen, daß Ihre Programmdiskette (Ihre *Arbeitskopie) irgendwann einen Schaden erleiden kann und möchten damit möglichst nichts zu tun haben. Legen Sie die Originaldiskette an einen sicheren Ort und *benutzen Sie sie nie!* Wenn Ihre Kopiediskette nach etwa einem Jahr abgenutzt ist oder Schaden erlitten hat, weil Sie Kaffee daraufgeschüttet haben, können Sie sich von der Originaldiskette eine neue Arbeitskopie zulegen.

Formatieren

Ich möchte noch ein weiteres Dienstprogramm des Betriebssystems Ihres Computers erwähnen: das Formatierprogramm. Mit diesem Programm werden neue, unbenutze Disketten für Ihren Computer gebrauchsfertig gemacht. Normalerweise sind Disketten in 10er Packungen auf dem Markt erhältlich. Diese Leerdisketten können allerdings nicht so, wie sie sind, benutzt werden, da ihre Oberfläche noch nicht in Sektoren eingeteilt ist. Auf dieses Problem wurde bereits im 1. Kapitel eingegangen. Disketten sind mit Spuren und Sektoren versehen, die als Parkplätze für Ihre Daten dienen. Solange die einzelnen Parkplätze nicht vorgezeichnet sind, können keine Daten auf Diskette gespeichert werden.

Warum werden Disketten nicht mit fertig markierten Sektoren geliefert? Weil Computergeschäfte dann in erhebliche Schwierigkeiten kämen, da sie hunderte verschiedener Arten vorformatierter Disketten auf Lager haben müßten. Es gibt unzählige Diskettenformate, denn jeder Laufwerkhersteller läßt Spuren und Sektoren auf der Diskette nach eigenem

Computer-Praxis

Schema anordnen. Der eine Hersteller arbeitet mit 16 Sektoren, der andere vielleicht mit 10. Disketten werden also der Einfachheit halber unformatiert, also ohne Sektorenmarkierungen, verkauft. Sie stecken als Anwenderin die Diskette in ein Laufwerk und lassen mit Hilfe des Formatierungsprogramms die Sektoreneinteilung entsprechend den Spezifikationen des jeweiligen Laufwerks vornehmen. Da das Betriebssystem auf Ihren Computertyp zugeschnitten ist, legt das Formatierungsprogramm die Disketten so an, wie es die Hardware erfordert.

Die meisten Formatierungsprogramme überprüfen die Diskette auch auf Fehler. Nachdem die Sektoren eingeteilt sind, schreibt das Programm ein bestimmtes Muster auf die Diskette und liest es dann ab. Wenn die Eisenoxidschicht an irgendeiner Stelle Beschädigungen aufweist, kann das Muster nicht korrekt gelesen werden. In diesem Fall erscheint eine Fehlermeldung auf dem Bildschirm. Sie teilt Ihnen mit, daß die Diskette beschädigt ist.

Während des Prüfvorgangs wird alles gelöscht, was sich auf der Diskette befindet. Aus diesem Grund werden nur Leerdisketten formatiert. Doch ab und zu, wenn ich eine Diskette mit alten (nicht mehr benötigten) Dateien wieder benutzen möchte, formatiere ich die Diskette neu. Damit nehme ich gleichzeitig eine Sicherheitsüberprüfung vor, die mir sagt, ob die Diskette schon abgenutzt ist oder noch verwendet werden kann.

Die verschiedenen Betriebssysteme verwenden für die Formatierung unterschiedliche Befehle. Der Macintosh fragt bei der Benutzung einer unformatierten Diskette sofort über das FINDER-Programm an, ob die Diskette formatiert werden soll. Trifft dies nicht zu, wählen Sie CANCEL. Wenn Sie jedoch formatieren wollen, müssen Sie zwischen einseitig oder doppelseitig wählen. Eine doppelseitig formatierte Diskette hat eine Kapazität von 800K. Einseitige Formatierung ergibt 400K; diese Disketten können auch in älteren Macintosh-Modellen verwendet werden, deren Laufwerk-Kapazität noch geringer war. Nach der Formatierung wird das FINDER-Programm auf die Diskette kopiert, so daß die Diskette zum Starten des Gerätes verwendet werden kann.

Bei anderen Computern geben Sie den Befehl FORMAT und die Bezeichnung des Laufwerkes ein, in dem sich die neue Diskette befindet. Zum Beispiel schreiben Sie FORMAT B:, wenn sich die zu formatierende Diskette in Laufwerk B befindet. Es muß *unbedingt* das richtige Laufwerk angegeben werden, da bei der Formatierung einer Diskette alle dort befindlichen Dateien zerstört werden.

Am Anfang passiert häufig der Fehler, daß nur »FORMAT« ohne Laufwerksangabe eingegeben und dann die Zeilenschaltung (Return oder

223

Go Stop Run

Enter) betätigt wird. Wenn der Computer von der Festplatte aus gestartet wurde, wird in diesem Fall Ihre gesamte Festplatte neu formatiert, und alle Ihre Dateien und Programme werden gelöscht.

Damit dies nicht geschieht, haben DOS-Computer eine eingebaute Sicherung. Nach Eingabe des Formatierungsbefehls und Auslösen der Zeilenschaltung müssen Sie zur Fortsetzung des Programms eine weitere Taste drücken. Doch vorher sollten Sie einen letzten Blick auf den Bildschirm werfen, um sicherzugehen, daß Sie wirklich das richtige Laufwerk angegeben haben. Bevor Sie endgültig den Befehl zum Formatieren einer Diskette geben, sollten Sie sie noch einmal aus dem Laufwerk nehmen und nachsehen, ob es sich wirklich um die richtige handelt. Wenn Sie sich gleich an sorgfältiges Arbeiten gewöhnen, lassen sich Katastrophen leichter vermeiden.

Das DOS-Betriebssystem ist den Spezifikationen Ihres Computers angepaßt. Wenn Sie mit einem 5¼ Zoll-Laufwerk für doppelseitige Disketten mit doppelter Dichte arbeiten, ist das FORMAT-Programm darauf eingestellt. Sie brauchen keine entsprechenden Anweisungen zu erteilen. Allerdings müssen Sie darauf achten, je nach den Erfordernissen Ihres Gerätes, entweder einseitige oder doppelseitige Disketten mit einfacher oder doppelter Dichte zu erwerben.

Die Schnittstelle zur Anwenderin

Abgesehen vom Macintosh ähneln sich die verschiedenen Betriebssysteme weitgehend in ihrer Befehlsstruktur. Das DOS-Betriebssystem erscheint auf dem Bildschirm mit A > oder C > (das ***Bereitschaftszeichen** des Betriebssystems). Während die Dienstprogramme des Betriebssystems laufen, können Sie nicht mit Ihren Anwendungsprogrammen arbeiten. FINDER, das Betriebssystem des Macintosh, steht der Anwenderin jedoch jederzeit bereit. Egal, welches Anwendungsprogramm Sie gerade benutzen, in der Menüzeile am oberen Bildschirmrand des Macintosh kann stets die Funktion FILE MENU aufgerufen und die Dateifunktionen von FINDER erreicht werden.

Ein weiterer wesentlicher Unterschied zwischen FINDER und anderen Betriebssystemen besteht in der Anwender-***Schnittstelle** (die Kommunikationsmethode zwischen Anwenderin und Gerät). Bei FINDER werden die Funktionen über ein Menü angezeigt und die Anwenderin wählt mit der Maus eine bestimmte Funktion. FINDER wird daher als **menügesteuert** bezeichnet. DOS arbeitet auf ganz andere Weise. Hier müssen die vollständigen Befehle von der Anwenderin eingegeben

Computer-Praxis

werden. Aus diesem Grund wird DOS als **befehlgesteuertes** System bezeichnet.

Ist die eine Schnittstelle der anderen vorzuziehen? Jedes Verfahren hat seine Befürworter. Mit der Zeit gleichen sich beide Systeme jedoch immer mehr an. Die Menüsteuerung des Macintosh ist zwar anwenderfreundlicher, dafür jedoch auch langsamer. Außerdem muß man sich immer merken, unter welcher Menüzeile die gesuchten Funktionen aufgelistet sind. Daher bietet der Macintosh jetzt ein alternatives Verfahren zur Befehlseingabe an. Statt eine bestimmte Funktion mit dem Mauszeiger anzuwählen, kann die Anwenderin auch einen Befehl eingeben (mit Hilfe eines **KLEEBLATTS** und einer Buchstabenkombination). Es gibt die Möglichkeit, über das Menü oder über die Eingabe von KLEEBLATT D eine Datei zu kopieren. Diese direkte Befehlseingabe kommt der Befehlsteuerung von DOS und anderen Betriebssystemen sehr nahe. Die Kleeblattaste wird daher auch häufig als **Befehls**taste bezeichnet.

Die Befehlseingabe

Häufig klagen Anwenderinnen darüber, daß sie ihrem Computer-Handbuch nicht entnehmen können, wie die Dienstprogramme funktionieren. Die dortigen Erklärungen sind häufig völlig unverständlich. Den Anwenderinnen wird nicht klar, daß die Befehle nach einem ganz bestimmten System aufgebaut sind. Dieses System wird als Befehlsstruktur bezeichnet. Leider machen sich viele Handbücher nicht die Mühe, den Aufbau dieser Befehlsstruktur zu erklären. Daher wird der Umgang mit dem Handbuch oft als äußerst frustrierend und verwirrend empfunden.

Die Verfasserinnen von Handbüchern scheinen vorauszusetzen, daß Ihnen die Struktur einer Befehlszeile von Kind auf vertraut ist, ebenso wie Sie anscheinend wissen sollen, was »booten« heißt (nämlich »starten«)! Daher möchte ich im folgenden darauf eingehen, wie die bisher beschriebenen Funktionen in einem Handbuch wiedergegeben werden.

Eckige Klammern

Schlagen Sie in einem Handbuch unter dem DIR-Befehl nach, so stoßen sie auf die folgende, ziemlich rätselhafte Erklärung
    DIR d:dateiname
Innerhalb der eckigen Klammer stehen die wahlfreien Angaben. Wenn Sie nur »DIR« ohne den frei bestimmbaren Teil eingeben, so zeigt DOS

auf dem Bildschirm eine Auflistung aller auf der Diskette befindlichen Dateien.

Alles, was in Kleinbuchstaben geschrieben ist, zum Beispiel »dateiname«, müssen Sie durch spezifische Angaben ersetzen, in diesem Fall durch den Namen Ihrer Datei. Die Befehle werden so wiedergegeben, daß alles, was in Kleinbuchstaben geschrieben ist, deskriptiven Charakter hat und durch Ihre Angaben ersetzt wird, zum Beispiel durch den Dateinamen oder das jeweilige Laufwerk. Alle Großbuchstaben, wie DIR, sind Befehle, die genau in der Weise eingegeben werden müssen, wie sie im Handbuch stehen.

Auch die Klammern werden bei der Befehlseingabe weggelassen. Sie zeigen dem Leser nur an, daß die Angaben innerhalb der Klammern weggelassen werden können, gehören aber nicht zum Befehl selbst.

Bei dem im Handbuch dargestellten DIR-Befehl besagen die Klammern, daß ein spezieller Dateiname angegeben werden kann. Durch die Angabe des Namens können Sie schneller überprüfen, ob sich eine bestimmte Datei auf der Diskette befindet. Die meisten Betriebssysteme zeigen die Dateien nicht alphabetisch geordnet an. Sucht man eine bestimmte Datei, muß man folglich die gesamte Liste durchgehen. Das kann sehr lästig sein.

Um eine bestimmte Datei — sagen wir KAPITEL 7 — zu finden, geben Sie DIR und den Dateinamen ein:

DIR KAPITEL 7

Wenn sich die Datei auf der Diskette befindet, zeigt das Betriebssystem nach Betätigen der Zeilenschalttaste die Datei KAPITEL 7 an. Außerdem erscheinen weitere Angaben wie ihre Größe, letztes Bearbeitungsdatum etc. Ist die Datei nicht auf der Diskette vorhanden, erscheint eine entsprechende Meldung auf dem Bildschirm. Im Grunde genommen handelt es sich um eine Anfrage wie bei einer Datenbank. Sie fragen, »Ist diese spezielle Datei vorhanden?« Und das System erteilt Ihnen eine Antwort auf Ihre Frage.

Die Laufwerksangabe

Sehen Sie sich die Befehlszeile für die Verzeichnisangabe noch einmal an. Innerhalb der Klammern befindet sich vor dem Dateinamen ein kleines d mit Doppelpunkt (:). Dieses Zeichen steht für das jeweilige Laufwerk. Jedes Laufwerk Ihres Gerätes hat einen Namen. Man sagt nicht rechtes und linkes, auch nicht oberes und unteres Laufwerk, sondern bezeichnet es mit einem Buchstaben. Bei meinem Compaq-Computer ist das erste das Laufwerk A, das zweite ist das B-Laufwerk und das dritte (die Festplatte) wird mit C bezeichnet.

Bei allen IBM-kompatiblen Computern wird nach diesem Muster verfahren. Die Festplatte ist immer »C:«, selbst wenn das Gerät nur ein Diskettenlaufwerk besitzt. Andere Betriebssysteme gehen anders vor. Beim Apple II-Computer zum Beispiel werden die Laufwerke mit Zahlen (Laufwerk 1, Laufwerk 2 usw.) benannt.

Alle Betriebssysteme sind mit einer Standardeinstellung versehen. Wenn Sie keine Laufwerksangabe machen, geht das Betriebssystem davon aus, daß der Befehl das Laufwerk betrifft, das im Bereitschaftszeichen des Betriebssystems angegeben ist. Ist auf dem Bildschirm ein A> zu sehen, so gelten die Befehle für das A-Laufwerk; bei einem C>, werden die Befehle auf das C-Laufwerk bezogen.

Das Bereitschaftszeichen gibt das Laufwerk an, von dem das Gerät gestartet wurde. Wenn sich beim Einschalten des Geräts die Systemdiskette in Laufwerk A befand, so erscheint ein A> auf dem Bildschirm. War dagegen keine Diskette in Laufwerk A und es befindet sich eine Kopie des Betriebssystems auf der Festplatte, so startet der Computer von der Festplatte aus. Dann ist das Bereitschaftszeichen ein C>. Möchten Sie das Laufwerk und die Standardvoreinstellung wechseln, so geben Sie hinter dem Bereitschaftszeichen einfach das neue Laufwerk und einen Doppelpunkt ein und drücken die Zeilenschalttaste (Return oder Enter).

Angenommen, Sie starten das Gerät vom A-Laufwerk aus, dann ist dieses das **Standardlaufwerk. Jetzt möchten Sie nachsehen, ob sich auf der Diskette in diesem Laufwerk die Datei KAPITEL 7 befindet. Hierzu geben Sie ein

DIR KAPITEL7

Um zu kontrollieren, ob sich diese Datei auf einer anderen Diskette befindet, müssen Sie angeben, in welchem Laufwerk das Betriebssystem suchen soll. Möchten Sie auf der Diskette im zweiten Laufwerk nachsehen, so geben Sie ein

DIR B:KAPITEL7

Für die Festplatte lautet der entsprechende Befehl:

DIR C:KAPITEL7

Vergessen Sie nicht, hinter die Laufwerksbezeichnung stets einen Doppelpunkt zu setzen. Der Doppelpunkt trennt die Laufwerksangabe vom Dateinamen. Fehlt er, so geht das Betriebssystem davon aus, daß Sie eine Datei BKAPITEL7 oder CKAPITEL7 suchen.

Bei der Befehlseingabe müssen Sie sich genau an die Vorschriften des

Handbuchs halten. Sie müssen also spezielle Zeichen wie Freitasten oder den Doppelpunkt (:) genau dort eingeben, wo sie auch in der Befehlszeile im Handbuch erscheinen. Wenn Sie zum Beispiel eine Freitaste zwischen Doppelpunkt und Dateiname eingeben (DIR B: KAPITEL7), wird der Befehl nicht ausgeführt und auf dem Bildschirm erscheint eine Fehlermeldung.

Ein anderes Beispiel: Umbenennen von Dateien

Angenommen, Sie möchten eine Datei BUCHAUS (für Buchführung Ausgaben) in RECHN (für Rechnungen) umbenennen. In Ihrem DOS-Handbuch finden Sie:
    REN d:altername neuername
Wenn sich Ihre Buchführungsdatei in C befindet, so schreiben Sie:
    REN C:BUCHAUS RECHN
Nach der Umbenennung erscheint im Verzeichnis nur die Datei RECHN.

Der Kopierbefehl

In Ihrem Handbuch wird der Kopierbefehl folgendermaßen angeführt:
    COPY d:quelldatei d:zieldatei
Nach COPY ist alles in Kleinbuchstaben geschrieben. In diesem Befehl sind die verschiedensten Möglichkeiten zusammengefaßt. Sie können angeben, ob Sie von einer auf eine andere Diskette oder innerhalb einer Diskette kopieren möchten. Sie können den Dateinamen beibehalten (wenn Sie auf eine andere Diskette kopieren) oder den Dateinamen ändern.

   In den Handbüchern werden Dateien nicht als Originaldatei oder als Kopie bezeichnet, sondern als **Quelldatei** und **Zieldatei**. Es besteht nämlich keinerlei qualitativer Unterschied zwischen dem Original und der Kopie (anders als bei Textkopien vom Fotokopierer).

Der Formatierungsbefehl

Im DOS-Handbuch wird der FORMAT-Befehl folgendermaßen abgebildet:
    FORMAT d:/S
Das /S in Klammern ist optional. Wenn man die Laufwerksangabe und das /S fortläßt und nur FORMAT eingibt, wird die Diskette im Standardlaufwerk formatiert. Wie schon gesagt, werden dann alle Dateien auf

der Diskette, mit der Sie das Gerät gestartet haben, zerstört. Daher ist die Angabe des Laufwerks besonders wichtig.

Der Schrägstrich mit dem folgenden S ist eine Abkürzung. Da es sich um einen Großbuchstaben handelt, müssen Sie zum Ausführen dieser Funktion eingeben:

FORMAT B:/S

Das /S bewirkt, daß die Betriebssystemdateien auf die neu formatierte Diskette kopiert werden. Dann kann mit dieser Diskette das Gerät gestartet werden.

Eine Kopie des Betriebssystems läßt sich nur über den FORMAT-Befehl auf eine neue Diskette übertragen. Anders als die üblichen Dateien, kann das Betriebssystem nicht mit dem COPY-Befehl korrekt kopiert werden. Nur wenn Sie mit dem FORMAT-Befehl kopieren, erhalten Sie eine funktionsfähige Systemdiskette. Mit Hilfe dieses Befehls werden die Systemdateien genau in den Spuren und Sektoren gespeichert, an die der Lesekopf beim Einschalten des Computers geht. Wenn sich die DOS-Dateien nicht dort befinden, wo sie der Lesekopf erwartet, wird das Gerät nicht gestartet (selbst wenn sich die DOS-Dateien an einer anderen Stelle der Diskette befinden).

8
Neue Berufschancen

Als ich mit meinen Computer-Kursen begann, hat mich die Tatsache ziemlich verunsichert, daß die Teilnehmerinnen häufig große berufliche Erwartungen an den Besuch dieser Kurse knüpften. Ich wollte keine falschen Hoffnungen bezüglich ihrer Berufschancen wecken und auf keinen Fall meinem Unterricht einen falschen Anstrich geben. Besonders wichtig war mir dieser Punkt bei arbeitslosen oder unterbeschäftigten Teilnehmerinnen. Wenn sie mich nach dem Nutzen des Kurses fragten, habe ich es stets vermieden, ihnen im Stil der Anzeigensprache für ein paar Mark ein neues Leben zu versprechen.

Schließlich war es dann auch für mich verblüffend festzustellen, welche Vorteile meine Schülerinnen aus ihren Computer-Kenntnissen erwuchsen. Frauen, die meinen 2tägigen Kurs (mit insgesamt 17 Stunden Praxis am Computer) absolviert hatten und den Stoff dieses Buches beherrschten, erhielten ausgezeichnete Stellenangebote. Arbeitslose Teilnehmerinnen konnten einen Arbeitsplatz finden. Andere wurden befördert oder machten sich selbständig. Zuerst dachte ich, es handle sich um Ausnahmen. Doch als mir meine Schülerinnen immer wieder von ihren Erfolgen berichteten, wurde mir klar, daß Computer-Kenntnisse nicht nur sehr hilfreich am Arbeitsplatz sind, sondern vom Arbeitgeber auch honoriert werden.

Einige unter Ihnen haben vielleicht bereits eine Möglichkeit vor Augen, Ihren Computer produktiv einzusetzen und werden ihn lästige und zeitaufwendige Arbeiten verrichten lassen. Neben diesen Arbeitserleichterungen eröffnen Computerkenntnisse Ihnen jedoch auch eine ganze Bandbreite von Berufsmöglichkeiten. Hierzu gehören sowohl Tätigkeiten in der Computer-Industrie, als auch Dienstleistungen auf Computer-Basis.

Die Kombination bereits vorhandener Fertigkeiten mit der Computer-Technologie scheint mir den meisten Erfolg zu versprechen. Sie brauchen Ihre eingeschlagene Laufbahn nicht abzubrechen, sondern können mit Hilfe eines Computers Ihre beruflichen Grundlagen ausbauen und verbessern.

In diesem Kapitel geht es um neue Berufszweige. Sie basieren oft auf nicht-technischen Fertigkeiten, über die viele Frauen schon verfügen.

Go Stop Run

Autorin technischer Bücher

Als Verfasserin von *technischen Büchern können Sie Ihre Begabung zum klaren schriftlichen Ausdruck mit einfachen Computer-Kenntnissen erfolgreich kombinieren. Das Bild des hungernden Schriftstellers ist keine Erfindung — Autoren waren stets unterbezahlt. Doch als Fachbuchautorin mit Computer-Kenntnissen haben Sie gute Verdienstmöglichkeiten.

Als Autorin technischer Bücher steht Ihnen ein breites Arbeitsgebiet offen. Sie können zum Beispiel die Dokumentationen, d.h. die mit der Hard- und Software mitgelieferten Handbücher, schreiben. Gefordert sind ein klarer, systematisch aufgebauter Schreibstil und Vertrautheit mit den Computer-Fachausdrücken. Der Bedarf an guten Handbuchautorinnen ist groß, da nur wenige Personen beiden Anforderungen genügen. Die meisten Autorinnen sind hauptsächlich sprachlich gebildet und gehen daher allen technischen Themen sorgfältig aus dem Weg. Als technische Autorin müssen Sie jedoch keine technische Ausbildung genossen haben. In der Regel müssen Sie nur soweit Bescheid wissen, um gezielte Fragen an die Programmiererin stellen zu können, die das Programm geschrieben hat. Ihre Aufgabe ist es dann, deren Informationen in leicht verständliche und gut lesbare Sätze umzuformen.

Die Vielfalt der Möglichkeiten als technische Autorin ist verblüffend. Sie können zum Beispiel für eine Software-Firma arbeiten, die Dokumentationsmaterial für Grundschüler oder leitende Angestellte benötigt. Oder Sie arbeiten als technische Autorin mit einer Projekt-Leiterin und einigen Programmiererinnnen in einem Team zusammen. Derartige Arbeitsplätze entstehen zunehmend in großen Unternehmen wie Banken und Versicherungen mit eigener EDV-Abteilung.

Natürlich sind viele Berufsmöglichkeiten von Ihrem jeweiligen Wohnort abhängig. Computer-Firmen haben sich bevorzugt in einigen bestimmten Gebieten niedergelassen. Bekannt sind in den USA die »Silicon-Valleys« im nördlichen Kalifornien und in der Gegend um Boston, Massachusetts. Hier findet sich die höchste Konzentration derartiger Unternehmen. Doch es enstehen überall in den USA neue Software-Firmen — in Südkalifornien, Seattle (Washington), Fort Worth (Texas), Atlanta (Georgia), Boca Raton (Florida), Minneapolis (Minnesota) und an vielen anderen Orten.

Der Einstieg in dieses Arbeitsgebiet ist sehr schwer. Eine Möglichkeit beteht im Anfertigen von Arbeitsproben. Ein zu dokumentierendes Programm ist sicher leicht zu finden. Sie können zum Beispiel eine 5- oder

Neue Berufschancen

10 seitige neue Beschreibung einiger Funktionen eines bekannten Programms zusammenstellen. Natürlich brauchen Sie dazu einen Computer. Wenn Sie keinen eigenen besitzen oder im Bekanntenkreis leihen können, bitten Sie in einem Computergeschäft darum, dort an einem Computer mit einer Software-Demonstrationsdiskette arbeiten zu dürfen. Meist empfiehlt sich ein Anruf, bevor Sie hingehen. Ich habe die Erfahrung gemacht, daß die Geschäfte sehr entgegenkommend sind, solange Sie nicht während der Mittagspause kommen wollen. Schließlich sind sie auch daran interessiert, daß Sie ein von ihnen angebotenes Gerät näher kennen lernen. Eine andere Möglichkeit besteht darin, einer Universität oder einem Institut seine Dienste anzubieten. Gehen Sie zur Leiterin des EDV-Zentrums und sprechen Sie mit ihr. Vermutlich werden Sie mit offenen Armen empfangen, und man wird Ihre Arbeit zu schätzen wissen.

Weitere Arbeitsmöglichkeiten als Autorin im Computer-Bereich bieten Journalismus und Presse. In Zeitschriftenläden stoßen Sie auf eine verblüffende Vielfalt an Computer-Zeitschriften und -Zeitungen. Der angesprochene Leserkreis ist sehr unterschiedlich — von Zeitschriften für Schüler bis zu ausgesprochen technischen und spezialisierten Magazinen für Angehörige der Computerbranche. Da dieser Bereich stark expandiert, besteht ein gewaltiger Bedarf an guten Artikeln. Wenn Sie einen guten Einfall haben, schreiben Sie ihn auf und schicken Sie einen Entwurf an eine Zeitschrift, für deren Themenkreis er geeignet scheint.

Auch im Zeitungsbereich wächst der Bedarf auf diesem Gebiet stark an. Ist Ihnen schon aufgefallen, wie viel seit neuestem in der Tageszeitung über Computer geschrieben wird? Vermutlich beschäftigen sich immer mehr Journalistinnen mit dem Thema. Sie schreiben Presseerklärungen, Produktankündigungen, Personenprofile bedeutender Leute aus der Computerbranche usw. Wenn Sie erst einmal etwas veröffentlicht haben, steigen auch Ihre Chancen.

Der Bereich der Ausbildung

Sind Sie Lehrerin und möchten Ihren Beruf wechseln? Oder haben Sie ein Lehrerstudium absolviert, doch konnten Ihren Beruf nie ausüben, weil der Pillenknick eingesetzt hat?

Als Lehrerin können Sie direkt in den Bereich der Computer-Ausbildung umsteigen und damit ein beträchtlich höheres Gehalt erzielen. Computer-Geschäfte beschäftigten Sie zum Beispiel als Ausbilderin.

Hier müssen Sie den Kunden die Software erklären. Oder Sie finden eine Anstellung in einem großen Unternehmen, wo sie für die Angestellten Kurse abhalten. Eine weitere Möglichkeit bietet sich in der Arbeit als Ausbilderin für eine Software-Firma, die branchenspezifische Programme verkauft. Beim Kauf dieser Software wird den Unternehmen meist eine kostenlose Einarbeitung in die Programme geboten.

Die benötigte Ausbildung hängt von der Art Ihrer angestrebten Arbeit ab. Möchten Sie in der Schule unterrichten, müssen Sie in der Regel programmieren können, meist in BASIC. Wenn Sie dieses Handbuch aufmerksam gelesen haben, sollten Sie in der Lage sein, sich das Programmieren selbst beizubringen. Sie benötigen dazu einen Computer und ein gutes Lehrbuch. Ein Heimcomputer genügt in diesem Fall bereits für Ihre Ansprüche. Schon ein Commodore oder ein Atari reichen zum BASIC-Lernen vollständig aus. Wenn das Gerät schon im ROM mit BASIC ausgestattet ist, brauchen Sie nicht einmal ein Laufwerk (es sei denn, Sie möchten die geschriebenen Programme speichern). Natürlich dürfen Sie von einem Heimcomputer nicht viel mehr erwarten, als BASIC darauf lernen zu können.

Bei anderen Lehrberufen sind keinerlei Programmierkenntnisse gefragt. Hier müssen Sie sich nur mit ein oder zwei besonders beliebten Programmen gründlich auskennen und bereit sein, immer dazuzulernen. Den Umgang mit einer Software erlernen Sie dadurch, daß Sie sich mit Software und Handbuch vor den Computer setzen. Wie schon gesagt, sind die meisten Computergeschäfte bereit, Sie an einem ihrer Geräte arbeiten zu lassen. Doch bitten Sie nicht zu oft um Hilfe, sondern erst dann, wenn Sie wirklich nicht weiter wissen. Als Frau wird Ihnen vermutlich mehr Hilfe angeboten, als Ihnen gut tut. An der Tankstelle nehme ich solche Hilfe gern an, doch im Computergeschäft lehne ich dankend ab. Nur wenn es Ihnen gelingt, die Feinheiten eines Programms selbst herauszuarbeiten, trauen Sie sich auch den selbständigen Umgang mit einer neuen Software zu. Ein Computergeschäft erwartet von seiner Ausbilderin, daß sie in bezug auf neuentwickelte Programme auf dem laufenden bleibt.

In manchen Fällen muß eine Ausbilderin über gründliche Kenntnisse auf einem Spezialgebiet verfügen, während Computer-Kenntnisse möglicherweise nicht erforderlich sind. Die Software-Firmen haben erkannt, daß eine Ausbilderin relativ leicht den Umgang mit Computern erlernen kann, aber nicht in der Lage ist, in kurzer Zeit spezielle Branchenkenntnisse zu erwerben. Wenn Sie bereits in einer Branche wie Versicherungen oder Banken gearbeitet haben, insbesondere in Spezialbereichen

Neue Berufschancen

wie Vermögensverwaltung oder Arzt-Buchführung, können sie Ihre Erfahrung in Ihre neue Ausbildungstätigkeit sehr gut einbringen.

Spezialistin für die Benutzerschnittstelle

Klingt *Benutzerschnittstelle nicht eindrucksvoll? Eine Spezialistin für die Benutzerschnittstelle stellt die Verbindung zwischen Programmiererinnen und Anwenderinnen her. Diese beiden letzteren Gruppen leiden seit jeher unter Verständigungsschwierigkeiten. Der neue Berufszweig soll die Kommunikation erleichtern.

Diese Arbeit ist notwendig, weil Programmiererinnen in der Regel mehr mit Maschinen und weniger mit Menschen sprechen. Mit der Zeit verkümmern ihre Fähigkeiten zur zwischenmenschlichen Kommunikation. Sie können ihre Gedanken nur noch im Fachjargon artikulieren. Auf der anderen Seite steht die Anwenderin. Sie wird meist durch Fachausdrücke verunsichert. Die Anwenderin weiß vielleicht, was sie von einem Computer erwartet, doch sie hat unter Umständen Schwierigkeiten, ihre Bedürfnisse der Computer-Spezialistin verständlich zu machen. Hier greift die Spezialistin für die Benutzerschnittstelle ein.

Wenn Sie diese Tätigkeit anstreben, müssen Sie Menschen mögen und sich mit Computern auskennen. Außerdem sind Kenntnisse auf Spezialgebieten sehr hilfreich. In vielen Situationen sind Erfahrungen in einem bestimmten Unternehmenszweig sogar unumgänglich, da Sie sich auch im Arbeitsumkreis der Anwender auskennen müssen. Für den Fall, daß Sie diese Tätigkeit in einer großen Bank ausüben möchten, müssen Sie auch die Bank-Fachsprache kennen; im Versicherungsbereich muß Ihnen das dort gebräuchliche Vokabular vertraut sein, usw.

Qualitätskontrolle

Bei der *Qualitätskontrolle wird überwacht, daß niemand geschludert hat. Diese Tätigkeit ist häufig mit dem Schreiben von Dokumentationen verbunden. Sie müssen die Anweisungen des Dokumentationsentwurfs befolgen und prüfen, ob alles korrekt beschrieben ist. Wenn Sie mit dem Programm nicht zurechtkommen und die Anweisungen nicht verstehen, so wird es den Benutzerinnen vermutlich nicht anders ergehen. Zur Ausübung dieses Berufes sind außer Computer-Kenntnissen und ausreichender Vertrautheit mit der Fachsprache keine weiteren Fertigkeiten erforderlich.

Go Stop Run

Sich selbständig machen

Früher konnte man sich nur mit einem großen Startkapital selbständig machen. Nachdem die Computer-Preise so stark gesunken sind, muß bei der Gründung eines Unternehmens auf Computer-Basis nicht mehr so viel Geld aufgebracht werden. Ein Computer kann auf Kredit gekauft werden, wobei die Monatsraten nicht sehr hoch sind.

Wir kommen der Informationsgesellschaft immer näher. Information ist heute eine Ware, etwas das gekauft und verkauft wird. Viele neue Firmen wurden gegründet, weil Bedarf an bestimmten Informationen bestand. Es entstanden auf diese Weise Datenbanken mit diesen Informationen. Häufig beschränken sich diese Unternehmerinnen darauf, öffentlich zugängliche, auf verschiedene Quellen verstreute Informationen zu sammeln und anzubieten.

Mit dem Aufbau einer Datenbank können Sie sich selbständig machen. Die Benutzer ihrer Datenbank müssen für eine Recherche bezahlen. Ein einfallsreicher Student zum Beispiel hatte alle möglichen Quellen für Stipendien ausfindig gemacht. Er richtete eine Datenbank ein, in der jedes Stipendium in einem Datensatz erfaßt war. Auch die Vergabekriterien wie Hauptfach, Einkommen der Eltern, Alter des Bewerbers, Religion usw. waren hier angegeben. Er gelangte durch Nachforschen in der Bibliothek an diese Informationen. Als er über genügend Informationen verfügte, öffnete er seine Datenbank gegen Bezahlung auch für andere Personen. Ein Benutzer der Datenbank füllt zuerst ein Formular aus, in dem alle relevanten Daten wie Studienfach und Einkommen der Eltern usw. aufgelistet sind. Dann wird die Recherche durchgeführt. Für den Interessenten in Frage kommende Eintragungen in der Datenbank werden ausgedruckt. Die Kosten für eine solche Auswertung betragen ungefähr 50,- DM.

Je nach Charakter der Datenbank kann eine Recherche auch weit teurer sein. In der Regel richtet sich die Gebühr nach der Schwierigkeit, die gesuchten Informationen zu erhalten. Zum Beispiel ist im *Brain Information Service* der Universität von Kalifornien in Los Angeles eine Gruppe medizinisch gebildeter Fachbibliothekare damit beschäftigt, Artikel über klinische Gehirnforschung zu katalogisieren. Die Bibliothekare legen zu jedem Artikel eine kurze Inhaltsangabe und eine Liste von ***Schlüsselwörtern** an, die als Suchbegriffe eingegeben werden können. Mediziner aus der ganzen Welt wenden sich mit Anfragen an diese Datenbank, wenn sie Artikel zu einem speziellen Punkt suchen. Die Kriterien lassen sich mit Bedingungen wie UND und ODER verknüpfen. Auf

Neue Berufschancen

diese Weise kann sich ein Forscher zum Beispiel sämtliche Artikel zum Hypothalamus UND Vitamin B anzeigen lassen. Ein Jahresabonnement bei dieser Datenbank ist sehr teuer.

Für einen so hochspezialisierten Service ist das erforderliche Startkapital sehr hoch. Die mit der Auswertung beschäftigten Mediziner mußten bezahlt werden, während die Informationen erst nach Jahren, d.h. als die Daten endlich katalogisiert waren, verkauft werden konnten. Der Stipendien-Service ist ein anderes Extrem. Hier beschränkte sich die Investition auf die Zeit und einen Apple II mit Festplatte sowie ein Datenbankprogramm.

Ein anderer Datenbank-Service erfordert keinerlei Nachforschungen, sondern nur Schreibarbeit. Computererfaßte Standard-Nachschlagewerke werden immer beliebter. Wenn das Nachschlagewerk unter Copyright steht, muß wahrscheinlich eine Lizenzgebühr gezahlt werden. In den USA gibt es zahlreiche von Regierungsstellen veröffentlichte Nachschlagebücher, die keinem Copyright-Schutz unterliegen. Ein Unternehmen hat zum Beispiel das Kongreß-Handbuch der USA mit dem Computer erfaßt. Hier sind Informationen über Kongreßabgeordnete, über Ausschüsse und Unterausschüsse, Berater, Pressesprecher und vieles mehr gespeichert. Das Unternehmen verkauft keine Anfragen, sondern nur das gesamte Werk als Datenbank auf Diskette. Die Käufer können dann ihre Adressenlisten selbst zusammenstellen.

Es gibt auch Datenbank-Dienste, die im Auftrag von Kunden Informationen speichern. Zum Beispiel suchen während der Ferienzeit viele einen Tauschpartner für ihre Wohnung. Ein Datenbank-Dienst könnte sich die Aufnahme der Tauschwilligen in die Datenbank und die entsprechenden Informationen bezahlen lassen. Andere neue Datenbank-Dienste betreffen Autofahrgemeinschaften, Baby-Sitting-Tausch oder einen Tennispartner-Service.

Viele Datenbanken sind an ein Modem angeschlossen. In Kalifornien zum Beispiel können Arbeitsuchende High-Tech-Stellenangebote in der Computerindustrie von ihrem Terminal zu Hause abfragen. Die Information ist kostenlos; nur der Arbeitgeber muß für die Aufnahme seines Angebots in die Datenbank bezahlen.

Weiterhin besteht die Möglichkeit, im Auftrag für einen Kunden eine Datenbank zu führen. Für kleine Verbände und Vereine lohnt es sich wahrscheinlich kaum, die Adressenverwaltung selbst zu unterhalten. Sie überlassen dies lieber einem Spezialunternehmen. Bei dieser Art Service wird in der Regel für die anfängliche Dateneingabe und später für jede Korrektur, Neueingabe oder Löschung eine bestimmte Summe verlangt. Die Anschriften werden in Etiketten-Form geliefert und nach Stückzahl berechnet.

Textverarbeitung

Andere Unternehmen bieten einen Textverarbeitungs-Service an. Das Anfangskapital muß für die Anschaffung eines Computers, eines Textverarbeitungsprogramms und eines Druckers mit Briefqualität-Schrift reichen. Bei einem Kaypro, bei dem im Kaufpreis schon das Textverarbeitungsprogramm (WordStar) enthalten ist, liegen die Ausgaben in diesem Fall relativ niedrig.

Ein kommerzieller Anwendungsbereich der Textverarbeitung ist zum Beispiel ein Bewerbungs-Service. Die Kunden lassen sich ihre Bewerbungen schreiben und auf Diskette speichern. Sie können (gegen Gebühr) jederzeit überarbeitet oder aktualisiert werden, wenn der Kunde sich um eine neue Arbeitsstelle bemüht oder eine aktuelle Fassung benötigt.

In Universitätsstädten sind Schreibbüros für Abschlußarbeiten sehr verbreitet. Da die meisten Studenten ihre Abschlußarbeit mehrfach überarbeiten müssen, wird eine erste Fassung auf Diskette geschrieben und gespeichert. Später werden dann die Überarbeitungen eingegeben.

Ihrer Kreativität sind also keine Grenzen gesetzt, wenn Sie sich mit Hilfe eines Computers selbständig machen möchten. Ein besonders findiger Mensch kam zum Beispiel auf die Idee, ein Paket von 100 Geschäftsbriefen auf Diskette zu verkaufen. Die Briefe sind für alle möglichen Situationen vorgesehen, zum Beispiel Mahnungen oder Ablehnungen von Bewerbungen. Die Briefe waren mit WordStar geschrieben und die Investitionskosten daher sehr gering.

Tabellenkalkulations-Service

Für eine Buchhalterin, die ihren festen Arbeitsplatz aufgeben und sich selbständig machen möchte, bietet sich ein *Tabellenkalkulations-Service an. Mit einem Tabellenkalkulationsprogramm läßt sich wesentlich kostengünstiger arbeiten als mit einem Taschenrechner. Das Programm ermöglicht, monatliche Auszüge, vierteljährliche und jährliche Auswertungen, die Eigenkapitalbildung und andere Finanzauswertungen zu erstellen, für die die Unternehmen gut bezahlen.

Für die Finanzkalkulationen mit Tabellenkalkulationsprogrammen werden zunehmend Fachkräfte benötigt. Die entsprechenden Formeln werden in Form von Schablonen verkauft. Mit ihrer Hilfe werden die monatlichen Buchführungsauszüge in spezielle Finanzauswertungen übersetzt. Wenn Sie Spezialistin auf diesem Gebiet sind, können Sie natürlich auch Ihr eigenes Auswertungsverfahren in Schablonen fassen und diese dann verkaufen.

Sie können nun Ihre neuerworbene Computer-Bildung auf die verschiedenste Weise einsetzen, sei es, um sich selbständig zu machen, einen besseren Arbeitsplatz zu bekommen oder in Zukunft einfach effizienter arbeiten zu können. Auf jeden Fall sollten Sie sich immer vor Augen halten, daß die neue Technologie Sie *befähigt, zu tun*, was Sie anstreben! Auch wenn die kulturelle Botschaft immer wieder lautet, Computer seien nur schwer zugänglich (besonders für Frauen), so hoffe ich doch, daß Sie nach dem Lesen dieses Handbuches den Mut und das Selbstvertrauen haben, sich das benötigte Zusatzwissen selbst anzueignen. Sie können sicher sein, daß Ihre Ziele erreichbar sind.

Technische Anmerkungen

Diese technischen Anmerkungen bieten Zusatzinformationen, die zur Computer-Bildung nicht unbedingt notwendig sind. Ich führe sie für diejenigen Leserinnen an, die schon etwas über Computer wissen und genauere technische Informationen wünschen. Die hier verwendeten Fachausdrücke werden nicht durchgängig definiert. Anfängerinnen sollten gar nicht erst versuchen, während der Lektüre des Buches auch die Anmerkungen zu lesen. Die hier gebotenen Informationen werden Sie nie benötigen, es sei denn, Sie streben eine Karriere im Bereich der Hardware- oder Softwareentwicklung an.

1.
Das Wort *Byte* wird technisch als die *Repräsentation* eines Zeichens definiert. Diese Formulierung wurde gewählt, damit auch Repräsentationen von Befehlen unter den Begriff Byte fallen. In Personal Computern und IBM Mainframes zum Beispiel, bei denen ein Byte aus 8 Bit besteht, wird auch ein Befehl wie »addiere« durch 8 Bit repräsentiert.

2.
Die Zentraleinheit verfügt noch über einige andere Fähigkeiten. Sie kann zum Beispiel Informationen aus dem Hauptspeicher (RAM) in die Zentraleinheit übertragen und sie wieder zurück in RAM bringen. Sie ist auch in der Lage, die Position eines Byte innerhalb ihres Registers zu verändern. Diese Eigenschaft ermöglicht es dem Programm im Maschinenkode, Werte mit dem Faktor 2 zu multiplizieren oder durch ihn zu dividieren, und zwar auf ähnliche Weise, wie durch bloße Kommaverschiebung durch den Faktor 10 dividiert oder multipliziert wird. Aufgrund dieser Eigenschaft der Zentraleinheit können Programmiererinnen die Stellung jedes einzelnen Bits genau festsetzen.

3.
Die für die Ausführung eines Befehls benötigte Zeit richtet sich nicht nur nach der Zeitdauer der eigentlichen Operation, sondern auch nach der zur Informationsübertragung zwischen Zentraleinheit und RAM benötigten Zeit. Daher verrichten Computer mit derselben Taktfrequenz, jedoch unterschiedlicher Busgröße den gleichen Befehl nicht in derselben Zeit.

Ferner gehören zu jeder Befehlsausführung zwei verschiedene Arten von Funktionen, nämlich die Rechenoperationen und die Kommunikation mit der Peripherie. Durch eine schnellere Zentraleinheit wird die Ausführung eines Befehls nur entsprechend dem Anteil der zu verrichtenden Berechnungen schneller.
In komplizierteren Computern nehmen Controller der Zentraleinheit einen Teil der Arbeit ab. Sobald ein Befehl an den Controller des Peripheriegerätes übergeben ist, kann die Zentraleinheit mit den Rechenoperationen fortfahren. In einfacheren Geräten (etwa dem Simclair/Timex) werden die Peripheriegeräte durch Wartezyklen gesteuert. Auch die Art der Interrupt-Struktur, der Warteschlangen usw. bestimmen den Datendurchsatz

4.
K bedeutet exakt 1024. Doch es besteht kein Grund, sich an diese strikt technische Unterscheidung zu halten, da alle Angaben von Dateigröße, Programmlänge und Hauptspeicherkapazität in K angegeben werden, wobei der Einfachheit halber mit 1000 gerechnet wird. Wenn ein Programm 64K RAM benötigt, reicht der Hauptspeicher ihres 64K Computers aus. Sie müssen nicht unbedingt wissen, daß er eigentlich eine Größe von 1024 RAM mal 64 hat.

5.
Einige Diskettenlaufwerke erzielen eine höhere Aufzeichnungsdichte der Daten. Manchmal wird dies über die Bitstruktur erreicht; durch die Aufzeichnung von Stop- und Startbits wird die Dichte verringert (jedoch die Kompatiblität der Laufwerke verschiedener Hersteller erzielt). Ein anderes Verfahren erreicht durch eine engere Aufzeichnung (mehr Bits pro Zoll) eine höhere Dichte.

6.
Wenn ein größerer Hauptspeicher zur Verfügung steht, können mehr Daten in den Hauptspeicher eingelesen werden. Das bedeutet, es muß nicht so häufig auf die Diskette zugegriffen werden. Da die Datenübertragung von Diskette zum Hauptspeicher relativ langsam abläuft, erhöht sich bei weniger Diskettenzugriffen die Arbeitsgeschwindigkeit.

7.
Im Hauptspeicher befindet sich auch das Betriebssystem. Hierauf gehe ich in Kapitel 3 ein.

Technische Anmerkungen

8.
Es gibt mehrere Darstellungsmöglichkeiten für den Buchstaben A. 01000001 ist die ASCII-Repräsentation. ASCII steht für American Standard Communication and Information Interchange.

9.
In der Regel wird die Chipkapazität in Kilobit gemessen. Zur Vereinfachung habe ich den entsprechenden Wert in Kilobyte angegeben. Der 8K RAM-Chip ist eigentlich ein 64 Kilobit-Chip (abgekürzt 64Kb). Der experimentale 2M Chip von NEC ist genauer ein 16MB (16 Millionen Bit) Chip.
Auch Abbildung 1.16. zeigt eine Vereinfachung. Da jedes Speicherfach 8 Bit hat, werden 8 Leitungen als Bus benötigt. Je nach Systemarchitektur führen entweder zu jedem RAM-Chip acht Leitungen, oder ein Speicherfach besteht aus 1 Bit in jedem der acht RAM-Chips. Das letztere Verfahren ist gängiger. Diese Detailfragen sind nur für Hardware-Designer interessant. Eine verständlichere Erklärung paralleler Übertragung folgt in Kapitel 3.

10.
Bei der Übertragung von ASCII-Zeichen erhält man einen Näherungswert der übertragenen Zeichen pro Sekunde, indem man die Baudrate durch 10 teilt. Zum Beispiel werden bei 300 Baud ungefähr 30 Zeichen pro Sekunde übertragen. Die Übertragung einer Seite von 3000 Zeichen, dauert demnach 100 Sekunden oder fast 2 Minuten. Bei einer Baudrate von 1200 werden nur 25 Sekunden benötigt.
Die Zahl der Zeichen pro Sekunde wird deshalb nicht als Maßeinheit verwendet, weil es verschiedene Übertragungsprotokolle gibt. Vor und hinter jedem Zeichen wird ein Bit eingefügt (Stop- und Startbits). Je nach Kode gibt es verschiedene Bitfolgen für die Übertragung eines Buchstabens.

11.
Durch das gleichzeitige Addieren mehrerer Stellen und nicht nur einer Stelle (wie beim handschriftlichen Rechnen), kann die Rechengeschwindigkeit erheblich gesteigert werden. Zu diesem Zweck lassen sich in viele Mikrocomputer mathematische Koprozessoren einbauen. Die Register dieser Koprozessoren haben eine Länge von 80 Bits.

12.
Das Ausrichten der Kommas bezieht sich auf den gesamten FD-Abschnitt des COBOL-Programms. Durch diese Möglichkeit, ganze Seitenformate zu definieren, unterscheidet sich die Sprache COBOL deutlich von FORTRAN.

13.
»Übersetzt« bedeutet in diesem Zusammenhang, daß nicht schon vor der Ausführung das gesamte Programm in den Maschinenkode konvertiert wurde. Stattdessen wird während des Programmablaufs jede Zeile einzeln konvertiert. Dieses Verfahren ist weitaus langsamer als das Kompilieren. Beim Kompilieren wird das ganze Programm konvertiert und als Maschinenkode gespeichert. Das Programm wird also nur einmal konvertiert und kann dann beliebig oft benutzt werden.

14.
Es gibt einige Verfahren zum »Auftauen« von »eingefrorenen« Speicherstrukturen. Zum Beispiel kann EPROM durch ultraviolette Strahlung gelöscht werden.

15.
Da diese Systemprogramme die Peripheriegeräte »treiben«, werden sie **Treiber** genannt. Es gibt noch andere Routinen im Betriebssystem. Sie werden im Kapitel 7 beschrieben.

16.
Einige Computer (meist Heimcomputer) haben ihr Betriebssystem in ROM gespeichert und benötigen daher kein Diskettenlaufwerk. Der IBM PC ist einer der wenigen professionellen Computer, der über einen ROM-Chip mit Betriebssystem verfügt. Auch BASIC ist hier in ROM vorhanden. Wenn Sie einen IBM PC anschalten (und sich keine Startdiskette im Laufwerk befindet), geht er automatisch in BASIC. Vermutlich hatte IBM seine Computer so ausgestattet, damit sie sich gut an Schulen verkaufen ließen. Schulen konnten den IBM PC für den BASIC-Unterricht auch ohne Laufwerke erwerben.

17.
Die Diskette muß in das erste Laufwerk geschoben werden, also ins A-Laufwerk bei CP/M und MS-DOS und ins Laufwerk 1 bei AppleDOS oder ins Laufwerk 0 bei TRS-DOS Computern.

Technische Anmerkungen

18.
Der Netzschalter ist in Wirklichkeit nicht mit dem Laufwerk verbunden. Die Anweisungen zum Laden des Betriebssystems befinden sich in einem Start-ROM. Dieses ROM wird durch den Netzschalter aktiviert.

19.
Die Bezeichnung für den Abschnitt des Betriebssystems, der an spezielle Peripherien angepaßt wird, lautet **BIOS**, abgekürzt für **Basic Input Output System**.

20.
Es gibt auch eine CP/M-Version für 16 Bit Computer. Dieses Betriebssystem, CP/M-86, hat sich bei den Software-Entwicklern nicht durchgesetzt. Es gibt nur wenige Programme für dieses System. MS-DOS ist eindeutig Standard bei 16 Bit Computern.

21.
Lotus liefert das Programm Lotus 1-2-3 mit Treibern für die wichtigsten IBM-kompatiblen Computer. Die Benutzerin gibt an, welchen Computer sie benutzt und kann dann Lotus 1-2-3 auf ihrem speziellen Gerät installieren.

Nachwort zur deutschen Ausgabe

Frauen und neue Technologien – frauenspezifische Zugangsweisen zur (Computer)-Technik – Computer-Distanz von Frauen – Computerbildung für Frauen: Diese Schlagworte markieren seit einiger Zeit einen Themenkreis, der zunehmend Gegenstand bildungspolitischer und wissenschaftlicher Diskussion und Praxis in der Bundesrepublik wird.

Im Zentrum des Interesses stehen Fragen nach der Betroffenheit der Frauen durch die seit Anfang der siebziger Jahre um sich greifende Computerisierung nahezu aller gesellschaftlichen Lebensbereiche sowie der Rezeption der neuen Technologien[1] durch die Frauen.
- Sind Frauen von den Folgewirkungen des Computereinsatzes anders/stärker betroffen als Männer?
- Trifft die Computerisierung der Gesellschaft Frauen unvorbereitet(er als Männer)?
- Was bedeutet die vielbeschriebene »Technik-Distanz« der Frauen für diesen Zusammenhang?
- Sollen Frauen sich in die Gestaltung der neuen »Informationsgesellschaft« einmischen?
- Und wenn ja, wie können sie darauf vorbereitet werden?

Eine kürzlich erschienene Repräsentativbefragung[2] zum Einsatz programmgesteuerter Arbeitsmittel in der Bundesrepublik kommt zu dem Ergebnis, daß
- circa 7 % der abhängig beschäftigten Erwerbstätigen 1985/86[3] – gegenüber circa 6 % im Jahre 1979 – ihre Berufsarbeit hauptsächlich mit und an Computern verrichten,
- hingegen jedoch nahezu 14 % – gegenüber 9 % im Jahre 1979 – den Computer als Hilfsmittel für ihre Arbeit einsetzen,
- die Durchsetzung der neuen Technologien zwar je nach Wirtschaftsgruppe unterschiedlich verläuft, in jedem Fall jedoch Bereiche betrifft, in denen Frauen stark vertreten sind: Während im Bereich von Banken und Versicherungen 1986/87 nahezu 60 % der Arbeitnehmer/innen Computer nutzten, waren es in der öffentlichen Verwaltung 25 % und im Handel circa 20 %. Das bedeutet, daß hier noch »Rationalisierungspotentiale« vorhanden sind.

Nicht zufällig stehen Frauen dieser technischen Entwicklung skeptischer bis ablehnender gegenüber als Männer. (Nur 24 % der Frauen gegenüber 44 % der Männer befürworten den Einsatz von Computern.)[4]

Die Ergebnisse einer Studie zur »Einstellung von Frauen und Männern in der Bundesrepublik zum Thema Computer«[5] verdeutlichen, daß
- Frauen (im Vergleich zu Männern) die Computer-Entwicklung weniger optimistisch und kritischer sehen: Die prognostizierten Auswirkungen machen etwa der Hälfte aller Frauen, jedoch nur einem Drittel der Männer Angst;
- nur 9% der befragten Frauen, jedoch 20% der befragten Männer einen Computer zu Hause haben möchten;
- Computer von Frauen als Maschinen aus der Arbeitswelt gesehen werden. (44% der Frauen - erwerbstätige mit 58% und nicht-erwerbstätige mit 38% der Nennungen - denken, daß der Einsatz von Computern die Arbeit erleichtern würde.)

Häufig wird auch besonders von Frauen die Befürchtung geäußert, daß die Einführung neuer Technologien zu einem Verlust von Kontakt und Kommunikation mit Kolleginnen und Kollegen führt.[6] Aus dem Blickwinkel der Betroffenheit der Frauen vom Einsatz neuer Technologien – erwerbstätige Frauen arbeiten zu etwa zwei Drittel in Dienstleistungsberufen (davon ein knappes Drittel in Organisations-/Verwaltungs- und Büroberufen) und zu etwa 20% in Fertigungsberufen – verwundert diese Einstellung nicht. Sie sind an diesen Arbeitsplätzen von den negativen Auswirkungen des Einsatzes neuer Technologien besonders betroffen, partizipieren bisher aber nur in vernachlässigbarem Umfang an den positiven Effekten (neue, höherqualifizierte Arbeitsplätze).[7]

Zwar werden die zukünftigen Auswirkungen des Einsatzes neuer Technologien – und hier insbesondere die Vernichtung von Arbeitsplätzen – in der vorliegenden Literatur kontrovers diskutiert[8] und mehr oder weniger vorsichtig prognostiziert; unbestritten ist jedoch, daß im Verlauf der letzten Jahre ein beträchtlicher Teil typischer Frauenarbeitsplätze technologiebedingter Rationalisierung zum Opfer fiel und daß diese Entwicklung noch nicht abgeschlossen ist.

Eine weitere, nicht weniger gravierende Auswirkung von Bildschirm-Arbeitsplätzen sind die zunehmend diskutierten gesundheitlichen Risiken. Auch hier sind Frauen stark betroffen, da Gesundheitsbelastungen mit der Dauer der Arbeit am Computer steigen und Frauen eher als Männer an ausschließlich Dateneingabe- oder Textverarbeitungsplätzen anzutreffen sind.

Auf Belastungsarten wie Kopf-, Nacken- und Rückenschmerzen sowie übermäßige Augenbeanspruchung wurde bereits in den siebziger Jahren durch ergonomische Gestaltungsregeln[9] reagiert, die Eingang fanden in

Nachwort zur deutschen Ausgabe

DIN-Normen, Sicherheitsregeln der Berufsgenossenschaften[10], Betriebsvereinbarungen und partiell auch in Tarifverträge. An der Frage der Schädlichkeit der Strahlung aus dem Bildschirm scheiden sich jedoch die internationalen Geister. Während schwedische[11] und kanadische Studien zu dem Ergebnis kommen, daß die Strahlenbelastung Schwangere und Föten gefährdet, wird diese Frage in der Bundesrepublik immer mit dem Hinweis auf fehlende abgeschlossene Untersuchungen abgetan und ignoriert[12].

Angesichts der hier skizzierten Auswirkungen einer Technik von substantieller Bedeutung, deren prinzipielle Anwendung nicht mehr zur Disposition steht, sollten zunehmend viele Frauen versuchen, Einfluß auf die Entwicklung, Gestaltung und Anwendung neuer Technologien zu nehmen. Die Chance einer Einflußnahme können Frauen aber nur dann wahrnehmen, wenn sie über fundierte Kenntnisse der neuen Technologien, ihrer Funktionsweise und Anwendungsmöglichkeiten, sowie ihrer sozialen Folgen verfügen[13]. Die Frage, ob Frauen Technik anders/besser planen, entwickeln und einsetzen, kann erst beantwortet werden, wenn sie in wesentlich größerer Anzahl als heute in verschiedenen (also auch Leitungs-)Funktionen im naturwissenschaftlich-technischen Bereich arbeiten werden.

Weder in der schulischen noch in der beruflichen Bildung werden Mädchen und Frauen derzeit adäquat auf die bereits vollzogene oder zu erwartende Entwicklung vorbereitet: Freiwillige Computer AG's und Informatikunterricht besuchen vorwiegend Jungen[14]. Erwachsene Frauen partizipieren nur zu einem verschwindend geringen Teil an computer- und technologiebezogen Weiterbildungsangeboten. Als Reaktion auf diese Entwicklung wurden in der Bundesrepublik[15] wie in anderen westeuropäischen Ländern[16] zu Beginn der achtziger Jahre Mädchen- und Frauen-Computer-Projekte und später auch Forschungsvorhaben initiiert und Ansätze für eine kritische Auseinandersetzung mit den neuen Technologien entwickelt.

Die Erfahrungen in diesen Projekten verdeutlichen, daß die Abstinenz von Mädchen und Frauen in entsprechenden (Weiter-)Bildungsangeboten weniger auf ein generelles Desinteresse oder gar Angst vor Technik zurückzuführen ist, als auf negative Erfahrungen mit koedukativen Bildungsangeboten, die sich an den männlichen Teilnehmern, deren Technikzugang und Technikfaszination orientieren, oder aber auf die Übernahme des Vorurteils, daß Frauen technisch »nicht begabt« seien. Hingegen zeitigen Angebote speziell für Frauen und Mädchen eine breite

Resonanz: Allein auf wenige Hinweise der Zeitschrift *Brigitte* auf Computerkurse für Mädchen meldeten sich 20.000 Interessentinnen! Computer-Weiterbildungsprojekte für Frauen haben lange Wartelisten[17].

Obwohl die Arbeit dieser »frauenspezifischen« Computer-Bildungsangebote bisher nur teilweise systematisch ausgewertet werden konnte, läßt sich feststellen, daß Mädchen/Frauen durchaus daran interessiert sind, sich mit den neuen Techniken auseinanderzusetzen. Voraussetzung sind jedoch geschlechtshomogene Lernangebote. Eine der wenigen veröffentlichten bundesrepublikanischen Untersuchungen, die sich mit der Frage der Zugangs- und Umgangsweisen von Frauen mit Computern beschäftigt[18], stellt fest, daß das Interesse z.B. von Mädchen an Computern nicht geringer sondern andersartig ist. Sie fragen eher nach der (sinnvollen) Anwendung als nach dem Funktionieren eines Computers und konzentrieren sich im Unterricht auf das Erlernen notwendiger Kenntnisse. Der spielerisch-experimentelle Zugang zur Technik, der (eher) bei Jungen zu beobachten ist, tritt bei Mädchen kaum auf. Erwachsene Frauen tendieren dazu, nach den Arbeitserleichterungen durch den Computer zu fragen, sie erwarten im Unterricht exakte Ein- und Anweisungen, nur wenige sind bereit, sich den Geräten experimentierend zu nähern.

Die Motivation zur Auseinandersetzung mit den neuen Technologien ist sowohl bei Mädchen als auch bei erwachsenen Frauen stark durch Qualifikationsanforderungen (oder deren Antizipation) auf dem Arbeitsmarkt geprägt, sie lehnen den Computer im sogenannten Privatbereich ab.

Die Autorin des zuvor erwähnten Gutachtens empfiehlt für den Computerunterricht, geschlechtshomogene Lerngruppen zu bilden, sowie die Interessen und Lernerfahrungen von Frauen und Mädchen bei der Auswahl von Unterrichtsinhalten und bei der methodisch-didaktischen Ausgestaltung von Computer-Bildungsangeboten zu berücksichtigen. Neben der Vermittlung von Wissen über Funktion und Einsatzmöglichkeiten der neuen Technologien sollten auch Informationen über deren soziale Folgen in den Unterricht einbezogen werden.

Dies realisieren einige wenige Frauen-Computer-Projekte in der Bundesrepublik und Berlin bereits seit einigen Jahren. Nach einer zwei- bis dreijährigen »Pionier-Phase« derartiger Projekte wird die Idee, Computerlehrgänge exklusiv für Frauen/Mädchen anzubieten, in der Zwischenzeit zunehmend »gesellschaftsfähig«[19], was zum einen durch den zunehmenden Bedarf an im DV-Bereich qualifizierten Arbeitskräften

Nachwort zur deutschen Ausgabe

zu erklären ist, zum anderen jedoch auch dadurch, daß verschiedene Bildungsträger »Frauen-Computer-Bildung« als Marktlücke erkannt haben. Angesichts der »Konjunktur« derartiger Angebote, deren Qualität hinsichtlich der Berücksichtigung der oben angesprochenen frauenspezifischen Zugangsweisen zur Technik sowie ihrer Erfahrung in diesem Bereich, aus frauen-(bildungs-)politischer Sicht nicht immer zufriedenstellend ist, schließt das Frauencomputerlehrbuch Deborah L. Brechers eine Lücke im ansonsten dichten und unübersichtlichen Dschungel der bundesdeutschen und internationalen Computerliteratur.

Renate Wielpütz
Berlin, 1988

Anmerkungen

[1] »Neue Technologien« sind alle auf der Basis der Schlüsseltechnologie Mikroelektronik (sehr kleine Elektronik) arbeitenden Entwicklungen. Im Vergleich zur »alten Technologie«, deren Basis vorwiegend die Mechanik bildete, können Kommunikation und Informationsaustausch durch den Einsatz von Chips (kleine elektronische Schalt- und Speichersysteme) beschleunigt und verbessert werden. Die hier dargelegten Überlegungen beziehen sich auf den Bereich der Informations- und Kommunikationstechnologien; Entwicklungen wie z.B. die Bio- (Gen-) oder Militärtechnologien bleiben – auch wenn gerade letztere vielfach Einfluß auf die Entwicklung »friedlicher« Nutzungsmöglichkeiten der Computertechnologie hatte und hat – außer acht.

[2] Vgl. hierzu Troll, L., »Verbreitungsgrad neuer Technologien und Veränderungen seit 1979,« in: Bundesministerium für Forschung und Technologie (Hrsg.): »Verbreitungsgrad, Qualifikation und Arbeitsbedingungen – Analysen aus der BIBB/IAB-Erhebung 1985/86«, Kurzfassung, Bonn 1988.

[3] Neuere Zahlen liegen nicht vor.

[4] Vgl. hierzu: Böttger, B.: »Computer gegen Frauen«, in Huber/Bussfeld (Hrsg.): »Blick nach vorn im Zorn – die Zukunft der Frauenarbeit«, Weinheim und Basel 1985, S. 25.

[5] Brandes, U./Schiersmann, Ch.: Frauen, Männer und Computer. Hrsg.: *Brigitte* / Institut Frau und Gesellschaft, Hannover 1986.

Go Stop Run

[6] Dies entspricht meinen eigenen Erfahrungen aus der vierjährigen Mitarbeit in einem Frauen-Computer-Projekt. Frauen sehen zwar die Notwendigkeit, sich mit den neuen Technologien auseinanderzusetzen, Motor hierfür sind jedoch oft Skepsis und Angst vor Technologie-Folgen und -Risiken.

[7] Eine Ausnahme zeichnet sich hier allerdings durch den Trend ab, daß zunehmend freiberuflich arbeitende Frauen (z.b. Autorinnen, Journalistinnen, Übersetzerinnen) Computer zur Erleichterung ihrer Arbeit einsetzen.

[8] Die volle Ausschöpfung des Rationalisierungspotentials durch den Einsatz von Industrierobotern z.b. könnte einer Studie des Instituts für Arbeitsmarkt- und Berufsforschung zufolge insgesamt 400.000 Arbeitsplätze gefährden. Demgegenüber kommt eine Studie des DGB zu dem Ergebnis, daß allein bis 1990 mit einem (möglichen) Verlust von 190.000 Arbeitsplätzen in diesem Bereich gerechnet werden muß. Die Industriegewerkschaft Druck und Papier schätzt das Rationalisierungspotential der Druckindustrie auf mehr als 30%. Vergleiche hierzu: »Frauenbeschäftigung und neue Technologien. Schriftliche Stellungnahmen zum Hearing der CDU am 29. Januar 1985«. Bonn 1985.

[9] Bekannt als »German Standards«.

[10] Diese haben jedoch keinerlei Gesetzeskraft.

[11] In Stockholm besteht zum Beispiel eine Verordnung für die öffentliche Verwaltung, derzufolge schwangere Frauen Anspruch auf einen Arbeitsplatz ohne Computer haben.

[12] Vergleiche hierzu »Strahlende Computer«, TAZ vom 30.7.1987.

[13] Die Gewerkschaften fordern in diesem Zusammenhang die Einrichtung von qualifizierten Mischarbeitsplätzen, rechtsverbindliche Unfallverhütungsvorschriften, sowie bessere Aus- und Weiterbildungsangebote für Arbeitnehmer/innen. Berichte aus der betrieblichen Praxis verdeutlichen jedoch, daß weder die Arbeitnehmer/innen noch Betriebs- und Personalräte ausreichend bei der Auswahl von Geräten und Programmen beteiligt werden, daß die Auswirkungen der PC's auf die Arbeitsorganisation, die Gesundheit etc. häufig nicht in die Planung einbezogen werden und daß die notwendige Aus- und Weiterbildung meist unzureichend ist, so daß sie oft auf eigene Kosten und in der Freizeit erfolgt.

[14] Der vom Institut Frau und Gesellschaft / *Brigitte* durchgeführten Untersuchung zufolge hatten 43% der befragten 14-19jährigen jungen Frauen, hingegen jedoch nur 23% der gleichaltrigen jungen Männer noch nie an einem Computer gearbeitet.

[15] Computerkurse von Frauen für Frauen, Modellprojekt Hamburg, Deutscher Frauenring e.V., Hamburg; SoTech-Projekt »Frauen und neue Technologien«, Dortmund; »Keine Angst vor Computern«, Computerweiterbildungsprojekt

Nachwort zur deutschen Ausgabe

für Berufsrückkehrerinnen aus Büro- und Verwaltungsberufen, Berliner Frauenbund e.V., Berlin.
16 Frauen-Computer-Projekte entstanden v.a. in Skandinavien und in England. Im »Open Computer Workshop« in Aarhus, Dänemark, z.b. können Frauen in einem im Einkaufszentrum von Aarhus gelegenen Computer-»Laden« anonym und mit Selbstlernmaterialien ausgestattet erste Erfahrungen mit Computern sammeln.
17 Das Projekt des Berliner Frauenbundes z.B. begann im Sommer 1984. Seitdem interessierten sich 600 Frauen für die Lehrgänge. Teilnehmen konnten lediglich 180 Frauen.
18 Schiersmann, Christiane: »Zugangsweisen von Mädchen und Frauen zu neuen Technologien – Ansätze zur Überwindung von Hemmschwellen und Vorschläge zur Gestaltung von Bildungsangeboten.« Hrsg.: Bundesministerium für Bildung und Wissenschaft. Bonn 1987 (Kurzfassung).
19 Auch eher »traditionelle« Bildungsträger im Bereich der DV-Weiterbildung bieten inzwischen Lehrgänge exklusiv für Frauen an. Vergleiche hierzu auch »Gockel am Gerät«, *Der Spiegel* Nr. 16 vom 13.4.1987

Index

A
Abfrage 130
Abstürzen 91
Adapterkarte 80, 81
Adressenverwaltung 30, 31, 88
Aktualisieren 130, 138
Akustikkoppler 78
Alphanumerische Daten 135
Anfrage 141
Anschlagsüberwachung 28, 29, 126
Anschluß 84
Anwenderin 30
Anwendung 87, 104
Anwendungssoftware 87, 88, 92, 93
Arbeitskopie 222
Arbeitsspeicher 44
ASCII 63
Auflösung 38, 39
Ausdruck 110, 112
Ausgabe 36, 37, 38, 41
Ausgabemedium 37, 38
Austesten 90
Auswahl 130

B
Baud 76
Baudrate 77
Bedingtes Suchen und Ersetzen 98
Benutzer-Schnittstelle 235
Bereitschaftszeichen 184, 224
Bernoulli-Box 54
Betriebssystem 182
Bildplatte 54
Bildschirm 38, 39, 41
Bildschirm-Controller 81
Bildschirmkarte 81
Bildschirmmenü 111
Binärer Code 63
Bit 62
Block verschieben 97
Bus 191
Byte 21, 44, 62

C
CAD 93
COBOL 172
Computer 32
Computer-Bildung 87, 94
Computersatz 122
Controller 80, 118
Controller-Karte 80, 84
Control-Taste 100
CPU (Central Processing Unit) 35
CRT 38, 41
Cursor 98, 103, 155

D
Datei 132
Datei eröffnen 134
Dateischutz 201
Dateiserver 200
Daten 29, 31
Datenbanken 82, 92, 129, 131, 144
Datenbanksystem 129
Dateneingabe 130, 138
Datenfeld 132
Datenfernübertragung 122
Datenkabel 77
Datensatz 130, 138

255

Datenübertragung 77
Dienstprogramme 209
Direcet Access 46
Directory 211
Direkter Zugriff 46, 140
Direktzugriffsspeicher 46, 47, 49
Diskette 49, 51, 211
Diskettenlaufwerk 51
Dokumentation 21
Doppelte Dichte 52
Drucker 37, 112
Druckformat 139
Druckgeschwindigkeit 115
Druckermenü 120
Druckerpuffer 118

E
E/A 42
Editieren 95
Einfache Dichte 52
Einfügen 95, 138
Eingabe 36, 37, 41, 42
Eingabe/Ausgabe 42
Eingabemedium 36, 37
Einplatzsystem 197, 198
Elektromagnetismus 58
Elektronische Ablage 129
Elektronischer Briefkasten 123
Elektronische Post 122
Emulieren 121
Emulsion 121
Entfernen 95
Ergänzen 214
Ersetzen 95, 96
Erweitern 46
Externe Funktionen 209

F
Feld 135
Felder definieren 134

Fenster 161, 199
Festkörper 69
Festplatte 51, 53
Festplattenlaufwerk 211
Festspeicher 177
Floppy-Disks 51
Format 51
Formatieren 51
Funktionskode 169
Funktionstasten 100
Fußnotenverwaltung 106

G
Ganzseitenbildschirm 110
Gigabyte 54
Globales Suchen und Ersetzen 98
Grafikeigenschaft 161
Grenzen 85, 111, 142, 159
Großrechner 194

H
Hardware 29, 31
Hartkopie 112
Hauptspeicher 44, 47, 48, 66, 70, 96
Heimcomputer 81, 109
Hintergrunddruck 120
Hochauflösender Bildschirm 39

I
Ikone 212
Index 106, 140
Informationsdienste 129
Inhaltsverzeichnis 211
Initialisieren des Systems 134
Input 36
Input/Output 42
I/O 42
Installationsmenü 111

Index

Installieren 89, 111, 120, 134
Integrierte Software 163
Interne Funktionen 209

K
K (Kilo) 45
Karte 68
Kathodenstrahlröhe 38
Kauf eines Computers 84
Kernspeicher 60, 61, 70
Kilobyte (KB) 46
Kommunikationprogramm 122
Kompatibel 65
Kompatibilität 120
Kompilieren 176
Konfigurationsprogramm 111
Kopierschutz 222
Kurzzeitgedächtnis 44

L
LAN (Local Area Network) 200
Laufwerk 48, 49, 80
Laufwerk-Controller 80
Laden 47
Leiterplatte 67
Lese/Schreibkopf 49, 50, 52, 73, 140
Lesen 73
Listen 139
Löschen 73, 95, 96

M
Magnetplatte 48
Mainframe 194
Markieren 96
Maschinenkode/-sprache 170, 176
Maske 159
Massenspeicher 48

Matrixdrucker 112
Maus 103, 104
Maximale Anzahl an Datensätzen 135, 142, 143
Maximale Anzahl an Indices 142
Maximale Anzahl von Feldern 142
Maximale Anzahl von Zeichen 135
Maximale Feldlänge 142, 143
Mehrplatzsystem 197, 200
Menü 111
Mikrochip 62
Mikrocomputer 62
Mikroprozessor 35
Mischfunktion 106, 108, 109
Mittlerer Störabstand 121
Modellieren 159
Modem 75, 78, 122
Modul 84, 162
Monitor 41
MTBF 121
Multi-Tasking 198
Multi-User 197
Multiplikationsprogramm 34

N
Netzwerke 200
Niederfrequente Strahlung 27, 38
Nur-Lese-Speicher 177

O
Online 146
Output 37

P
Parallele Übertragung 191
Peripheriegeräte 80, 81, 103

257

Personal Computer 81, 103, 197
Pixel 38
Plattenlaufwerk 48
Programm 30, 31, 32, 34, 44, 45
Programmfehler 90
Programmierbare Software 88, 91
Programmiererin 31
Programmiersprache 167
Protokoll 181
Prozessor 35

Q
Qualitätskontrolle 235
Quellcode 174
Quelldatei 219
Quittungsbetrieb 181

R
RAM 46, 48, 96
RAM-Karte 69
Random Access 46
Random Access Memory 46
Rechtschreibprüfung 106, 107
Register 168, 191
Reset-Taste 120
ROM 177

S
Satzschutz 201
Schablone 159
Schaltplatine 66, 67
Schlüssel 136
Schlüsselfeld 136
Schlüsselwörter 236
Schnittstelle 121, 224
Schreiben 73
Schreibtischoberfläche 199
Schwangere Frauen 27, 38

Seitenendezeichen 106
Sektor 50
Sensorbildschirm 103, 104
Sequentieller Zugriff 47
Serielle Übertragung 191
Serienfunktion 108, 109
Sicherungskopien 220
Silizium 61
Sockel 66, 67
Software 29, 31, 32
Software-Kompatibilität 167
Sortieren 130
Spalten 155
Speicher/Speichern 42, 45, 67
Speicherchip 65, 66, 67
Speicherfach 72
Speicherkarte 69
Speichermedium 48
Speicherschreibmaschine 72
Speicherstelle 46, 47
Spezielle Übersichten 139
Spuler 120
Spur 49
Standardlaufwerk 227
Starten 183
Stellvertretersymbol 142
Steuertaste 100
Suchen und Ersetzen 97
Systemanalyse 133
Systemanalytikerin 133
Systemprogrammiererin 182
Systemuhr 195
System Utility 209

T
Tabellenkalkulation 92, 155, 238
Taktfrequenz 35, 36
Tastatur 36, 37, 41
Technische Bücher 232

Terminal 41
Text verschieben 96
Textbausteine 108
Textsystem 111, 112
Textverarbeitung 55, 92, 95, 96, 104
Typenraddrucker 112, 114
Typenspezifische Betriebssysteme 187

U
Überspannung 69, 70
Überspannungsschützer 70
Unterdatei 139
Unterverzeichnis 220

V
VDT (Video Display Terminal) 38

W
Wortschatzprogramme, 106, 107

Z
Zähler 34
Zehnerblock 36
Zeichen pro Sekunde 115
Zeichenkette 97
Zeilen 155
Zelle 155
Zentraleinheit 35, 36, 43, 74
Zielkode 176
Ziellaufwerk 219
Zugriffszeit 54
Zusatzkarten 80, 81

Bücher im Orlanda Frauenverlag

Marjorie Wallace
Die schweigsamen Zwillinge
240 Seiten, kt. zahlr. Abb., frz. Broschur, ISBN 3-922166-32-6

Christina Thürmer-Rohr
Vagabundinnen
Feministische Essays
192 Seiten, kt., frz. Broschur, ISBN 3-922166-28-8

Dagmar Schultz (Hg.)
Macht und Sinnlichkeit
Texte von *Audre Lorde* und *Adrienne Rich*
208 Seiten, kt., ISBN 3-922166-13-X

Förderation der Frauengesundheitszentren (Hg.)
Frauenkörper – neu gesehen
200 Seiten, Großformat, zahlr. Abb. z.T. vierfarbig,
ISBN 3-922166-25-3

Neuerscheinungen

Audre Lorde
Lichtflut
176 Seiten, kt., frz. Broschur, ISBN 3-922166-36-9

Bessie Head
Die Schatzsammlerin
ca. 130 Seiten, kt., frz. Broschur, ISBN 3-922166-37-7

Valerie Curran / Susan Golombok
Bunte Pillen – Ade!
Ein Handbuch zum Tablettenentzug
162 Seiten, kt., ISBN 3-922166-40-7

Roswitha Burgard
Mut zur Wut
Befreiung aus Gewaltbeziehungen
250 Seiten, kt., ISBN 3-922166-38-5

Pohlstraße 64 · 1000 Berlin 30

Weiteres im Orlanda Frauenverlag

Roswitha Burgard
Wie Frauen *verrückt* gemacht werden
190 Seiten, kt., ISBN 3-922166-01-6

Florence Rush
Das bestgehütete Geheimnis:
Sexueller Kindesmißbrauch
328 Seiten, kt., ISBN 3-922166-11-3

Kathleen Barry
Sexuelle Versklavung von Frauen
352 Seiten, kt., Abb., ISBN 3-922166-12-1

Rina Nissim
Naturheilkunde in der Gynäkologie
240 Seiten, kt., ISBN 3-922166-15-6

Audre Lorde
Auf Leben und Tod – Krebstagebuch
128 Seiten, kt., ISBN 3-922166-16-4

Ewert/Karsten/Schultz
Hexengeflüster
Frauen greifen zur Selbsthilfe
220 Seiten, Abb., kt., ISBN 3-922166-03-2

Diane Richardson
Frauen und die AIDS-Krise
Das Handbuch
192 Seiten, kt., ISBN 3-922166-34-2

Pat Califia
Sapphistrie
Das Buch der lesbischen Sexualität
412 Seiten, Abb., kt., ISBN 3-922166-10-5

Pohlstraße 64 · 1000 Berlin 30